新东方
XDF.CN

MW01701850

GRE词汇逆序记忆——小词典

俞敏洪 黄颀 编著

浙江教育出版社

图书在版编目(CIP)数据

GRE 词汇逆序记忆小词典 / 俞敏洪，黄颀编著. —杭州：浙江教育出版社，2011（2012.5 重印）

ISBN 978-7-5338-9404-7

Ⅰ. ①G… Ⅱ. ①俞… ②黄… Ⅲ. ①GRE—词汇—自学参考资料 Ⅳ. ①H313

中国版本图书馆 CIP 数据核字(2011)第 224140 号

GRE 词汇逆序记忆小词典

编　　著	俞敏洪　黄　颀
责任编辑	段　炼　孙春红
责任校对	黄　伟
责任印务	陆　江
封面设计	大愚设计
出版发行	浙江教育出版社
	（杭州市天目山路 40 号　　邮编：310013）
印　　刷	北京四季青印刷厂
开　　本	787×1092　1/32
印　　张	9.625
字　　数	154 000
版　　次	2011 年 11 月第 1 版
印　　次	2012 年 5 月第 2 次印刷
标准书号	ISBN 978-7-5338-9404-7
定　　价	15.00 元
联系电话	0571－85170300－80928
电子邮箱	bj62605588@163.com
网　　址	www.zjeph.com

序

GRE词汇的背诵是艰难而耗时的工作，经常使人对自己的记忆能力产生怀疑。其实我们在现实生活中也是很健忘的。我们经常忘记自己在社会中所处的地位，我们经常忘记自己今天应该做什么，我们经常忘记我们的未来和理想，我们经常忘记为朋友们的成功感到高兴，我们甚至经常忘记关心我们的父母和爱人，而这一切使我们在生活中已经失去了许多珍贵的东西。因此，我们必须努力学会记忆，否则我们会失去得太多太多。背GRE单词是枯燥的，但正是这些枯燥的单词铺平了你走向世界名牌大学的道路，铺平了你走向未来的高速公路。就如任何平凡的日子，只要你赋予它生活的意义，就立刻变得不平凡起来。我们的生活就是由无数平凡的日子最后质变为不平凡的人生的过程。

就像对你的爱人从各方面表示关心一样，背GRE单词也需要你采取各种方法去背。从正序背诵到逆序背诵，到光盘背诵，到边做练习边背。总之，背的方法越多越好。人们做事总是有自己的方式的。有的同学背词典，这是没有必要的。GRE的单词反复考的多，考新词少，只要把限定范围的单词背出来就可以了。

这本《GRE词汇逆序记忆小词典》有以下几个特点：

（1） 这本小词典是《GRE词汇精选》(最新版)的姊妹篇，要记忆GRE单词最好与《GRE词汇精选》(最新版)结合使用。

（2） 本书采用了逆序编排体例，把一些词形相近的单词列到了一起，便于更快地记忆。

（3） 本次改版，对原来的一些意义不精确的单词做了校正，并根据考试趋势添加了新词。

征服 GRE 是个体力活，征服 GRE 词汇尤甚。只要大家树立必胜的信念，踏踏实实认真准备和复习，就一定能突破 GRE 词汇关，进而顺利通过 GRE 考试。

祝大家学习顺利，事业成功！

新东方教育科技集团董事长兼总裁

使用方法

所谓逆序词汇排列法，就是根据单词词尾的字母对词汇进行排列的方法。通常大家背单词都是按照正序方式背诵，但正序背诵有一个缺点，就是容易形成上下单词的提示记忆。比如说背penitent(后悔的)和penitentiary(监狱)，放在一起背就特别容易互相猜到单词的意义，但一旦把这两个单词分开放在不同的地方，你就可能想不起单词的意义来了。

逆序词汇排列法的好处是：

(1) 上一个单词和下一个单词之间在意义上没有任何相同之处，因此打破了提示记忆的缺点。

(2) 查找某一个单词仍然非常方便，如查 incisive(一针见血的)这个单词，从正序看属于"i"范围，从逆序看则属于"e"的范围，你只要从最后一个"e"查起，很快就能在以"e"结尾的单词中找到"incisive"。

(3) 把同一词性的单词放在了一起，把同一词根的单词放在了一起，把词形相同的单词放在了一起，这样的排列对增加记忆单词的速度有极大的好处。如：以"a"结尾的单词几乎都是名词：insignia（袖章），insomnia（失眠症）；再如同词根单词的排列：pyromania（纵火狂），kleptomania(盗窃癖)，都是以 mania(疯狂者)词根结尾。词形相同的单词放在一起便于对照记忆，如 flagrant

(臭的)和 fragrant(香的)，就一个字母“l”和“r”之差，这两个单词怎样才能轻松记住呢？一想就通了，“r”的开头像一朵花，自然是“香的”，“l”像一根捣大粪的棍子，自然是“臭的”。

背单词一定要分段进行。本书每一页大约有 30 个单词，刚好作为背诵的一个单元。背诵时先把中英文对照看一遍，然后把中文盖上，看着英文单词想中文意思，如果 30 个单词都能想起中文意思，再把英文单词盖上，看着中文把英文拼写在纸上，通过拼写可以加深记忆。一页完成后再进入另一页单词，每天记 10 页约 300 个单词，记到 50 页约 1500 个单词时全面总复习 3~5 遍以加深记忆。这样下来，一个月的时间就可以把全部 GRE 词汇记得比较熟练了。

目 录

核心词汇

拓展词汇

核心词汇

A

propaganda [ˌprɑːpəˈɡændə] *n.* 宣传

panacea [ˌpænəˈsiːə] *n.* 万灵药

phobia [ˈfoʊbiə] *n.* 恐惧症

nostalgia [nəˈstældʒə] *n.* 思乡；怀旧之情

bibliomania [ˌbɪblɪəˈmenɪə] *n.* 藏书癖

hysteria [hɪˈstɪriə] *n.* 歇斯底里症；过度兴奋

anathema [əˈnæθəmə] *n.* 被诅咒的人；(天主教的)革出教门，诅咒

enigma [ɪˈnɪɡmə] *n.* 谜一样的人或事物

dogma [ˈdɔːɡmə] *n.* 教条，信条

trauma [ˈtraʊmə] *n.* 创伤，外伤

plethora [ˈpleθərə] *n.* 过多，过剩

supernova [ˌsuːpərˈnoʊvə] *n.* 超新星

bonanza [bəˈnænzə] *n.* 富矿脉，贵金属矿

B

drab [dræb] *adj.* 黄褐色的；单调的，乏味的

ebb [eb] *v.* 退潮；衰退

succumb [səˈkʌm] *v.* 屈从，屈服；因…死亡

plumb [plʌm] *n.* 测深锤，铅锤 *adj.* 垂直的 *adv.* 精确地 *v.* 深入了解；测量深度

superb [suːˈpɜːrb] *adj.* 上乘的，出色的

proverb [ˈprɑːvɜːrb] *n.* 谚语

snub [snʌb] *v.* 冷落，不理睬

C

cardiac [ˈkɑːrdiæk] *adj.* 心脏的

elegiac [ˌelɪˈdʒaɪək] *adj.* 哀歌的，挽歌的 *n.* 哀歌，挽歌

hypochondriac [ˌhaɪpəˈkɑːndriæk] *n.* 忧郁症患者 *adj.* 忧郁症的

archaic [ɑːrˈkeɪɪk] *adj.* 古老的

formulaic [ˌfɔːrmjuˈleɪɪk] *adj.* 公式的，刻板的

prosaic [prəˈzeɪɪk] *adj.* 散文(体)的；单调的，无趣的

agoraphobic [ˌæɡərəˈfoʊbɪk] *n./adj.* 患旷野恐惧症的(人)

xenophobic [ˌzenəˈfoʊbɪk] *adj.* 无端憎恶或畏惧外国人的

claustrophobic [ˌklɔːstrəˈfoʊbɪk] *adj.* (患)幽闭恐怖症的，导致幽闭恐怖症的

anaerobic [ˌæneˈroʊbɪk] *adj.* 厌氧的 *n.* 厌氧微生物

acerbic [əˈsɜːrbɪk] *adj.* 尖酸的；刻薄的

nomadic [noʊˈmædɪk] *adj.* 游牧的；流浪的

sporadic [spəˈrædɪk] *adj.* 不定时发生的

acidic [əˈsɪdɪk] *adj.* 酸的，酸性的

periodic [ˌpɪriˈɑːdɪk] *adj.* 周期的，定期的

episodic [ˌepɪˈsɑːdɪk] *adj.* 偶然发生的；分散性的

rhapsodic [ræpˈsɑːdɪk] *adj.* 狂热的，狂喜的；狂想曲的

prolific [prəˈlɪfɪk] *adj.* 多产的，多果实的

soporific [ˌsɑːpəˈrɪfɪk] *adj.* 催眠的 *n.* 安眠药

horrific [həˈrɪfɪk] *adj.* 可怕的

tragic [ˈtrædʒɪk] *adj.* 悲惨的

strategic [strəˈtiːdʒɪk] *adj.* 战略上的；关键的，重要的

pedagogic [ˌpedəˈɡɑːdʒɪk] *adj.* 教育学的

synergic	[ˈsɪnərdʒik] *adj.* 协同作用的
graphic	[ˈgræfɪk] *adj.* 图表的；生动的
choreographic	[ˌkɔːriəˈgræfɪk] *adj.* 舞蹈术的，舞台舞蹈的
iconographic	[aiˌkɔnəˈgræfik] *adj.* 肖像的，肖像学的；图解的
philosophic	[ˌfɪləˈsɑːfɪk] *adj.* 哲学(家)的
neolithic	[niːəˈlɪθɪk] *adj.* 新石器时代的
paleolithic	[ˌpæliəˈlɪθɪk] *adj.* 旧石器时代的
mythic	[ˈmɪθɪk] *adj.* 神话的；虚构的
idyllic	[aɪˈdɪlɪk] *adj.* 田园诗的
symbolic	[sɪmˈbɑːlɪk] *adj.* 符号的；象征的
vitriolic	[ˌvɪtriˈɑːlɪk] *adj.* 刻薄的
dynamic	[daɪˈnæmɪk] *adj.* 动态的；有活力的
ceramic	[səˈræmɪk] *adj.* 陶器的 *n.* 陶瓷制品
academic	[ˌækəˈdemɪk] *adj.* 学院的，学术的；理论的
epidemic	[ˌepɪˈdemɪk] *adj.* 传染性的，流行性的
endemic	[enˈdemɪk] *adj.* 地方性的
rhythmic	[ˈrɪðmɪk] *adj.* 有节奏的
comic	[ˈkɑːmɪk] *adj.* 可笑的；喜剧的 *n.* 喜剧演员
atomic	[əˈtɑːmɪk] *adj.* 原子的；微小的
seismic	[ˈsaɪzmɪk] *adj.* 地震的，由地震引起的
cosmic	[ˈkɑːzmɪk] *adj.* 宇宙的
volcanic	[vɑːlˈkænɪk] *adj.* 火山的
titanic	[taɪˈtænɪk] *adj.* 巨人的，力大无比的
scenic	[ˈsiːnɪk] *adj.* 风景如画的
ethnic	[ˈeθnɪk] *adj.* 民族的，种族的
histrionic	[ˌhɪstriˈɑːnɪk] *adj.* 做作的；戏剧的
harmonic	[hɑːrˈmɑːnɪk] *adj.* 和声的；和谐的
ironic	[aɪˈrɑːnɪk] *adj.* 挖苦的，讽刺的；出乎意料的
ultrasonic	[ˌʌltrəˈsɑːnɪk] *adj.* 超音速的，超声(波)的
embryonic	[ˌembriˈɑːnɪk] *adj.* 胚胎的；萌芽期的

stoic [ˈstoʊɪk] *n.* 坚忍克己之人

epic [ˈepɪk] *n.* 叙事诗, 史诗 *adj.* 史诗的, 叙事诗的; 英雄的; 大规模的

philanthropic [fɪˈlænθrəpɪk] *adj.* 慈善(事业)的, 博爱的

generic [dʒəˈnerɪk] *adj.* 种类的, 类属的

esoteric [ˌesəˈterɪk] *adj.* 秘传的; 机密的, 隐秘的

euphoric [juːˈfɔːrɪk] *adj.* 欢欣的

sophomoric [ˈsɑːfəmɔːrɪk] *adj.* 一知半解的

rhetoric [ˈretərɪk] *n.* 修辞, 修辞学; 浮夸的言辞

prehistoric [ˌpriːhɪˈstɔːrɪk] *adj.* 史前的

asymmetric [ˌeɪsɪˈmetrɪk] *adj.* 不对称的

eccentric [ɪkˈsentrɪk] *adj.* 古怪的, 反常的; (指圆形)没有共同圆心的 *n.* 古怪的人

concentric [kənˈsentrɪk] *adj.* 同心的

egocentric [ˌiːgoʊˈsentrɪk] *adj.* 利己的

intrinsic [ɪnˈtrɪnsɪk] *adj.* 固有的, 内在的, 本质的

emphatic [ɪmˈfætɪk] *adj.* 重视的, 强调的

dramatic [drəˈmætɪk] *adj.* 戏剧的; 引人注目的; 戏剧般的

emblematic [ˌembləˈmætɪk] *adj.* 作为象征的

systematic [ˌsɪstəˈmætɪk] *adj.* 系统的, 体系的

schematic [skiːˈmætɪk] *adj.* 纲要的, 图解的

thematic [θiːˈmætɪk] *adj.* 主题的

problematic [ˌprɑːbləˈmætɪk] *adj.* 成问题的; 有疑问的, 值得怀疑的; 未知的, 未解决的

pragmatic [prægˈmætɪk] *adj.* 实际的; 务实的, 注重实效的; 实用主义的

phlegmatic [flegˈmætɪk] *adj.* 冷淡的, 不动感情的

astigmatic [ˌæstɪgˈmætɪk] *adj.* 散光的, 乱视的

diplomatic [ˌdɪpləˈmætɪk] *adj.* 外交的; 圆滑的

idiomatic [ˌɪdiəˈmætɪk] *adj.* 符合语言习惯的; 惯用的

aromatic	[ˌærəˈmætɪk] *adj.* 芬芳的，芳香的
chromatic	[krəˈmætɪk] *adj.* 彩色的，五彩的
monochromatic	[ˌmɑːnəkroʊˈmætɪk] *adj.* 单色的
symptomatic	[ˌsɪmptəˈmætɪk] *adj.* 有症状的
charismatic	[ˌkærɪzˈmætɪk] *adj.* 有魅力的
fanatic	[fəˈnætɪk] *adj.* 狂热的，盲信的 *n.* 狂热者
idiosyncratic	[ˌɪdiəsɪŋˈkrætɪk] *adj.* 特殊物质的，特殊的；异质的
aristocratic	[əˌrɪstəˈkrætɪk] *adj.* 贵族(化)的
erratic	[ɪˈrætɪk] *adj.* 无规律的，不稳定的；古怪的
static	[ˈstætɪk] *adj.* 静态的；呆板的
aquatic	[əˈkwætɪk] *adj.* 水生的，水中的
didactic	[daɪˈdæktɪk] *adj.* 教诲的；说教的
climactic	[klaɪˈmæktɪk] *adj.* 高潮的
anticlimactic	[ˌæntiklaɪˈmæktɪk] *adj.* 突减的
eclectic	[ɪˈklektɪk] *adj.* 折衷的；兼容并蓄的
ascetic	[əˈsetɪk] *adj.* 禁欲的 *n.* 苦行者
prophetic	[prəˈfetɪk] *adj.* 先知的，预言的，预示的
sympathetic	[ˌsɪmpəˈθetɪk] *adj.* 有同情心的
apathetic	[ˌæpəˈθetɪk] *adj.* 无感情的；无兴趣的
aesthetic	[esˈθetɪk] *adj.* 美学的，审美的
unaesthetic	[ˌʌnəsˈθetɪk] *adj.* 无美感的
genetic	[dʒəˈnetɪk] *adj.* 遗传的；起源的
frenetic	[frəˈnetɪk] *adj.* 狂乱的，发狂的
geomagnetic	[ˌdʒiːoʊmægˈnetɪk] *adj.* 地磁的
ferromagnetic	[ˌferoʊmægˈnetɪk] *adj.* 铁磁的，铁磁体的
electromagnetic	[ɪˌlektroʊmægˈnetɪk] *adj.* 电磁的
phonetic	[fəˈnetɪk] *adj.* 语音的
peripatetic	[ˌperipəˈtetɪk] *adj.* 巡游的，流动的
impolitic	[ɪmˈpɑːlətɪk] *adj.* 不明智的，失策的
critic	[ˈkrɪtɪk] *n.* 批评者

parasitic [ˌpærəˈsɪtɪk] *adj.* 寄生的

frantic [ˈfræntɪk] *adj.* 疯狂的，狂乱的

authentic [ɔːˈθentɪk] *adj.* 真正的，真实的；可信的

chaotic [keɪˈɑːtɪk] *adj.* 混乱的

narcotic [nɑːrˈkɑːtɪk] *n.* 麻醉剂 *adj.* 麻醉的，催眠的

antibiotic [ˌæntibaɪˈɑːtɪk] *adj.* 抗菌的 *n.* 抗生素

demotic [dɪˈmɑːtɪk] *adj.* 民众的，通俗的

hypnotic [hɪpˈnɑːtɪk] *adj.* 催眠的 *n.* 催眠药

exotic [ɪɡˈzɑːtɪk] *adj.* 异国的，外来的；奇异的，珍奇的

quixotic [kwɪkˈsɑːtɪk] *adj.* 不切实际的，空想的

septic [ˈseptɪk] *adj.* 腐败的；脓毒性的

aseptic [ˌeɪˈseptɪk] *adj.* 净化的；无菌的

antiseptic [ˌæntiˈseptɪk] *n.* 杀菌剂 *adj.* 防腐的

synoptic [sɪˈnɑːptɪk] *adj.* 摘要的

cryptic [ˈkrɪptɪk] *adj.* 秘密的，神秘的

bombastic [bɑːmˈbæstɪk] *adj.* 夸夸其谈的

sarcastic [sɑːrˈkæstɪk] *adj.* 讽刺的

iconoclastic [aɪˌkɑːnəˈklæstɪk] *adj.* 偶像破坏的，打破旧习的

inelastic [ˌɪnɪˈlæstɪk] *adj.* 无弹性的

plastic [ˈplæstɪk] *adj.* 创造性的，塑造的；易受影响的；可塑的；塑性的

gymnastic [dʒɪmˈnæstɪk] *adj.* 体操的，体育的

drastic [ˈdræstɪk] *adj.* 猛烈的，激烈的

eulogistic [ˌjuːləˈdʒɪstɪk] *adj.* 颂扬的，歌功颂德的

realistic [ˌriːəˈlɪstɪk] *adj.* 现实主义的

journalistic [ˌdʒɜːrnəˈlɪstɪk] *adj.* 新闻业的，新闻工作者的

naturalistic [ˌnætʃrəˈlɪstɪk] *adj.* 自然主义的

moralistic [ˌmɔːrəˈlɪstɪk] *adj.* 道学的，说教的

simplistic [sɪmˈplɪstɪk] *adj.* 过分简单化的

optimistic [ˌɑːptɪˈmɪstɪk] *adj.* 乐观的

euphemistic [ˌjuːfəˈmɪstɪk] *adj.* 委婉的

humanistic [ˌhjuːməˈnɪstɪk] *adj.* 人性的；人文主义的

antagonistic [ænˌtæɡəˈnɪstɪk] *adj.* 敌对的，对抗性的

anachronistic [əˌnækrəˈnɪstɪk] *adj.* 时代错误的

egoistic(al) [ˌeɡoʊˈɪstɪk (l)] *adj.* 以自我为中心的，自私自利的

characteristic [ˌkærəktəˈrɪstɪk] *adj.* 有特色的；典型性的 *n.* 与众不同的特征

diagnostic [ˌdaɪəɡˈnɑːstɪk] *adj.* 诊断的 *n.* 诊断

caustic [ˈkɔːstɪk] *adj.* 腐蚀性的；刻薄的 *n.* 腐蚀剂

acoustic [əˈkuːstɪk] *adj.* 听觉的，声音的

rustic [ˈrʌstɪk] *adj.* 乡村的，乡土气的

mystic [ˈmɪstɪk] *adj.* 神秘的；谜一样的，难解的 *n.* 神秘主义者

therapeutic [ˌθerəˈpjuːtɪk] *adj.* 治疗的

toxic [ˈtɑːksɪk] *adj.* 有毒的，中毒的

D

proofread [ˈpruːfriːd] *v.* 校正，校对

tread [tred] *v.* 踏，践踏；行走 *n.* 步态；车轮胎面

myriad [ˈmɪriəd] *adj.* 许多的，无数的

ballad [ˈbæləd] *n.* 歌谣，小曲

overload [ˌoʊvərˈloʊd] *v.* 使超载

embed [ɪmˈbed] *v.* 牢牢插入，使嵌入

undisturbed [ˌʌndɪˈstɜːrbd] *adj.* 未受干扰的，安静的

unconvinced [ˌʌnkənˈvɪnst] *adj.* 不信服的

pronounced [prəˈnaʊnst] *adj.* 显著的，明确的

beaded [ˈbiːdɪd] *adj.* 以珠装饰的

hardheaded [ˌhɑːrdˈhedɪd] *adj.*（尤指做生意时）讲究实际的，冷静的，精明的

wrongheaded	[ˌrɔːŋˈhedɪd] *adj.* 坚持错误的，固执的
jaded	[ˈdʒeɪdɪd] *adj.* 疲惫的；厌倦的
unheralded	[ʌnˈherəldɪd] *adj.* 未预先通知的，未预先警告过的
evenhanded	[ˈiːvnˈhændɪd] *adj.* 公平的，不偏不倚的
underhanded	[ˌʌndərˈhændɪd] *adj.* 秘密的，狡诈的
unfounded	[ʌnˈfaʊndɪd] *adj.* 无事实根据的
outmoded	[ˌaʊtˈmoʊdɪd] *adj.* 过时的
cold-blooded	[ˌkoʊldˈblʌdɪd] *adj.* 冷血的；残酷的
heed	[hiːd] *v.* 注意，留心 *n.* 注意，留心
breed	[briːd] *v.* 繁殖；教养 *n.* 品种，种类
creed	[kriːd] *n.* 教义；信条
ragged	[ˈrægɪd] *adj.* 褴褛的，破烂的
bowlegged	[ˌboʊˈlegɪd] *adj.* 弯脚的，弓形腿的
dogged	[ˈdɔːgɪd] *adj.* 顽强的
rugged	[ˈrʌgɪd] *adj.* 高低不平的；崎岖的
estranged	[ɪˈstreɪndʒd] *adj.* 疏远的，不和的
submerged	[səbˈmɜːrdʒd] *adj.* 在水中的，淹没的
entrenched	[ɪnˈtrentʃt] *adj.*（权利、传统）确立的，牢固的
unmatched	[ˌʌnˈmætʃt] *adj.* 无可匹敌的
touched	[tʌtʃt] *adj.* 被感动的
untouched	[ʌnˈtʌtʃt] *adj.* 未触动过的，未改变的
shed	[ʃed] *v.* 流出（眼泪等）；脱落，蜕，落
untarnished	[ˌʌnˈtɑːrnɪʃt] *adj.* 失去光泽的
unscathed	[ʌnˈskeɪðd] *adj.* 未受损伤的，未受伤害的
specified	[ˈspesɪfaɪd] *adj.* 特定的
unqualified	[ˌʌnˈkwɑːlɪfaɪd] *adj.* 无资格的，不合格的；无限制的，绝对的
qualified	[ˈkwɑːlɪfaɪd] *adj.* 合格的；有限制的
verified	[ˈverɪfaɪd] *adj.* 已查清的，已证实的
purified	[ˈpjʊrɪfaɪd] *adj.* 纯净的

packed	[pækt] *adj.* 压紧的，压实的；充满人的，拥挤的
crooked	[ˈkrʊkɪd] *adj.* 不诚实的；弯曲的
unbridled	[ʌnˈbraɪdld] *adj.* 放纵的，不受约束的
unparalleled	[ʌnˈpærəleld] *adj.* 无比的，空前的
unspoiled	[ˌʌnˈspɔɪld] *adj.* 未损坏的，未宠坏的
unskilled	[ˌʌnˈskɪld] *adj.* 不熟练的；无需技能的
dappled	[ˈdæpld] *adj.* 有斑点的，斑驳的
disgruntled	[dɪsˈgrʌntld] *adj.* 不悦的，不满意的
settled	[ˈsetld] *adj.* 固定的
inflamed	[ɪnˈfleɪmd] *adj.* 发炎的，红肿的
untamed	[ˌʌnˈteɪmd] *adj.* 未驯服的
unconfirmed	[ˌʌnkənˈfɜːrmd] *adj.* 未经证实的
unenlightened	[ˌʌnɪnˈlaɪtnd] *adj.* 愚昧无知的；不文明的
feigned	[feɪnd] *adj.* 假装的；假的；不真诚的
unfeigned	[ʌnˈfeɪnd] *adj.* 真实的，真诚的
ingrained	[ɪnˈgreɪnd] *adj.* 根深蒂固的
stained	[steɪnd] *adj.* 污染的，玷污的
spined	[spaɪnd] *adj.* 有背骨的，有脊柱的
tined	[taɪnd] *adj.* 尖端的
unimpassioned	[ˌʌnɪmˈpæʃnd] *adj.* 没有激情的
impassioned	[ɪmˈpæʃnd] *adj.* 充满激情的，慷慨激昂的
well-intentioned	[ˌwelɪnˈtenʃnd] *adj.* 出于善意的
unadorned	[ˌʌnəˈdɔːrnd] *adj.* 未装饰的，朴素的
renowned	[rɪˈnaʊnd] *adj.* 有名的
toed	[toʊd] *adj.* 有趾的
damped	[dæmpt] *adj.* 潮湿的；减震的，压低(声音)的
underdeveloped	[ˌʌndərdɪˈveləpt] *adj.* 不发达的
untapped	[ˌʌnˈtæpt] *adj.* 未开发的，未利用的
ill-prepared	[ˌɪlprɪˈperd] *adj.* 准备不足的
infrared	[ˌɪnfrəˈred] *adj.* 红外线的

sacred	[ˈseɪkrɪd] *adj.* 神圣的，庄严的
unencumbered	[ˌʌnɪn ˈkʌmbərd] *adj.* 无阻碍的
hot-tempered	[ˌhɔt ˈtempərd] *adj.* 性急的，易怒的，暴躁的
sheltered	[ˈʃeltərd] *adj.* 遮蔽的
flustered	[ˈflʌstərd] *adj.* 慌张的，激动不安的
unfettered	[ʌn ˈfetərd] *adj.* 自由的，不受约束的
undiscovered	[ˌʌndɪs ˈkʌvərd] *adj.* 未被发现的
uninspired	[ˌʌnɪn ˈspaɪərd] *adj.* 无灵感的，枯燥的
enamored	[ɪ ˈnæmərd] *adj.* 倾心的，被迷住
armored	[ˈɑːrmərd] *adj.* 披甲的，装甲的
untutored	[ˌʌn ˈtuːtərd] *adj.* 未受教育的
self-assured	[ˌselfə ˈʃʊrd] *adj.* 有自信的
textured	[ˈtekstʃərd] *adj.* 手摸时有感觉的；有织纹的
unbiased	[ʌn ˈbaɪəst] *adj.* 没有偏见的
improvised	[ˈɪmprəvaɪzd] *adj.* 临时准备的，即席而作的
composed	[kəm ˈpoʊzd] *adj.* 镇定的，沉着的；由…组成的
opposed	[ə ˈpoʊzd] *adj.* 反对的
unsurpassed	[ˌʌnsər ˈpæst] *adj.* 未被超越的
unimpressed	[ˌʌnɪm ˈprest] *adj.* 没有印象的
impressed	[ɪm ˈprest] *adj.* 被打动的，被感动的
obsessed	[əb ˈsest] *adj.* 着迷的，沉迷的
possessed	[pə ˈzest] *adj.* 着迷的，入迷的
nonplussed	[ˌnɑːn ˈplʌst] *adj.* 不知所措的，陷于困境的
fused	[fjuːzd] *adj.* 熔化的
prefabricated	[ˌpriː ˈfæbrɪkeɪtɪd] *adj.* 预制构件的
sophisticated	[sə ˈfɪstɪkeɪtɪd] *adj.* 老于世故的；(仪器)精密的
domesticated	[də ˈmestɪkeɪtɪd] *adj.* 驯养的，家养的
dilapidated	[dɪ ˈlæpɪdeɪtɪd] *adj.* 破旧的，毁坏的
outdated	[ˌaʊt ˈdeɪtɪd] *adj.* 过时的
untreated	[ˌʌn ˈtriːtɪd] *adj.* 未治疗的；未经处理的

obligated	[ˈɑːblɪgeɪtɪd] *adj.* 有义务的，有责任的
unmitigated	[ʌnˈmɪtɪgeɪtɪd] *adj.* 未缓和的，未减轻的
satiated	[ˈseɪʃieɪtɪd] *adj.* 厌倦的，腻烦的；充分满足的
uninitiated	[ˌʌnɪˈnɪʃieɪtɪd] *adj.* 外行的，缺乏经验的
unsubstantiated	[ˌʌnsəbˈstænʃieɪtɪd] *adj.* 未经证实的，无事实根据的
undifferentiated	[ˌʌndɪfəˈrenʃieɪtɪd] *adj.* 无差别的，一致的
correlated	[ˈkɔːrəleɪtɪd] *adj.* 有相互关系的
overinflated	[ˌoʊvərɪnˈfleɪtɪd] *adj.* 过度充气的
unarticulated	[ˌʌnɑːrˈtikiuleitid] *adj.* 表达不清的
unregulated	[ˌʌnˈregjuleɪtɪd] *adj.* 未受控制的，未受约束的
animated	[ˈænɪmeɪtɪd] *adj.* 活生生的，生动的
underestimated	[ˌʌndərˈestɪmeɪtɪd] *adj.* 低估的
automated	[ˈɔːtəmeɪtɪd] *adj.* 自动的
opinionated	[əˈpɪnjəneɪtɪd] *adj.* 固执已见的
serrated	[səˈreɪtɪd] *adj.* 锯齿状的
unpremeditated	[ˌʌnpriːˈmedɪteɪtɪd] *adj.* 无预谋的，非故意的
understated	[ˌʌndərˈsteɪtɪd] *adj.* 轻描淡写的，低调的
antiquated	[ˈæntɪkweɪtɪd] *adj.* 陈旧的，过时的；年老的
indebted	[ɪnˈdetɪd] *adj.* 感激的，蒙恩的
interconnected	[ˌɪntərkəˈnektɪd] *adj.* 相互连接的
undirected	[ˌʌndaɪˈrektɪd] *adj.* 未受指导的
unrestricted	[ˌʌnrɪˈstrɪktɪd] *adj.* 无限制的，自由的
unobstructed	[ˌʌnəbˈstrʌktɪd] *adj.* 没有阻碍的
multifaceted	[ˌmʌltiˈfæsɪtɪd] *adj.* 多方面的
blighted	[ˈblaɪtɪd] *adj.* 枯萎的
shortsighted	[ˌʃɔːrtˈsaɪtɪd] *adj.* 缺乏远见的；近视的
unedited	[ʌnˈedɪtɪd] *adj.* 未编辑的
discomfited	[dɪsˈkʌmfɪtɪd] *adj.* 困惑的，尴尬的
exalted	[ɪgˈzɔːltɪd] *adj.* 崇高的，高贵的
stilted	[ˈstɪltɪd] *adj.* （文章、谈话）不自然的；夸张的

vaulted	[ˈvɔːltɪd] *adj.* 拱形的
warranted	[ˈwɔːrəntɪd] *adj.* 保证的；担保的
unwarranted	[ʌnˈwɑːrəntɪd] *adj.* 没有根据的
unscented	[ʌnˈsentɪd] *adj.* 无气味的
unprecedented	[ʌnˈpresɪdentɪd] *adj.* 前所未有的
indented	[ɪnˈdentɪd] *adj.* 锯齿状的；高低不平的
talented	[ˈtæləntɪd] *adj.* 天才的
untalented	[ʌnˈtæləntɪd] 没有天赋的
underrepresented	[ˌʌndəˌreprɪˈzentɪd] *adj.* 未被充分代表的
untainted	[ʌnˈteɪntɪd] *adj.* 无污点的
unwonted	[ʌnˈwoʊntɪd] *adj.* 不寻常的，不习惯的
halfhearted	[ˌhæfˈhɑːrtid] *adj.* 不认真的，不热心的
uncharted	[ˌʌnˈtʃɑːrtɪd] *adj.* 图上未标明的
assorted	[əˈsɔːrtəd] *adj.* 各式各样的；混杂的
undistorted	[ˌʌndɪˈstɔːrtɪd] *adj.* 未失真的
untasted	[ˌʌnˈteɪstɪd] *adj.* 未尝过的，未体验过的
disinterested	[dɪsˈɪntrəstɪd] *adj.* 公正的，客观的
forested	[ˈfɔːrɪstɪd] *adj.* 树木丛生的
uncommitted	[ˌʌnkəˈmɪtɪd] *adj.* 不受约束的，不承担责任的
committed	[kəˈmɪtɪd] *adj.* (对事业，本职工作等)尽忠的
potted	[ˈpɑːtɪd] *adj.* 盆栽的；瓶装的，罐装的，壶装的
unspotted	[ˌʌnˈspɑːtɪd] *adj.* 清白的，无污点的
convoluted	[ˈkɑːnvəluːtɪd] *adj.* 旋绕的；费解的
subdued	[səbˈduːd] *adj.* (光和声)柔和的，缓和的；(人)温和的
relieved	[rɪˈliːvd] *adj.* 宽慰的，如释重负的
unmoved	[ˌʌnˈmuːvd] *adj.* 无动于衷的，冷漠的
unreserved	[ˌʌnrɪˈzɜːrvd] *adj.* 无限制的；未被预订的
well-deserved	[ˌweldɪˈzɜːrvd] *adj.* 当之无愧的；罪有应得的
flawed	[flɔːd] *adj.* 有缺点的；错误的
hackneyed	[ˈhæknid] *adj.* 陈腐的，老一套的

formalized [ˈfɔːrməlaɪzd] *adj.* 形式化的，正式的

institutionalized [ˌɪnstɪˈtuːʃənəlaɪzd] *adj.* 制度化的

fossilized [ˈfɑːsəlaɪzd] *adj.* 变成化石的

unfertilized [ʌnˈfɜːrtəlaɪzd] *adj.* 未施肥的；未受精的

underutilized [ˌʌndərˈjuːtəlaɪzd] *adj.* 未充分利用的

unrecognized [ʌnˈrekəgnaɪzd] *adj.* 未被承认的，未被认出的

sun-bronzed [ˈsʌnbrɑːnzd] *adj.* 被太阳晒成古铜色的

braid [breɪd] *v.* 编织 *n.* 穗子；发辫

morbid [ˈmɔːrbɪd] *adj.* 病态的，不健康的

placid [ˈplæsɪd] *adj.* 安静的，平和的

rancid [ˈrænsɪd] *adj.* 不新鲜的，变味的

candid [ˈkændɪd] *adj.* 率直的

sordid [ˈsɔːrdɪd] *adj.* 卑鄙的；肮脏的

rigid [ˈrɪdʒɪd] *adj.* 严格的；僵硬的，刚硬的

frigid [ˈfrɪdʒɪd] *adj.* 寒冷的；冷漠的，冷淡的

squalid [ˈskwɑːlɪd] *adj.* 污秽的，肮脏的

avoid [əˈvɔɪd] *v.* 避开，躲避

devoid [dɪˈvɔɪd] *adj.* 空的，全无的

intrepid [ɪnˈtrepɪd] *adj.* 勇敢的，刚毅的

tepid [ˈtepɪd] *adj.* 微温的；不热情的

insipid [ɪnˈsɪpɪd] *adj.* 乏味的，枯燥的

torpid [ˈtɔːrpɪd] *adj.* 懒散的，迟钝的

arid [ˈærɪd] *adj.* 干旱的；枯燥的

florid [ˈflɑːrɪd] *adj.* 华丽的；(脸)红润的

fetid [ˈfetɪd] *adj.* 有恶臭的

fluid [ˈfluːɪd] *adj.* 流体的，流动的；易变的，不固定的

avid [ˈævɪd] *adj.* 渴望的；热心的

vivid [ˈvɪvɪd] *adj.* 鲜艳的；生动的；逼真的

fervid [ˈfɜːrvɪd] *adj.* 炽热的；热情的

perfervid [pəˈfɜːrvɪd] *adj.* 过于热心的

herald [ˈherəld] *v.* 宣布…的消息；预示…的来临 *n.* 传令官；信使；先驱

thousandfold [ˈθaʊzndfoʊld] *adj.* 千倍的 *adv.* 千倍地

stronghold [ˈstrɔːŋhoʊld] *n.* 要塞；堡垒，根据地

withhold [wɪðˈhoʊld] *v.* 抑制；扣留，保留

uphold [ʌpˈhoʊld] *v.* 维护，支持

untold [ˌʌnˈtoʊld] *adj.* 无数的，数不清的

offhand [ˌɔːfˈhænd] *adj.* 无准备的，即席的；随便的 *adv.* 无准备地，即席地；随便地

bland [blænd] *adj.*（人）情绪平稳的；（食物）无味的

reprimand [ˈreprɪmænd] *n.* 训诫，谴责 *v.* 训诫，谴责

expand [ɪkˈspænd] *v.* 扩大，膨胀

withstand [wɪðˈstænd] *v.* 反抗；经受

descend [dɪˈsend] *v.* 下降；降格，屈尊

transcend [trænˈsend] *v.* 超出，超越，胜过

dividend [ˈdɪvɪdend] *n.* 红利，股利

comprehend [ˌkɑːmprɪˈhend] *v.* 理解；包括

friend [frend] *n.* 赞助者，支持者

befriend [bɪˈfrend] *v.* 以朋友态度对待

amend [əˈmend] *v.* 改正，修正；改善

emend [iˈmend] *v.* 订正，校订

commend [kəˈmend] *v.* 推荐；举荐；表扬；称赞

suspend [səˈspend] *v.* 暂停，中止；吊，悬

trend [trend] *v.* 趋向，倾向 *n.* 趋势，倾向

portend [pɔːrˈtend] *v.* 预兆，预示

extend [ɪkˈstend] *v.* 延伸，扩大；舒展（肢体）；宽延，延缓

rescind [rɪˈsɪnd] *v.* 废除，取消

grind [graɪnd] *v.* 磨碎，碾碎 *n.* 苦差事

fecund [ˈfekənd] *adj.* 肥沃的，多产的；创造力旺盛的

dumbfound [dʌmˈfaʊnd] *v.* 使…惊讶

confound [kənˈfaʊnd] *v.* 使迷惑，搞混

profound [prəˈfaʊnd] *adj.* 深的；深刻的，深远的；渊博的；深奥的

impound [ɪmˈpaʊnd] *v.* 限制；依法没收，扣押

compound [kəmˈpaʊnd] *n.* 复合物 *v.* 掺和

underground [ˌʌndəˈgraʊnd] *adv.* 在地下；秘密地 *adj.* 地下的；秘密的

unsound [ˌʌnˈsaʊnd] *adj.* 不健康的，不健全的；不结实的，不坚固的；无根据的

astound [əˈstaʊnd] *v.* 使震惊

slipshod [ˈslɪpʃɑːd] *adj.* 马虎的，草率的

prod [prɑːd] *v.* 戳，刺；刺激，激励

diehard [ˈdaɪhɑːrd] *n.* 顽固分子

hoard [hɔːrd] *v.* 贮藏，秘藏 *n.* 贮藏，秘藏

reward [rɪˈwɔːrd] *n.* 报酬，奖赏 *v.* 酬谢，奖赏

awkward [ˈɔːkwərd] *adj.* 笨拙的；难用的；不便的

hazard [ˈhæzərd] *n.* 危险

absurd [əbˈsɜːrd] *adj.* 荒谬的，可笑的

applaud [əˈplɔːd] *v.* 鼓掌；称赞

fraud [frɔːd] *n.* 欺诈，欺骗；骗子

overcrowd [ˌoʊvərˈkraʊd] v.（使）过度拥挤

E

gibe [dʒaɪb] *v.* 嘲弄，讥笑 *n.* 嘲笑，讥笑

ascribe [əˈskraɪb] *v.* 归因于，归咎于

transcribe [trænˈskraɪb] *v.* 抄写，转录

prescribe [prɪˈskraɪb] *v.* 开处方；规定

circumscribe [ˈsɜːrkəmskraɪb] *v.* 划界限；限制

proscribe [proʊˈskraɪb] *v.* 禁止

efface [ɪˈfeɪs] *v.* 擦掉，抹去

embrace [ɪmˈbreɪs] *v.* 拥抱；包含

trace [treɪs] *n.* 痕迹 *v.* 追踪

prejudice [ˈpredʒudɪs] *n.* 偏见，成见 *v.* 使产生偏见

edifice [ˈedɪfɪs] *n.* 宏伟的建筑（如宫殿、教堂等）

self-sacrifice [ˌselfˈsækrɪfaɪs] *n.* 自我牺牲

accomplice [əˈkɑːmplɪs] *n.* 共犯，同谋

spice [spaɪs] *n.* 香料 *v.* 给…调味

avarice [ˈævərɪs] *n.* 贪财，贪婪

entice [ɪnˈtaɪs] *v.* 诱使，引诱

novice [ˈnɑːvɪs] *n.* 生手，新手

extravagance [ɪkˈstrævəgəns] *n.* 奢侈，挥霍

defiance [dɪˈfaɪəns] *n.* 挑战；违抗，反抗

allegiance [əˈliːdʒəns] *n.* 忠诚，拥护

compliance [kəmˈplaɪəns] *n.* 顺从，遵从

misalliance [ˌmɪsəˈlaɪəns] *n.* 不适当的结合

overbalance [ˌoʊvərˈbæləns] *v.* 使失去平衡

counterbalance [ˌkaʊntərˈbæləns] *v.* 起平衡作用

nonchalance [ˌnɑːnʃəˈlɑːns] *n.* 冷漠，冷淡

glance [glæns] *v.* 瞥见 *n.* 一瞥

vigilance [ˈvɪdʒɪləns] *n.* 警惕，警觉

surveillance [sɜːrˈveɪləns] *n.* 监视，盯梢

romance [ˈroʊmæns] *n.* 传奇故事；浪漫氛围；风流韵事 *v.* 讲述虚构的故事；（和…）谈情说爱

countenance [ˈkaʊntənəns] *v.* 支持，赞成 *n.* 表情

repugnance [rɪˈpʌgnəns] *n.* 嫌恶，反感

intemperance [ɪnˈtempərəns] *n.* 放纵，不节制，过度

ignorance [ˈɪgnərəns] *n.* 无知，愚昧

reconnaissance [rɪˈkɑːnɪsns] *n.* 侦察，预先勘测

reluctance [rɪˈlʌktəns] *n.* 勉强，不情愿

nuance [ˈnuːɑːns] *n.* 细微差异

relevance [ˈreləvəns] n. 相关性

abeyance [əˈbeɪəns] n. 中止，搁置

complacence [kəmˈpleɪsns] n. 自满

munificence [mjuːˈnɪfɪsns] n. 慷慨给予，宽宏大量

innocence [ˈɪnəsns] n. 无辜，清白

quiescence [kwiˈesns] n. 静止，沉寂

acquiescence [ˌækwiˈesns] n. 默许

effervescence [ˌefərˈvesns] n. 冒泡；活泼

decadence [ˈdekədəns] n. 衰落，颓废

incidence [ˈɪnsɪdəns] n. 发生，出现；发生率

indigence [ˈɪndɪdʒəns] n. 贫穷，贫困

audience [ˈɔːdiəns] n. 听众，观众；读者

patience [ˈpeɪʃns] n. 耐性

impatience [ɪmˈpeɪʃns] n. 不耐烦，焦躁

truculence [ˈtrʌkjələns] n. 野蛮，残酷

virulence [ˈvɪrələns] n. 恶意，毒性

prominence [ˈprɑːmɪnəns] n. 突出物；突出，显著

eminence [ˈemɪnəns] n. 卓越，显赫，杰出

deference [ˈdefərəns] n. 敬意，尊重

coherence [koʊˈhɪrəns] n. 条理性，连贯性

competence [ˈkɑːmpɪtəns] n. 胜任，能力

influence [ˈɪnfluəns] n. 影响 v. 影响

grandiloquence [grænˈdɪləkwəns] n. 豪言壮语，夸张之言

evince [ɪˈvɪns] v. 表明，表示

convince [kənˈvɪns] v. 使某人确信；说服

denounce [dɪˈnaʊns] v. 指责

renounce [rɪˈnaʊns] v. 声明放弃；拒绝，否认

pounce [paʊns] n. (猛禽的)爪；猛扑 v. 猛扑；突然袭击

farce [fɑːrs] n. 闹剧，滑稽剧；可笑的行为，荒唐的事情

coerce	[koʊˈɜːrs] *v.* 强迫；压制
coalesce	[ˌkoʊəˈles] *v.* 联合，合并
spruce	[spruːs] *n.* 云杉 *adj.* 整洁的
truce	[truːs] *n.* 停战，休战(协定)
fade	[feɪd] *v.* 变暗，褪色，枯萎，凋谢
renegade	[ˈrenɪgeɪd] *n.* 叛教者，叛徒
homemade	[ˌhəumˈmeid] *adj.* 自制的，家里做的
evade	[ɪˈveɪd] *v.* 躲避，逃避；规避
invade	[ɪnˈveɪd] *v.* 侵略，侵入
pervade	[pərˈveɪd] *v.* 弥漫，遍及
accede	[əkˈsiːd] *v.* 同意
recede	[rɪˈsiːd] *v.* 后退，撤回
precede	[prɪˈsiːd] *v.* 在…之前，早于
concede	[kənˈsiːd] *v.* 承认；让步
impede	[ɪmˈpiːd] *v.* 妨碍
supersede	[ˌsuːpərˈsiːd] *v.* 淘汰；取代
pesticide	[ˈpestɪsaɪd] *n.* 杀虫剂
confide	[kənˈfaɪd] *v.* 吐露(心事)；倾诉
deride	[dɪˈraɪd] *v.* 嘲笑，愚弄
override	[ˌoʊvərˈraɪd] *v.* 驳回；蹂躏，践踏
stride	[straɪd] *v.* 大步行走
subside	[səbˈsaɪd] *v.* (建筑物等)下陷；平息，减退
reside	[rɪˈzaɪd] *v.* 居住
forebode	[fɔːˈboʊd] *v.* 预感，预示(灾祸等)，预兆
code	[koʊd] *n.* 密码；法典 *v.* 将某事物编写成密码
erode	[ɪˈroʊd] *v.* 侵蚀；受到侵蚀
preclude	[prɪˈkluːd] *v.* 预防，排除；阻止
seclude	[sɪˈkluːd] *v.* 使隔离，使孤立
elude	[iˈluːd] *v.* 逃避；搞不清，理解不了
delude	[dɪˈluːd] *v.* 欺骗，哄骗
allude	[əˈluːd] *v.* 暗指，影射，间接提到

protrude	[proʊˈtruːd] *v.* 突出，伸出
solicitude	[səˈlɪsɪtuːd] *n.* 关怀，牵挂
vicissitude	[vɪˈsɪsɪtuːd] *n.* 变迁，兴衰
platitude	[ˈplætɪtuːd] *n.* 陈词滥调
ineptitude	[ɪˈneptɪtuːd] *n.* 无能；不适当
aptitude	[ˈæptɪtuːd] *n.* 适宜；才能，资质
certitude	[ˈsɜːrtɪtuːd] *n.* 确定无疑
fortitude	[ˈfɔːrtətuːd] *n.* 坚毅，坚忍不拔
chafe	[tʃeɪf] *v.* (将皮肤等)擦热，擦破；激怒
engage	[ɪnˈɡeɪdʒ] *v.* 从事，参加；雇用，聘用；使参与；引起…的注意
foliage	[ˈfoʊliɪdʒ] *n.* 叶子
patronage	[ˈpætrənɪdʒ] *n.* 资助，赞助；惠顾
carnage	[ˈkɑːrnɪdʒ] *n.* 大屠杀，残杀
rage	[reɪdʒ] *n.* 盛怒 *v.* 狂怒，大发雷霆
disparage	[dɪˈspærɪdʒ] *v.* 贬低，轻蔑
umbrage	[ˈʌmbrɪdʒ] *n.* 不快，愤怒
suffrage	[ˈsʌfrɪdʒ] *n.* 选举权，投票权
enrage	[ɪnˈreɪdʒ] *v.* 激怒，触怒
storage	[ˈstɔːrɪdʒ] *n.* 仓库；贮存
discourage	[dɪsˈkɜːrɪdʒ] *v.* 使气馁，使沮丧；阻碍
sage	[seɪdʒ] *adj.* 智慧的 *n.* 智者
advantage	[ədˈvæntɪdʒ] *n.* 利益，益处 *v.* 有利于，有益于
sabotage	[ˈsæbətɑːʒ] *n.* 阴谋破坏，颠覆活动
offstage	[ˌɔːfˈsteɪdʒ] *adj.* 后台的，幕后的
upstage	[ˌʌpˈsteɪdʒ] *adj.* 高傲的
ravage	[ˈrævɪdʒ] *v.* 摧毁，使荒废
salvage	[ˈsælvɪdʒ] *v.* (从灾难中)抢救，海上救助 *n.* 海上救助
acknowledge	[əkˈnɑːlɪdʒ] *v.* 承认；致谢
foreknowledge	[fɔːrˈnɑːlɪdʒ] *n.* 预知，先见之明

ridge	[rɪdʒ] *n.* 脊(如屋脊、山脊等)；隆起物
abridge	[əˈbrɪdʒ] *v.* 删减；缩短
grudge	[ɡrʌdʒ] *v.* 吝惜，勉强给或承认；不满，怨恨
besiege	[bɪˈsiːdʒ] *v.* 围攻；困扰
vestige	[ˈvestɪdʒ] *n.* 痕迹，遗迹
indulge	[ɪnˈdʌldʒ] *v.* 放纵，纵容；满足
divulge	[daɪˈvʌldʒ] *v.* 泄露，透露
shortrange	[ˌʃɔːrt ˈreɪndʒ] *adj.* 近程的
estrange	[ɪˈstreɪndʒ] *v.* 使疏远
scavenge	[ˈskævɪndʒ] *v.* 清除；从废物中提取有用物质
cringe	[krɪndʒ] *v.* 畏缩；谄媚
plunge	[plʌndʒ] *v.* 跳进，陷入；俯冲
discharge	[dɪsˈtʃɑːrdʒ] *v.* 排出，流出；释放；解雇；履行义务；放电
diverge	[daɪˈvɜːrdʒ] *v.* 分歧，分开
converge	[kənˈvɜːrdʒ] *v.* 聚合，集中于一点；汇聚
scourge	[skɜːrdʒ] *n.* 鞭笞；磨难 *v.* 鞭笞；磨难
resurge	[rɪˈsɜːrdʒ] *v.* 复活
deluge	[ˈdeljuːdʒ] *n.* 大洪水；暴雨
gouge	[ɡaʊdʒ] *v.* 挖出；敲竹杠 *n.* 半圆凿
cliche	[kliːˈʃeɪ] *n.* 陈词滥调
psyche	[ˈsaɪki] *n.* 心智，精神
catastrophe	[kəˈtæstrəfi] *n.* 突如其来的大灾难
blithe	[blaɪð] *adj.* 快乐的，无忧无虑的
soothe	[suːð] *v.* 抚慰；减轻
die	[daɪ] *n.* 金属模子，金属印模
belie	[bɪˈlaɪ] *v.* 掩饰；证明为假
underlie	[ˌʌndərˈlaɪ] *v.* 位于…之下；构成…的基础【经】(权力、索赔等)优先于
stymie	[ˈstaɪmi] *v.* 妨碍，阻挠
camaraderie	[ˌkɑːməˈrɑːdəri] *n.* 同志之情，友情

coterie [ˈkoʊtəri] n.（有共同兴趣的）小团体
tie [taɪ] n. 平局，不分胜负 v. 系，拴，绑
flake [fleɪk] v. 使成薄片
forsake [fərˈseɪk] v. 遗弃，放弃
undertake [ˌʌndərˈteɪk] v. 承担；担保，保证
threadlike [ˈθredlaɪk] adj. 线状的
dumbbell-like [ˈdʌmbelˌlaɪk] adj. 哑铃状的
evoke [ɪˈvoʊk] v. 引起；唤起
revoke [rɪˈvoʊk] v. 撤销，废除；召回
provoke [prəˈvoʊk] v. 激怒；引起；驱使
rebuke [rɪˈbjuːk] v. 指责，谴责
scale [skeɪl] n. 鱼鳞；音阶
upscale [ˌʌpˈskeɪl] v. 升高级，升档
regale [rɪˈgeɪl] v. 款待，宴请；使…快乐
hale [heɪl] adj. 健壮的，矍铄的
exhale [eksˈheɪl] v. 呼出；呼气；散发
chorale [kəˈræl] n. 赞美诗；合唱队
wholesale [ˈhoʊlseɪl] adj. 批发的；大规模的
imperturbable [ˌɪmpərˈtɜːrbəbl] adj. 冷静的，沉着的
impeccable [ɪmˈpekəbl] adj. 无瑕疵的
irradicable [ɪˈrædɪkəbl] adj. 无法根除的，根深蒂固的
despicable [ˈdespɪkəbl] adj. 可鄙的，卑劣的
extricable [ˈekstrɪkəbl] adj. 可解救的，能脱险的
inexplicable [ˌɪnɪkˈsplɪkəbl] adj. 无法解释的
amicable [ˈæmɪkəbl] adj. 友好的
irrevocable [ɪˈrevəkəbl] adj. 不能撤回的，无法取消的
readable [ˈriːdəbl] adj. 易读的
formidable [ˈfɔːrmɪdəbl] adj. 令人畏惧的，可怕的；难以克服的
unavoidable [ˌʌnəˈvɔɪdəbl] adj. 不可避免的
dependable [dɪˈpendəbl] adj. 可靠的，可信赖的

affordable [əˈfɔːrdəbl] *adj.* 负担得起的

traceable [ˈtreɪsəbl] *adj.* 可追踪的

serviceable [ˈsɜːrvɪsəbl] *adj.* 可用的，耐用的

unbridgeable [ʌnˈbrɪdʒəbl] *adj.* 不能架桥的，不能逾越的

interchangeable [ˌɪntərˈtʃeɪndʒəbl] *adj.* 可互换的

permeable [ˈpɜːrmiəbl] *adj.* 可渗透的

impermeable [ɪmˈpɜːrmiəbl] *adj.* 不可渗透的，不透水的

affable [ˈæfəbl] *adj.* 和蔼的；友善的

indefatigable [ˌɪndɪˈfætɪgəbl] *adj.* 不知疲倦的

unimpeachable [ˌʌnɪmˈpiːtʃəbl] *adj.* 无可指责的，无可怀疑的

irreproachable [ˌɪrɪˈproʊtʃəbl] *adj.* 无可指责的，无瑕疵的

perishable [ˈperɪʃəbl] *adj.* 易腐烂的，易变质的 *n.* 易腐烂的东西

indistinguishable [ˌɪndɪˈstɪŋgwɪʃəbl] *adj.* 无法区分的，难以分辨的

sociable [ˈsoʊʃəbl] *adj.* 好交际的，合群的；友善的

verifiable [ˈverɪfaɪəbl] *adj.* 能作证的

justifiable [ˈdʒʌstɪfaɪəbl] *adj.* 有理由的，无可非议的

quantifiable [ˈkwɑːntɪfaɪəbl] *adj.* 可以计量的；可量化的

identifiable [aɪˌdentɪˈfaɪəbl] *adj.* 可辨认的

unjustifiable [ʌnˈdʒʌstɪfaɪəbl] *adj.* 不合道理的

unreliable [ˌʌnrɪˈlaɪəbl] *adj.* 不可靠的

reliable [rɪˈlaɪəbl] *adj.* 可信赖的 *n.* 可信赖的人

pliable [ˈplaɪəbl] *adj.* 易弯曲的，柔软的；易受影响的

invariable [ɪnˈverəriəbl] *adj.* 恒定的，不变的

insatiable [ɪnˈseɪʃəbl] *adj.* 不知足的，贪得无厌的

negotiable [nɪˈgoʊʃiəbl] *adj.* 可协商的；可通行的

viable [ˈvaɪəbl] *adj.* 切实可行的；能活下去的

enviable [ˈenviəbl] *adj.* 令人羡慕的

nonviable [nɑːnˈvaɪəbl] *adj.* 无法生存的，不能成活的

remarkable [rɪˈmɑːrkəbl] *adj.* 值得注意的，显著的

irreconcilable [ɪˈrekənsaɪləbl] *adj.* 无法调和的，矛盾的

syllable [ˈsɪləbl] *n.* 音节 *v.* 分成音节

inconsolable [ˌɪnkənˈsoʊləbl] *adj.* 无法慰藉的，悲痛欲绝的

calculable [ˈkælkjələbl] *adj.* 可计算的；可信赖的

irredeemable [ˌɪrɪˈdiːməbl] *adj.* 无法挽回的，不可救药的

inestimable [ɪnˈestɪməbl] *adj.* 无法估计的；无价的，极有价值的

estimable [ˈestɪməbl] *adj.* 值得尊敬的；可估计的

nonflammable [ˌnɑːnˈflæməbl] *adj.* 不易燃的

inalienable [ɪnˈeɪliənəbl] *adj.* 不能转让的；不可剥夺的

amenable [əˈmiːnəbl] *adj.* 顺从的；愿接受的

tenable [ˈtenəbl] *adj.* 站得住脚的，合理的

untenable [ʌnˈtenəbl] *adj.* 难以防守的；不能租赁的

obtainable [əbˈteɪnəbl] *adj.* 能得到的

interminable [ɪnˈtɜːrmɪnəbl] *adj.* 无止境的，没完没了的

impressionable [ɪmˈpreʃənəbl] *adj.* 易受影响的

unexceptionable [ˌʌnɪkˈsepʃənəbl] *adj.* 无可挑剔的

unquestionable [ʌnˈkwestʃənəbl] *adj.* 毫无疑问的，无懈可击的

unreasonable [ʌnˈriːznəbl] *adj.* 不讲道理的；非理智的，过分的

palpable [ˈpælpəbl] *adj.* 可触知的，可察觉的；明显的

culpable [ˈkʌlpəbl] *adj.* 有罪的，该受谴责的

arable [ˈærəbl] *adj.* 适于耕种的

parable [ˈpærəbl] *n.* 寓言

reparable [rɪˈperəbl] *adj.* 能补救的，可挽回的

irreparable [ɪˈrepərəbl] *adj.* 不能挽回的，无法弥补的

considerable [kənˈsɪdərəbl] *adj.* 相当多的；重要的；值得考虑的

imponderable [ɪmˈpɑːndərəbl] *adj.* (重量等)无法衡量的

vulnerable [ˈvʌlnərəbl] adj. 易受伤的，脆弱的

inferable [ɪnˈfɜːrəbl] adj. 能推理的，能推论的

transferable [trænsˈfɜːrəbl] adj. 可转移的

indecipherable [ˌɪndɪˈsaɪfrəbl] adj. 无法破译的

undecipherable [ˌʌndɪˈsaɪfrəbl] adj. 难破译的

venerable [ˈvenərəbl] adj. 值得尊敬的，庄严的

invulnerable [ɪnˈvʌlnərəbl] adj. 不会受伤害的，刀枪不入的

operable [ˈɑːpərəbl] adj. 可操作的，可使用的；可手术治疗的

miserable [ˈmɪzrəbl] adj. 痛苦的，悲惨的；少得可怜的

unalterable [ʌnˈɔːltərəbl] adj. 不能改变的

desirable [dɪˈzaɪərəbl] adj. 值得要的

undesirable [ˌʌndɪˈzaɪərəbl] adj. 不受欢迎的，讨厌的

factorable [ˈfæktərəbl] adj. 能分解成因子的

inexorable [ɪnˈeksərəbl] adj. 不为所动的；无法改变的

favorable [ˈfeɪvərəbl] adj. 有利的；赞成的

impenetrable [ɪmˈpenɪtrəbl] adj. 不能穿透的；不可理解的

undemonstrable [ˌʌndɪˈmɑːnstrəbl] adj. 无法证明的，难以证明的

durable [ˈdʊrəbl] adj. 持久的；耐用的

inadvisable [ˌɪnədˈvaɪzəbl] adj. 不明智的，不妥当的

dispensable [dɪˈspensəbl] adj. 不必要的，可有可无的

disposable [dɪˈspoʊzəbl] adj. 一次性的；可自由使用的

impassable [ɪmˈpæsəbl] adj. 不能通行的，无法通过的

usable [ˈjuːzəbl] adj. 可用的；好用的

inexcusable [ˌɪnɪkˈskjuːzəbl] adj. 不可原谅的，不可宽恕的

debatable [dɪˈbeɪtəbl] adj. 未决定的，有争执的

palatable [ˈpælətəbl] adj. 美味的

unpalatable [ʌnˈpælətəbl] adj. 味道差的，不好吃的；令人不快的

intractable [ɪnˈtræktəbl] adj. 倔强的，难以管理的；难以加工的，难以操作的

tractable [ˈtræktəbl] *adj.* 易处理的，驯良的
unpredictable [ˌʌnprɪˈdɪktəbl] *adj.* 不可预知的
predictable [prɪˈdɪktəbl] *adj.* 可预知的
indubitable [ɪnˈduːbɪtəbl] *adj.* 不容置疑的
profitable [ˈprɑːfɪtəbl] *adj.* 有利可图的
inimitable [ɪˈnɪmɪtəbl] *adj.* 无法仿效的
hospitable [hɑːˈspɪtəbl] *adj.* 热情好客的；易接受的
charitable [ˈtʃærətəbl] *adj.* 行善的；仁爱的
inevitable [ɪnˈevɪtəbl] *adj.* 不可避免的，必然的
uncharitable [ʌnˈtʃærɪtəbl] *adj.* 无慈悲心的
irritable [ˈɪrɪtəbl] *adj.* 易怒的，急躁的；易受刺激的
equitable [ˈekwɪtəbl] *adj.* 公正的，合理的
warrantable [ˈwɔːrəntəbl] *adj.* 可保证的，可承认的
insurmountable [ˌɪnsərˈmaʊntəbl] *adj.* 不能克服的，不能超越的
notable [ˈnoʊtəbl] *adj.* 值得注意的，显著的
potable [ˈpoʊtəbl] *adj.* 适于饮用的
adaptable [əˈdæptəbl] *adj.* 有适应能力的；可改编的
unstable [ʌnˈsteɪbl] *adj.* 不稳定的
disputable [dɪˈspjuːtəbl] *adj.* 有争议的
irrefutable [ˌɪrɪˈfjuːtəbl] *adj.* 无可辩驳的，毋庸置疑的
mutable [ˈmjuːtəbl] *adj.* 可变的；易变的
believable [bɪˈliːvəbl] *adj.* 可信的
nibble [ˈnɪbl] *v.* 一点点地咬，慢慢啃
irascible [ɪˈræsəbl] *adj.* 易怒的
inedible [ɪnˈedəbl] *adj.* 不能吃的，不可食的
credible [ˈkredəbl] *adj.* 可信的，可靠的
audible [ˈɔːdəbl] *adj.* 听得见的
ineligible [ɪnˈelɪdʒəbl] *adj.* 不合格的
negligible [ˈneglɪdʒəbl] *adj.* 可以忽略的，微不足道的
eligible [ˈelɪdʒəbl] *adj.* 合格的，有资格的

intelligible	[ɪnˈtelɪdʒəbl] *adj.* 可理解的，易于理解的
unintelligible	[ˌʌnɪnˈtelɪdʒəbl] *adj.* 不可能理解的，难懂的
incorrigible	[ɪnˈkɔːrɪdʒəbl] *adj.* 积习难改的，不可救药的
tangible	[ˈtændʒəbl] *adj.* 可触摸的
intangible	[ɪnˈtændʒəbl] *adj.* 触摸不到的；无形的
fallible	[ˈfæləbl] *adj.* 易犯错的
gullible	[ˈgʌləbl] *adj.* 易受骗的
discernible	[dɪˈsənəbl] *adj.* 可识别的，可辨的
foible	[ˈfɔɪbl] *n.* 小缺点，小毛病
visible	[ˈvɪzəbl] *adj.* 可见的，看得见的；能注意到的；明显的，可察觉到的
reprehensible	[ˌreprɪˈhensəbl] *adj.* 应受谴责的
incomprehensible	[ɪnˌkɑːmprɪˈhensəbl] *adj.* 难以理解的，难懂的
comprehensible	[ˌkɑːmprɪˈhensəbl] *adj.* 可理解的，易于理解的
irresponsible	[ˌɪrɪˈspɑːnsəbl] *adj.* 不对更高一级负责的；不承担责任的；无责任感的；无负责能力的 *n.* 不负责任的人，无责任感的人
reversible	[rɪˈvɜːrsəbl] *adj.* 可逆的，可反转的
irreversible	[ˌɪrɪˈvɜːrsəbl] *adj.* 不能撤回的，不能取消的
accessible	[əkˈsesəbl] *adj.* 易接近的；易受影响的
irrepressible	[ˌɪrɪˈpresəbl] *adj.* 抑制不住的，压抑不住的
impermissible	[ˌɪmpɜːrˈmɪsəbl] *adj.* 不容许的
implausible	[ɪmˈplɔːzəbl] *adj.* 难以置信的
plausible	[ˈplɔːzəbl] *adj.* 看似有理的，似是而非的；有道理的，可信的
incompatible	[ˌɪnkəmˈpætəbl] *adj.* 无法和谐共存的，不相容的
indestructible	[ˌɪndɪˈstrʌktəbl] *adj.* 不能破坏的，不可毁灭的
susceptible	[səˈseptəbl] *adj.* 易受影响的，敏感的
contemptible	[kənˈtemptəbl] *adj.* 令人轻视的
incorruptible	[ˌɪnkəˈrʌptəbl] *adj.* 廉洁的，不腐败的

convertible	[kən ˈvɜːrtəbl] *adj.* 可转换的 *n.* 敞篷车
incontrovertible	[ˌɪnkɑːntrə ˈvɜːrtəbl] *adj.* 无可辩驳的，不容置疑的
irresistible	[ˌɪrɪ ˈzɪstəbl] *adj.* 无法抗拒的；不能压制的
inexhaustible	[ˌɪnɪɡ ˈzɔːstəbl] *adj.* 用不完的，无穷无尽的
combustible	[kəm ˈbʌstəbl] *adj.* 易燃的；易激动的
inflexible	[ɪn ˈfleksəbl] *adj.* 坚定的，不屈不挠的
flexible	[ˈfleksəbl] *adj.* 易弯曲的；灵活的
amble	[ˈæmbl] *v.* 缓行，漫步
scramble	[ˈskræmbl] *v.* 攀登；搅乱，使混杂；争夺
resemble	[rɪ ˈzembl] *v.* 与…相似，像
humble	[ˈhʌmbl] *adj.* 卑微的；谦虚的 *v.* 使谦卑
jumble	[ˈdʒʌmbl] *v.* 使混乱，混杂 *n.* 混杂，杂乱
grumble	[ˈɡrʌmbl] *v.* 嘟囔，抱怨，发牢骚
stumble	[ˈstʌmbl] *v.* 绊倒
ignoble	[ɪɡ ˈnoʊbl] *adj.* 卑鄙的
garble	[ˈɡɑːbl] *v.* 曲解，窜改
insoluble	[ɪn ˈsɑːljəbl] *adj.* 不能溶解的；不能解决的
voluble	[ˈvɑːljəbl] *adj.* 健谈的；易旋转的
obstacle	[ˈɑːbstəkl] *n.* 障碍，妨碍物
vehicle	[ˈviːəkl] *n.* 交通工具；传播媒介
huddle	[ˈhʌdl] *v.* 挤成一团 *n.* 一堆人(或物)
muddle	[ˈmʌdl] *n.* 迷惑，困惑；混乱
rekindle	[ˌriː ˈkɪndl] *v.* 再点火；使重新振作
dwindle	[ˈdwɪndl] *v.* 变小，减少
baffle	[ˈbæfl] *v.* 使困惑，难倒
shuffle	[ˈʃʌfl] *v.* 洗牌；拖步走；支吾
haggle	[ˈhæɡl] *v.* 讨价还价
tangle	[ˈtæŋɡl] *v.* 缠结 *n.* 纷乱
entangle	[ɪn ˈtæŋɡl] *v.* 使卷入
commingle	[kə ˈmɪŋɡl] *v.* 掺和，混合

immobile [ɪˈmoʊbl] *adj.* 稳定的，不动的，静止的

nubile [ˈnuːbaɪl] *adj.* 适婚的；性感的

facile [ˈfæsl] *adj.* 易做到的；肤浅的

reconcile [ˈrekənsaɪl] *v.* 和解，调和

docile [ˈdɑːsl] *adj.* 驯服的，听话的

profile [ˈproʊfaɪl] *n.* 轮廓，外形；（尤指人面部的）侧面

fragile [ˈfrædʒl] *adj.* 易碎的，易损坏的

worthwhile [ˌwɜːrθˈwaɪl] *adj.* 值得做的

juvenile [ˈdʒuːvənl] *adj.* 青少年的；孩子气的，幼稚的

sterile [ˈsterəl] *adj.* 贫瘠且无植被的；无细菌的

volatile [ˈvɑːlətl] *adj.* 反复无常的；易挥发的

tactile [ˈtæktl] *adj.* 有触觉的

ductile [ˈdʌktaɪl] *adj.* 易延展的；可塑的

infantile [ˈɪnfəntaɪl] *adj.* 幼稚的，孩子气的

infertile [ɪnˈfɜːrtl] *adj.* 贫瘠的，不结果实的

hostile [ˈhɑːstl] *adj.* 敌对的，敌意的

futile [ˈfjuːtl] *adj.* 无效的，无用的；(人)没出息的；琐细的

guile [gaɪl] *n.* 欺骗，欺诈；狡猾

revile [rɪˈvaɪl] *v.* 辱骂，恶言相向

servile [ˈsɜːrvl] *adj.* 奴性的，百依百顺的

ramshackle [ˈræmʃækl] *adj.* 摇摇欲坠的

fickle [ˈfɪkl] *adj.* (尤指在感情方面)易变的，变化无常的，不坚定的

trickle [ˈtrɪkl] *v.* 细细地流 *n.* 细流

buckle [ˈbʌkl] *n.* 皮带扣环 *v.* 扣紧

hyperbole [haɪˈpɜːrbəli] *n.* 夸张法

disciple [dɪˈsaɪpl] *n.* 信徒，弟子

multiple [ˈmʌltɪpl] *adj.* 多样的，多重的

trample [ˈtræmpl] *v.* 踩坏，践踏；蹂躏

crumple	[ˈkrʌmpl] *v.* 把…弄皱；起皱；破裂
topple	[ˈtɑːpl] *v.* 倾覆，推倒
supple	[ˈsʌpl] *adj.* 柔软的，灵活的；柔顺的，顺从的
scruple	[ˈskruːpl] *n.* 顾忌，迟疑 *v.* 顾忌
tussle	[ˈtʌsl] *n.* 扭打，争斗；争辩 *v.* 扭打，争斗
subtle	[ˈsʌtl] *adj.* 微妙的，精巧的
entitle	[ɪnˈtaɪtl] *v.* 使有权(做某事)
whittle	[ˈwɪtl] *v.* 削(木头)；削减
belittle	[bɪˈlɪtl] *v.* 轻视，贬低
ridicule	[ˈrɪdɪkjuːl] *n.* 嘲笑，奚落
overrule	[ˌoʊvərˈruːl] *v.* 驳回，否决
scheme	[skiːm] *n.* 阴谋；(作品等)体系，结构
pantomime	[ˈpæntəmaɪm] *n.* 哑剧
ragtime	[ˈræɡtaɪm] *n.* 雷格泰姆音乐 *adj.* 使人发笑的，滑稽的
venturesome	[ˈventʃərsəm] *adj.* 好冒险的；(行为)冒险的
noisome	[ˈnɔɪsəm] *adj.* 有恶臭的；令人作呕的，令人讨厌的
wearisome	[ˈwɪrisəm] *adj.* 使人感到疲倦或厌倦的
fulsome	[ˈfʊlsəm] *adj.* 虚情假意的；充足的
burdensome	[ˈbɜːrdnsəm] *adj.* 繁重的，劳累的
chromosome	[ˈkroʊməsoʊm] *n.* 染色体
fearsome	[ˈfɪrsəm] *adj.* 吓人的，可怕的
cumbersome	[ˈkʌmbərsəm] *adj.* 笨重的，难处理的
epitome	[ɪˈpɪtəmi] *n.* 典型；梗概
perfume	[pərˈfjuːm] *n.* 香味；香水
resume	[rɪˈzuːm] *v.* 重新开始，继续
presume	[prɪˈzuːm] *v.* 推测，假定；认定
assume	[əˈsuːm] *v.* 假定；承担，担任
enzyme	[ˈenzaɪm] *n.* 酵素，酶
bane	[beɪn] *n.* 祸根

urbane [ɜːrˈbeɪn] *adj.* 温文尔雅的

arcane [ɑːrˈkeɪn] *adj.* 神秘的，秘密的

mundane [mʌnˈdeɪn] *adj.* 现世的，世俗的；平凡的，普通的

humane [hjuːˈmeɪn] *adj.* 人道的，慈悲的；人文主义的

inane [ɪˈneɪn] *adj.* 无意义的，空洞的；愚蠢的

sane [seɪn] *adj.* 神志清楚的；明智的

wane [weɪn] *v.* 减少，衰落

gene [dʒiːn] *n.* 基因

serene [səˈriːn] *adj.* 平静的，安详的；清澈的；晴朗的

contravene [ˌkɑːntrəˈviːn] *v.* 违背(法规、习俗等)

combine [kəmˈbaɪn] *v.* (使)联合，结合；协力

confine [kənˈfaɪn] *v.* 限制，禁闭

saline [ˈseɪliːn] *adj.* 含盐的，咸的

decline [dɪˈklaɪn] *v.* 拒绝；变弱，变小 *n.* 消减

crystalline [ˈkrɪstəlaɪn] *adj.* 水晶的；透明的

discipline [ˈdɪsəplɪn] *n.* 纪律；惩罚，处分 *v.* 训练，训导

outline [ˈaʊtlaɪn] *n.* 轮廓；概要

undermine [ˌʌndərˈmaɪn] *v.* 破坏，削弱

predetermine [ˌpriːdɪˈtɜːrmɪn] *v.* 预先注定；预先决定

saturnine [ˈsætərnaɪn] *adj.* 忧郁的，阴沉的

pine [paɪn] *n.* 松树 *v.* (因疾病等)憔悴；渴望

doctrine [ˈdɑːktrɪn] *n.* 教义，教条，主义，学说

quarantine [ˈkwɔːrəntiːn] *n.* 隔离检疫期，隔离

byzantine [ˈbɪzəntiːn] *adj.* 错综复杂的

destine [ˈdestɪn] *v.* 命运注定，预定

predestine [ˌpriːˈdestɪn] *v.* 预先注定

philistine [ˈfɪlɪstiːn] *n.* 庸俗的人，对文化艺术无知的人

pristine [ˈprɪstiːn] *adj.* 原始的；质朴的，纯洁的；新鲜的，干净的

routine [ruːˈtiːn] *n.* 常规 *adj.* 平常的；常规的

sanguine	[ˈsæŋgwɪn] *adj.* 乐观的；红润的
cone	[koʊn] *n.* 松果；圆锥体
condone	[kənˈdoʊn] *v.* 宽恕，原谅
bygone	[ˈbaɪgɔːn] *adj.* 过去的
hormone	[ˈhɔːrmoʊn] *n.* 荷尔蒙，激素
drone	[droʊn] *v.* 嗡嗡地响；单调地说 *n.* 单调的低音
prone	[proʊn] *adj.* 俯卧的；倾向于…的
airborne	[ˈerbɔːrn] *adj.* 空运的，空降的；空气传播的
opportune	[ˌɑːpərˈtuːn] *adj.* 合适的，适当的
attune	[əˈtuːn] *v.* 使调和
grope	[groʊp] *v.* 摸索，探索
misanthrope	[ˈmɪsənθroʊp] *n.* 厌恶人类者
dupe	[duːp] *n.* 易上当者
stereotype	[ˈsteriətaɪp] *n.* 固定形式，老套
prototype	[ˈproʊtətaɪp] *n.* 原型；典型
sincere	[sɪnˈsɪr] *adj.* 诚实的，坦率的；诚挚的
insincere	[ˌɪnsɪnˈsɪr] *adj.* 不诚恳的，虚伪的
adhere	[ədˈhɪr] *v.* 粘着，坚持
austere	[ɔːˈstɪr] *adj.* 朴素的
revere	[rɪˈvɪr] *v.* 尊敬
persevere	[ˌpɜːrsəˈvɪr] *v.* 坚持不懈
doctrinaire	[ˌdɑːktrəˈner] *n.* 教条主义者 *adj.* 教条的，迂腐的
crossfire	[ˈkrɔːsfaɪər] *n.* 交叉火力
quagmire	[ˈkwægmaɪər] *n.* 沼泽地；困境
repertoire	[ˈrepərtwɑːr] *n.* (剧团等的)常备剧目
inspire	[ɪnˈspaɪər] *v.* 鼓舞，激励
perspire	[pərˈspaɪər] *v.* 出汗
retire	[rɪˈtaɪər] *v.* 撤退，后退；退休，退役
overtire	[ˌoʊvərˈtaɪər] *v.* 使过度疲劳
genre	[ˈʒɑːnrə] *n.* (文学、艺术等的)类型，体裁

core	[kɔːr] *n.* 果心；核心 *v.* 去掉某物的中心部分
underscore	[ˌʌndərˈskɔːr] *v.* 在…下面画线；强调
adore	[əˈdɔːr] *v.* 崇拜；爱慕
folklore	[ˈfoʊklɔːr] *n.* 民间传说；民俗学
deplore	[dɪˈplɔːr] *v.* 悲悼，哀叹；谴责
explore	[ɪkˈsplɔːr] *v.* 探究；勘探；考察
ignore	[ɪɡˈnɔːr] *v.* 不顾，不理，忽视
restore	[rɪˈstɔːr] *v.* 使回复，恢复；修复，修补
bizarre	[bɪˈzɑːr] *adj.* 奇异的，古怪的
insecure	[ˌɪnsɪˈkjʊr] *adj.* 无保障的，不安全的
obscure	[əbˈskjʊr] *adj.* 难以理解的，含糊的；不清楚的，模糊的 *v.* 使变模糊；隐藏
procedure	[prəˈsiːdʒər] *n.* 程序，手续
endure	[ɪnˈdʊr] *v.* 忍受，忍耐
conjure	[ˈkʌndʒər] *v.* 召唤，想起；变魔术，变戏法
allure	[əˈlʊr] *v.* 引诱，诱惑
inure	[ɪˈnjʊr] *v.* 使习惯于；生效
censure	[ˈsenʃər] *n.* 指责，谴责 *v.* 指责，谴责
unsure	[ˌʌnˈʃʊr] *adj.* 缺乏自信的；不确定的
composure	[kəmˈpoʊʒər] *n.* 镇静，沉着；自若
exposure	[ɪkˈspoʊʒər] *n.* 暴露，显露，曝光
assure	[əˈʃʊr] *v.* 保证
reassure	[ˌriːəˈʃʊr] *v.* 使恢复信心；使确信
caricature	[ˈkærɪkətʃər] *n.* 讽刺画；滑稽模仿
premature	[ˌpriːməˈtʃʊr] *adj.* 早熟的，过早的
immature	[ˌɪməˈtʃʊr] *adj.* 未充分成长的，未完全发展的；(行为等)不成熟的
conjecture	[kənˈdʒektʃər] *v./n.* 推测，臆测
juncture	[ˈdʒʌŋktʃər] *n.* 关键时刻，危急关头；结合处，接合点
puncture	[ˈpʌŋktʃər] *v.* 刺穿，戳破 *n.* 刺孔，穿孔

structure [ˈstrʌktʃər] n. 结构 v. 建造

superstructure [ˈsuːpərstrʌktʃər] n. 上层建筑；上层构造

indenture [ɪnˈdentʃər] n. 契约，合同 v. 以契约约束

venture [ˈventʃər] v. 敢于；冒险

capture [ˈkæptʃər] v. 俘获；夺取或赢得 n. 战利品

nurture [ˈnɜːrtʃər] v. 养育，教养 n. 养育；营养物

imposture [ɪmˈpɑːstʃər] n. 冒充

texture [ˈtekstʃər] n. 质地；结构

base [beɪs] adj. 卑鄙的

debase [dɪˈbeɪs] v. 贬低，贬损

appease [əˈpiːz] v. 使平静，安抚

purchase [ˈpɜːrtʃəs] n. 支点(阻止东西下滑)

paraphrase [ˈpærəfreɪz] n./v. 释义，解释，改写

obese [oʊˈbiːs] adj. 极胖的

precise [prɪˈsaɪs] adj. 精确的，准确的，确切的

imprecise [ˌɪmprɪˈsaɪs] adj. 不精确的

incise [ɪnˈsaɪz] v. 切入，切割

exorcise [ˈeksɔːrsaɪz] v. 驱除妖魔；去除(坏念头等)

excise [ˈeksaɪz] v. 切除，删去

disenfranchise [ˌdɪsɪnˈfræntʃaɪz] v. 剥夺…的权利

premise [ˈpremɪs] n. 前提

compromise [ˈkɑːmprəmaɪz] v. 妥协；危害

surmise [ˈsɜːrmaɪz] n. 推测，猜测 [sərˈmaɪz] v. 推测，猜测

poise [pɔɪz] v. 使平衡 n. 泰然自若，沉着自信

apprise [əˈpraɪz] v. 通知，告知

enterprise [ˈentərpraɪz] n. 公司，企业；进取心

treatise [ˈtriːtɪs] n. 论文

expertise [ˌekspɜːrˈtiːz] n. 专门技术，专业知识

advertise [ˈædvərtaɪz] v. 做广告；通知

revise [rɪˈvaɪz] v. 校订，修正

improvise [ˈɪmprəvaɪz] *v.* 即席创作

counterclockwise [ˌkaʊntər ˈklɑːkwaɪz] *adj./adv.* 逆时针方向的(地)

repulse [rɪˈpʌls] *v.* 击退;(粗暴无礼地)回绝 *n.* 击退;回绝，拒绝

impulse [ˈɪmpʌls] *n.* 动力，刺激

incense [ˈɪnsens] *n.* 香味 [ɪnˈsens] *v.* 激怒

dense [dens] *adj.* 密集的，浓密的

condense [kənˈdens] *v.* 浓缩

defense [dɪˈfens] *n.* 防御，防护

immense [ɪˈmens] *adj.* 极大的；无限的

suspense [səˈspens] *n.* 悬念；挂念

pretense [prɪˈtens] *n.* 妄称，自称；假装，伪装，假象；借口，托词

verbose [vɜːrˈboʊs] *adj.* 冗长的，啰嗦的

bellicose [ˈbelɪkoʊs] *adj.* 好战的，好斗的

glucose [ˈgluːkoʊs] *n.* 葡萄糖

dose [doʊs] *n.* 剂量，(一)剂

grandiose [ˈgrændioʊs] *adj.* 宏伟的；浮夸的

decompose [ˌdiːkəmˈpoʊz] *v.* (使)腐烂

recompose [ˌrɪkəmˈpoʊz] *v.* 重写；重新安排

presuppose [ˌpriːsəˈpoʊz] *vt.* 预先假定；以…为先决条件

predispose [ˌpriːdɪˈspoʊz] *v.* 使预先有倾向；(使)易受感染

morose [məˈroʊs] *adj.* 郁闷的

prose [proʊz] *n.* 散文

elapse [ɪˈlæps] *v.* 消逝，过去 *n.* 消逝

eclipse [ɪˈklɪps] *n.* 日食，月食；黯然失色，衰退

coarse [kɔːrs] *adj.* 粗糙的；低劣的；粗俗的

sparse [spɑːrs] *adj.* 稀少的，贫乏的；稀疏的

disperse [dɪˈspɜːrs] *v.* 消散，驱散

terse	[tɜːrs] *adj.* 简洁的，简明的
verse	[vɜːrs] *n.* 诗歌
averse	[əˈvɜːrs] *adj.* 反对的，不愿意的
adverse	[ˈædvɜːrs] *adj.* 有害的，不利的；敌对的，相反的
reverse	[rɪˈvɜːrs] *n.* 反面；相反的事物 *v.* 倒车；反转；彻底转变
diverse	[daɪˈvɜːrs] *adj.* 不同的；多样的
inverse	[ˌɪnˈvɜːrs] *adj.* 相反的；倒转的
converse	[kənˈvɜːrs] *v.* 谈话，交谈 [ˈkɑːnvɜːrs] *adj.* 逆向的 *n.* 相反的事物
endorse	[ɪnˈdɔːrs] *v.* 赞同；背书
remorse	[rɪˈmɔːrs] *n.* 懊悔，悔恨
reimburse	[ˌriːɪmˈbɜːrs] *v.* 偿还
recourse	[ˈriːkɔːrs] *n.* 求助，依靠
discourse	[ˈdɪskɔːrs] *n.* 演讲，论述
clause	[klɔːz] *n.* 从句；(法律等)条款
disabuse	[ˌdɪsəˈbjuːz] *v.* 打消(某人的)错误念头，使醒悟
accuse	[əˈkjuːz] *v.* 谴责，指责
fuse	[fjuːz] *v.* 熔化；融合
infuse	[ɪnˈfjuːz] *v.* 注入，灌输；鼓励
profuse	[prəˈfjuːs] *adj.* 丰富的；浪费的
recluse	[ˈrekluːs] *n.* 隐士 *adj.* 隐居的
bemuse	[bɪˈmjuːz] *v.* 使昏头昏脑，使迷惑
espouse	[ɪˈspaʊz] *v.* 支持，拥护
abstruse	[əbˈstruːs] *adj.* 难懂的，深奥的
debate	[dɪˈbeɪt] *n.* 正式的辩论，讨论 *v.* 讨论，辩论
celibate	[ˈselɪbət] *n.* 独身者 *adj.* 不结婚的
exacerbate	[ɪɡˈzæsərbeɪt] *v.* 使加重，使恶化
placate	[ˈpleɪkeɪt] *v.* 抚慰，平息

defecate [ˈdefəkeɪt] v. 澄清; 净化
deprecate [ˈdeprəkeɪt] v. 反对; 轻视
eradicate [ɪˈrædɪkeɪt] v. 根除; 扑灭
indicate [ˈɪndɪkeɪt] v. 指示, 指出; 象征, 显示
vindicate [ˈvɪndɪkeɪt] v. 辩白; 证明…正确
complicate [ˈkɑːmplɪkeɪt] v. 使复杂化
replicate [ˈreplɪkeɪt] v. 复制
duplicate [ˈduːplɪkət] adj. 复制的, 两重的
[ˈduːplɪkeɪt] v. 复制 n. 复制品, 副本
explicate [ˈeksplɪkeɪt] v. 详细解说
fabricate [ˈfæbrɪkeɪt] v. 捏造; 制造
intricate [ˈɪntrɪkət] adj. 错综复杂的; 难懂的
authenticate [ɔːˈθentɪkeɪt] v. 证明…是真实的
truncate [ˈtrʌŋkeɪt] v. 截短, 缩短
reciprocate [rɪˈsɪprəkeɪt] v. 回报, 答谢
obfuscate [ˈɑːbfʌskeɪt] v. 使困惑, 使迷惑
sedate [sɪˈdeɪt] adj. 镇静的
antedate [ˌæntiˈdeɪt] v. (在信、支票等上)填写比实际日期早的日期; 早于
elucidate [iˈluːsɪdeɪt] v. 阐明, 说明
validate [ˈvælɪdeɪt] v. 使生效
invalidate [ɪnˈvælɪdeɪt] v. 使无效, 使作废
intimidate [ɪnˈtɪmɪdeɪt] v. 恐吓; 胁迫
accommodate [əˈkɑːmədeɪt] v. 与…一致; 提供住宿; 顺应, 使适应
postdate [ˌpɑːstˈdeɪt] v. 填迟…的日期
permeate [ˈpɜːrmieɪt] v. 扩散, 弥漫; 穿透
delineate [dɪˈlɪnieɪt] v. 勾画, 描述
roseate [ˈroʊziət] adj. 玫瑰色的; 过分乐观的
propagate [ˈprɑːpəgeɪt] v. 繁殖; 传播
relegate [ˈrelɪgeɪt] v. 使降级, 贬谪; 交付, 托付

negate	[nɪˈgeɪt] *v.* 取消；否认
segregate	[ˈsegrɪgeɪt] *v.* 分离，隔离
fumigate	[ˈfjuːmɪgeɪt] *v.* 用烟熏消毒
irrigate	[ˈɪrɪgeɪt] *v.* 灌溉；冲洗(伤口)
mitigate	[ˈmɪtɪgeɪt] *v.* 使缓和，使减轻
castigate	[ˈkæstɪgeɪt] *v.* 惩治，严责
instigate	[ˈɪnstɪgeɪt] *v.* 怂恿，鼓动，煽动
investigate	[ɪnˈvestɪgeɪt] *v.* 调查
navigate	[ˈnævɪgeɪt] *v.* 驾驶；航行；使通过
promulgate	[ˈprɑːmlgeɪt] *v.* 颁布(法令)；宣传，传播
elongate	[ɪˈlɔːŋgeɪt] *v.* 延长，伸长
surrogate	[ˈsɜːrəgət] *n.* 代替品；代理人
depreciate	[dɪˈpriːʃieɪt] *v.* 轻视；贬值
appreciate	[əˈpriːʃieɪt] *v.* 欣赏；感激
irradiate	[ɪˈreɪdieɪt] *v.* 照射；照耀，照亮
repudiate	[rɪˈpjuːdieɪt] *v.* 拒绝接受，回绝，抛弃
retaliate	[rɪˈtælieɪt] *v.* 报复，反击
humiliate	[hjuːˈmɪlieɪt] *v.* 羞辱，使丢脸
inappropriate	[ˌɪnəˈproʊpriət] *adj.* 不恰当的，不适宜的
appropriate	[əˈproʊprieit] *v.* 拨款；盗用
infuriate	[ɪnˈfjʊrieɪt] *v.* 使恼怒，激怒
propitiate	[prəˈpɪʃieɪt] *v.* 讨好；抚慰
initiate	[ɪˈnɪʃieɪt] *v.* 发起，开始；接纳
vitiate	[ˈvɪʃieɪt] *v.* 削弱，损害
substantiate	[səbˈstænʃieɪt] *v.* 证实，确证
negotiate	[nɪˈgoʊʃieɪt] *v.* 协商，商定，议定
obviate	[ˈɑːbvieɪt] *v.* 排除，消除(困难、危险等)
abbreviate	[əˈbriːvieɪt] *v.* 缩短；缩写
escalate	[ˈeskəleɪt] *v.* (战争等)升级；扩大，上升，增强
elate	[iˈleɪt] *v.* 使高兴，使得意
correlate	[ˈkɔːrəleɪt] *v.* 使相互关联；使相互影响

interrelate	[ˌɪntərɪˈleɪt] *v.* 相互关联，相互影响
inflate	[ɪnˈfleɪt] *v.* 使充气，使膨胀
conflate	[kənˈfleɪt] *v.* 合并
dilate	[daɪˈleɪt] *v.* 使膨胀，使扩大
assimilate	[əˈsɪməleɪt] *v.* 同化；吸收
vacillate	[ˈvæsəleɪt] *v.* 游移不定，踌躇
violate	[ˈvaɪəleɪt] *v.* 违反，侵犯
inviolate	[ɪnˈvaɪələt] *adj.* 不受侵犯的，未受损害的
extrapolate	[ɪkˈstræpəleɪt] *v.* 预测，推测
interpolate	[ɪnˈtɜːrpəleɪt] *v.* 插入；(通过插入新语句)篡改
isolate	[ˈaɪsəleɪt] *v.* 孤立
disconsolate	[dɪsˈkɑːnsələt] *adj.* 闷闷不乐的，郁郁寡欢的
contemplate	[ˈkɑːntəmpleɪt] *v.* 深思；凝视
immaculate	[ɪˈmækjələt] *adj.* 洁净的，无瑕的
articulate	[ɑːrˈtɪkjuleɪt] *v.* 清楚地说话；(用关节)连接
speculate	[ˈspekjuleɪt] *v.* 沉思，思索；投机
particulate	[pɑːrˈtɪkjələt] *adj.* 微粒的 *n.* 微粒
circulate	[ˈsɜːrkjəleɪt] *v.* 循环；流通；发行
modulate	[ˈmɑːdʒəleɪt] *v.* 调整，调节；调音
emulate	[ˈemjuleɪt] *v.* 与…竞争，努力赶上
stimulate	[ˈstɪmjuleɪt] *v.* 激励；激发
stipulate	[ˈstɪpjuleɪt] *v.* 要求以…为条件；约定，规定
capitulate	[kəˈpɪtʃuleɪt] *v.* (有条件地)投降
recapitulate	[ˌriːkəˈpɪtʃuleɪt] *v.* 扼要重述
postulate	[ˈpɑːstʃəleɪt] *v.* 要求；假定
decimate	[ˈdesɪmeɪt] *v.* 毁掉大部分；大量杀死
climate	[ˈklaɪmət] *n.* 气候；风气
illegitimate	[ˌɪləˈdʒɪtəmət] *adj.* 不合法的；私生的
ultimate	[ˈʌltɪmət] *adj.* 最后的
intimate	[ˈɪntɪmət] *adj.* 亲密的 [ˈɪntɪmeɪt] *v.* 暗示

overestimate	[ˌoʊvər ˈestɪmeɪt] *v.* 评价过高
underestimate	[ˌʌndər ˈestɪmeɪt] *v.* 低估；看轻
approximate	[əˈprɑːksɪmət] *adj.* 近似的，大约的
consummate	[ˈkɑːnsəmət] *adj.* 完全的，完善的 [ˈkɑːnsəmeɪt] *v.* 完成
alienate	[ˈeɪliəneɪt] *v.* 使疏远，离间
stagnate	[ˈstægneɪt] *v.* 停滞
designate	[ˈdezɪgneɪt] *v.* 指定，任命；指明，指出 *adj.* (已受委派)尚未上任的
fascinate	[ˈfæsɪneɪt] *v.* 迷惑，迷住
inordinate	[ɪnˈɔːrdɪnət] *adj.* 过度的，过分的
coordinate	[koʊˈɔːrdɪneɪt] *v.* 使各部分协调 [koʊˈɔːrdɪnət] *adj.* 同等的
insubordinate	[ˌɪnsəˈbɔːrdɪnət] *adj.* 不服从的，违抗的
subordinate	[səˈbɔːrdɪnət] *adj.* 次要的；下级的 *n.* 下级
pollinate	[ˈpɑːləneɪt] *v.* 对…授粉
disseminate	[dɪˈsemɪneɪt] *v.* 传播，宣传
eliminate	[ɪˈlɪmɪneɪt] *v.* 除去，淘汰
indiscriminate	[ˌɪndɪˈskrɪmɪnət] *adj.* 不加选择的；随意的，任意的
culminate	[ˈkʌlmɪneɪt] *v.* 达到顶点；使达到最高点
dominate	[ˈdɑːmɪneɪt] *v.* 控制，支配
predominate	[prɪˈdɑːmɪneɪt] *v.* 统治；(数量上)占优势，以…为主
germinate	[ˈdʒɜːrmɪneɪt] *v.* 发芽；发展
exterminate	[ɪkˈstɜːrmɪneɪt] *v.* 消灭，灭绝
innate	[ɪˈneɪt] *adj.* 天生的，固有的
passionate	[ˈpæʃənət] *adj.* 充满激情的
compassionate	[kəmˈpæʃənət] *adj.* 有同情心的
dispassionate	[dɪsˈpæʃənət] *adj.* 平心静气的
affectionate	[əˈfekʃənət] *adj.* 亲爱的，挚爱的

disproportionate	[ˌdisprəˈpɔːrʃənət] *adj.* 不成比例的
impersonate	[ɪmˈpɜːrsəneɪt] *v.* 模仿；扮演
incarnate	[ɪnˈkɑːrnət] *adj.* 具有人体的；化身的，拟人化的
hibernate	[ˈhaɪbərneɪt] *v.* 冬眠
alternate	[ˈɔːltərnət] *adj.* 轮流的，交替的 [ˈɔːltərneɪt] *v.* 轮流，交替 [ˈɔːltərnət] *n.* 候选人，代替者
emancipate	[ɪˈmænsɪpeɪt] *v.* 解放，释放
participate	[pɑːrˈtɪsɪpeɪt] *v.* 分担；参与；分享
dissipate	[ˈdɪsɪpeɪt] *v.* (使)消失，(使)消散；浪费
exhilarate	[ɪɡˈzɪləreɪt] *v.* 使兴奋，使高兴；使振作，鼓舞
separate	[ˈsepəreɪt] *v.* 使分开 [ˈseprət] *adj.* 不同的；独自的
disparate	[ˈdɪspərət] *adj.* 迥然不同的
vertebrate	[ˈvɜːrtɪbrət] *n./adj.* 脊椎动物(的)
adumbrate	[ˈædəmbreɪt] *v.* 预示
desecrate	[ˈdesɪkreɪt] *v.* 玷辱，亵渎
hydrate	[ˈhaɪdreɪt] *n.* 水合物 *v.* (使)水合
dehydrate	[diːˈhaɪdreɪt] *v.* 使脱水
deliberate	[dɪˈlɪbərət] *adj.* 深思熟虑的；故意的 [dɪˈlɪbəreɪt] *v.* 慎重考虑
reverberate	[rɪˈvɜːrbəreɪt] *v.* 发出回声，回响
eviscerate	[ɪˈvɪsəreɪt] *v.* 取出内脏；除去主要部分
proliferate	[prəˈlɪfəreɪt] *v.* 激增；(迅速)繁殖，增生
exaggerate	[ɪɡˈzædʒəreɪt] *v.* 夸大，夸张；过分强调
refrigerate	[rɪˈfrɪdʒəreɪt] *v.* 使冷却，冷藏
accelerate	[əkˈseləreɪt] *v.* 加速；促进
decelerate	[ˌdiːˈseləreɪt] *v.* (使)减速
enumerate	[ɪˈnuːməreɪt] *v.* 列举，枚举
regenerate	[rɪˈdʒenəreɪt] *v.* 改造，改进；使再生，新生
generate	[ˈdʒenəreɪt] *v.* 造成；产生

venerate	[ˈvenəreɪt] v. 崇敬，敬仰
exonerate	[ɪɡˈzɑːnəreɪt] v. 免除责任；确定无罪
exasperate	[ɪɡˈzæspəreɪt] v. 激怒，使恼怒
recuperate	[rɪˈkuːpəreɪt] v. 恢复(健康、体力)，复原
temperate	[ˈtempərət] adj. (气候等)温和的；(欲望、饮食等)适度的，有节制的
commiserate	[kəˈmɪzəreɪt] v. 同情，怜悯
obliterate	[əˈblɪtəreɪt] v. 涂掉，擦掉
illiterate	[ɪˈlɪtərət] adj. 文盲的
iterate	[ˈɪtəreɪt] v. 重申，重做
reiterate	[riˈɪtəreɪt] v. 重申，反复地说
integrate	[ˈɪntɪɡreɪt] v. 使成整体，使一体化
denigrate	[ˈdenɪɡreɪt] v. 污蔑，诽谤
ingrate	[ɪnˈɡreɪt] n. 忘恩负义的人
irate	[aɪˈreɪt] adj. 发怒的
elaborate	[ɪˈlæbərət] adj. 精致的，复杂的 [ɪˈlæbəreɪt] v. 详尽地说明，阐明
collaborate	[kəˈlæbəreɪt] v. 合作，协作；通敌
corroborate	[kəˈrɑːbəreɪt] v. 支持或证实；强化
invigorate	[ɪnˈvɪɡəreɪt] v. 鼓舞，使精力充沛
ameliorate	[əˈmiːliəreɪt] v. 改善，改良
deteriorate	[dɪˈtɪriəreɪt] v. (使)变坏，恶化
incorporate	[ɪnˈkɔːrpəreɪt] v. 合并，并入
underrate	[ˌʌndəˈreɪt] v. 低估，轻视
overrate	[ˌoʊvərˈreɪt] v. 对…估价过高，对…评价过高
perpetrate	[ˈpɜːrpətreɪt] v. 犯罪；负责
infiltrate	[ˈɪnfɪltreɪt] v. 渗透，渗入
concentrate	[ˈkɑːnsntreɪt] v. 聚集，浓缩
orchestrate	[ˈɔːrkɪstreɪt] v. 给…配管弦乐；精心安排，组织
demonstrate	[ˈdemənstreɪt] v. 证明，论证；示威
prostrate	[ˈprɑːstreɪt] adj. 俯卧的；沮丧的 v. 使下跪或鞠躬，使拜服

frustrate	[ˈfrʌstreɪt] v. 挫败，使沮丧
obdurate	[ˈɑːbdərət] adj. 固执的，顽固的
inaugurate	[ɪˈnɔːɡjəreɪt] v. 举行就职典礼；创始，开创
commensurate	[kəˈmenʃərət] adj. 同样大小的；相称的
incommensurate	[ˌɪnkəˈmenʃərət] adj. 不成比例的，不相称的
saturate	[ˈsætʃəreɪt] v. 浸湿，浸透；使大量吸收或充满
dictate	[ˈdɪkteɪt] v. 口述；命令
incapacitate	[ˌɪnkəˈpæsɪteɪt] v. 使无能力，使不适合
premeditate	[ˌpriːˈmedɪteɪt] v. 预谋，预先考虑或安排
agitate	[ˈædʒɪteɪt] v. 鼓动，煽动；使不安，使焦虑
debilitate	[dɪˈbɪlɪteɪt] v. 使衰弱
facilitate	[fəˈsɪlɪteɪt] v. 使容易，促进
rehabilitate	[ˌriːəˈbɪlɪteɪt] v. 使恢复(健康、能力、地位等)
imitate	[ˈɪmɪteɪt] v. 模仿
precipitate	[prɪˈsɪpɪteɪt] v. 使突然降临，加速，促成
	[prɪˈsɪpɪtət] adj. 鲁莽的，轻率的
irritate	[ˈɪrɪteɪt] v. 激怒；刺激
notate	[ˈnoʊteɪt] v. 以符号表示
annotate	[ˈænəteɪt] v. 注解
devastate	[ˈdevəsteɪt] v. 摧毁，破坏
reinstate	[ˌriːɪnˈsteɪt] v. (使)恢复(原来的地位或职位)
understate	[ˌʌndərˈsteɪt] v. 保守地说，轻描淡写地说
overstate	[ˌoʊvərˈsteɪt] v. 夸张，对…言过其实
insinuate	[ɪnˈsɪnjueɪt] v. 暗指，暗示
superannuate	[ˌsuːpərˈænjueɪt] v. 使退休领养老金
equate	[iˈkweɪt] v. 认为…相等或相仿
adequate	[ˈædɪkwət] adj. 足够的
actuate	[ˈæktʃueɪt] v. 开动，促使
fluctuate	[ˈflʌktʃueɪt] v. 波动；变动
perpetuate	[pərˈpetʃueɪt] v. 使永存
habituate	[həˈbɪtʃueɪt] v. 使习惯于

accentuate	[əkˈsentʃueɪt] *v.* 强调；重读
excavate	[ˈekskəveɪt] *v.* 开洞，凿洞；挖掘，发掘
aggravate	[ˈæɡrəveɪt] *v.* 加重，恶化；激怒，使恼火
activate	[ˈæktɪveɪt] *v.* 刺激，使活动
motivate	[ˈmoʊtɪveɪt] *v.* 激发，刺激
enervate	[ˈenərveɪt] *v.* 使虚弱，使无力
effete	[ɪˈfiːt] *adj.* 无生产力的；虚弱的
deplete	[dɪˈpliːt] *v.* 大量减少；耗尽，使枯竭
replete	[rɪˈpliːt] *adj.* 充满的，供应充足的
incomplete	[ˌɪnkəmˈpliːt] *adj.* 不完全的，不完整的
discrete	[dɪˈskriːt] *adj.* 个别的，分离的；不连续的
naivete	[naɪˈiːvəti] *n.* 天真的言行举止；天真无邪
cite	[saɪt] *v.* 引用，引述
excite	[ɪkˈsaɪt] *v.* 激发；使动感情，使激动；使增加能量
recondite	[ˈrekəndaɪt] *adj.* 深奥的，晦涩的
erudite	[ˈerudaɪt] *adj.* 博学的，饱学的
elite	[eɪˈliːt] *n.* 精英；主力，中坚
polite	[pəˈlaɪt] *adj.* 文雅的，有教养的
mite	[maɪt] *n.* 极小量；小虫
termite	[ˈtɜːrmaɪt] *n.* 白蚁
definite	[ˈdefɪnət] *adj.* 清楚的，明确的
respite	[ˈrespɪt] *n.* 休息；暂缓
trite	[traɪt] *adj.* 陈腐的，陈词滥调的
contrite	[kənˈtraɪt] *adj.* 悔罪的，痛悔的
parasite	[ˈpærəsaɪt] *n.* 食客；寄生物
perquisite	[ˈpɜːrkwɪzɪt] *n.* 额外收入，津贴；小费
prerequisite	[ˌpriːˈrekwəzɪt] *n.* 先决条件
requisite	[ˈrekwɪzɪt] *n.* 必需物 *adj.* 必要的，必不可少的
exquisite	[ˈekskwɪzɪt] *adj.* 精致的；近乎完美的
apposite	[ˈæpəzɪt] *adj.* 适当的，贴切的

opposite	[ˈɑːpəzət] *adj.* 相反的，对立的
dilettante	[ˌdɪləˈtænti] *n.* 一知半解者，业余爱好者
antidote	[ˈæntidoʊt] *n.* 解药
remote	[rɪˈmoʊt] *adj.* 遥远的；偏僻的
promote	[prəˈmoʊt] *v.* 提升；促进
denote	[dɪˈnoʊt] *v.* 指示，表示
quote	[kwoʊt] *v.* 引用，引述
forte	[fɔːrt] *n.* 长处，特长 *adj.*（音乐）强音的
caste	[kæst] *n.* 社会等级，等级
distribute	[dɪˈstrɪbjuːt] *v.* 分发，分配
attribute	[əˈtrɪbjuːt] *v.* 把…归于 [ˈætrɪbjuːt] *n.* 属性，特质
acute	[əˈkjuːt] *adj.* 灵敏的，敏锐的；剧烈的；急性的
prosecute	[ˈprɑːsɪkjuːt] *v.* 起诉；告发
execute	[ˈeksɪkjuːt] *v.* 执行，履行；将（某人）处死
dilute	[daɪˈluːt] *v.* 稀释，冲淡
irresolute	[ɪˈrezəluːt] *adj.* 未决定的；犹豫不决的
transmute	[trænzˈmjuːt] *v.* 变化
repute	[rɪˈpjuːt] *v.* 认为，以为 *n.* 名声，名誉
ill-repute	[ˌɪlrɪˈpjuːt] *n.* 名誉败坏
impute	[ɪmˈpjuːt] *v.* 归咎于；归于
dispute	[dɪˈspjuːt] *v.* 争论
brute	[bruːt] *n./adj.* 野兽（的）；残忍的（人）
substitute	[ˈsʌbstɪtuːt] *n.* 代替品 *v.* 代替
constitute	[ˈkɑːnstətuːt] *v.* 组成，构成；建立
institute	[ˈɪnstɪtuːt] *v.* 设立，创立（社团等）；制定（政策等）*n.* 学院，学会，协会
astute	[əˈstuːt] *adj.* 机敏的，精明的
acolyte	[ˈækəlaɪt] *n.*（教士的）助手，侍僧
imbue	[ɪmˈbjuː] *v.* 浸染，浸透；使充满，灌输，激发

rescue	[ˈreskjuː] *v.* 解救；把…从法律监管下强行夺回 *n.* 解救
subdue	[səbˈduː] *v.* 征服；压制；减轻
overdue	[ˌoʊvərˈduː] *adj.* 到期未付的；晚来的，延误的
intrigue	[ɪnˈtriːg] *v.* 密谋；引起…的兴趣
vogue	[voʊg] *n.* 时尚，流行
technique	[tekˈniːk] *n.* 技能，方法，手段
unique	[juˈniːk] *adj.* 独一无二的，独特的；无与伦比的
critique	[krɪˈtiːk] *n.* 批评性的分析
antique	[ænˈtiːk] *adj.* 古时的，古老的 *n.* 古物，古董
baroque	[bəˈroʊk] *adj.* 过分装饰的
picturesque	[ˌpɪktʃəˈresk] *adj.* 如画的；独特的，别具风格的
construe	[kənˈstruː] *v.* 解释；翻译
misconstrue	[ˌmɪskənˈstruː] *v.* 误解，曲解
tissue	[ˈtɪʃuː] *n.* (动植物的)组织；薄纸，棉纸
virtue	[ˈvɜːrtʃuː] *n.* 美德；优点；潜能
cleave	[kliːv] *v.* 劈开；分裂
bereave	[bɪˈriːv] *v.* 夺去，丧亲
rave	[reɪv] *n.* 热切赞扬 *v.* 胡言乱语，说疯语
grave	[greɪv] *adj.* 严肃的，庄重的 *n.* 墓穴
engrave	[ɪnˈgreɪv] *v.* 雕刻，铭刻；牢记，铭记
deprave	[dɪˈpreɪv] *v.* 使堕落，使恶化
relieve	[rɪˈliːv] *v.* 减轻，解除
grieve	[griːv] *v.* 使某人极为悲伤
retrieve	[rɪˈtriːv] *v.* 寻回，取回；挽回(错误)
coercive	[koʊˈɜːrsɪv] *adj.* 强制的，强迫性的
conceive	[kənˈsiːv] *v.* 想象，构想；怀孕
hive	[haɪv] *n.* 蜂房，蜂巢；热闹的场所
archive	[ˈɑːrkaɪv] *n.* 档案室

connive [kəˈnaɪv] *v.* 默许；纵容；共谋

thrive [θraɪv] *v.* 茁壮成长；繁荣，兴旺

deprive [dɪˈpraɪv] *v.* 剥夺，使丧失

contrive [kənˈtraɪv] *v.* 计划，设计

strive [straɪv] *v.* 奋斗，努力

abrasive [əˈbreɪsɪv] *adj.* 研磨的

persuasive [pərˈsweɪsɪv] *adj.* 易使人信服的，有说服力的

evasive [ɪˈveɪsɪv] *adj.* 回避的，逃避的，推脱的

pervasive [pərˈveɪsɪv] *adj.* 弥漫的，遍布的

adhesive [ədˈhiːsɪv] *adj.* 黏着的，带黏性的 *n.* 黏合剂

cohesive [koʊˈhiːsɪv] *adj.* 凝聚的

decisive [dɪˈsaɪsɪv] *adj.* 决定性的；坚定的，果断的

incisive [ɪnˈsaɪsɪv] *adj.* 尖锐的，深刻的

divisive [dɪˈvaɪsɪv] *adj.* 引起分歧的，导致分裂的

impulsive [ɪmˈpʌlsɪv] *adj.* 冲动的，由冲动引起的；易冲动的

defensive [dɪˈfensɪv] *adj.* 自卫的 *n.* 戒备；防御

inoffensive [ˌɪnəˈfensɪv] *adj.* 无害的；不讨厌的

apprehensive [ˌæprɪˈhensɪv] *adj.* 害怕的；善于领会的

pensive [ˈpensɪv] *adj.* 沉思的；忧心忡忡的

inexpensive [ˌɪnɪkˈspensɪv] *adj.* 廉价的，便宜的

extensive [ɪkˈstensɪv] *adj.* 广大的，广阔的；多方面的，广泛的

responsive [rɪˈspɑːnsɪv] *adj.* 响应的，做出反应的；敏感的，反应快的

corrosive [kəˈroʊsɪv] *adj.* 腐蚀性的，腐蚀的，蚀坏的

subversive [səbˈvɜːrsɪv] *adj.* 颠覆性的，破坏性的

discursive [dɪsˈkɜːrsɪv] *adj.* 散漫的，不得要领的

impassive [ɪmˈpæsɪv] *adj.* 无动于衷的，冷漠的

recessive [rɪˈsesɪv] *adj.* 隐性遗传的；后退的

excessive [ɪkˈsesɪv] *adj.* 过度的，过分的

regressive	[rɪˈgresɪv] *adj.* 退步的，退化的
aggressive	[əˈgresɪv] *adj.* 好斗的；有进取心的
digressive	[daɪˈgresɪv] *adj.* 离题的，枝节的
repressive	[rɪˈpresɪv] *adj.* 抑制的；镇压的，残暴的
impressive	[ɪmˈpresɪv] *adj.* 给人印象深刻的，感人的
oppressive	[əˈpresɪv] *adj.* 高压的，压制性的；压抑的
permissive	[pərˈmɪsɪv] *adj.* 许可的，容许的；过分纵容的
reclusive	[rɪˈkluːsɪv] *adj.* 隐遁的，隐居的
inconclusive	[ˌɪnkənˈkluːsɪv] *adj.* 非决定性的；无定论的
exclusive	[ɪkˈskluːsɪv] *adj.* (人)孤僻的；(物)专用的
elusive	[iˈluːsɪv] *adj.* 难懂的，难以描述的；不易被抓获的
conclusive	[kənˈkluːsɪv] *adj.* 最后的，结论的，决定性的；确凿的，消除怀疑的
allusive	[əˈluːsɪv] *adj.* 暗指的，间接提到的
collusive	[kəˈluːsɪv] *adj.* 共谋的
unobtrusive	[ˌʌnəbˈtruːsɪv] *adj.* 不引人注目的
combative	[kəmˈbætɪv] *adj.* 好斗的
uncommunicative	[ˌʌnkəˈmjuːnɪkətɪv] *adj.* 不爱说话的，拘谨的
evocative	[ɪˈvɑːkətɪv] *adj.* 唤起的，激起的
provocative	[prəˈvɑːkətɪv] *adj.* 挑衅的，煽动的
sedative	[ˈsedətɪv] *adj.* (药物)镇静的 *n.* 镇静剂
investigative	[ɪnˈvestɪgeɪtɪv] *adj.* 调查的
prerogative	[prɪˈrɑːgətɪv] *n.* 特权
appreciative	[əˈpriːʃətɪv] *adj.* 赞赏的；感激的
contemplative	[kənˈtemplətɪv] *adj.* 沉思的 *n.* 沉思者
speculative	[ˈspekjələtɪv] *adj.* 推理的，思索的；投机的
informative	[ɪnˈfɔːrmətɪv] *adj.* 提供信息的；见闻广博的
alternative	[ɔːlˈtɜːrnətɪv] *adj.* 轮流的，交替的；两者择一的
imperative	[ɪmˈperətɪv] *adj.* 紧急的

remunerative [rɪˈmjuːnərətɪv] *adj.* 报酬高的，有利润的

pejorative [pɪˈdʒɔːrətɪv] *adj.* 轻视的，贬低的

operative [ˈɑːpərətɪv] *adj.* (计划等)实施中的，运行着的；生效的

postoperative [ˌpɑːstˈɑːpərətɪv] *adj.* 手术后的

collaborative [kəˈlæbəreɪtɪv] *adj.* 协作的

narrative [ˈnærətɪv] *adj.* 叙述性的

illustrative [ɪˈlʌstrətɪv] *adj.* 解说性的，用作说明的

authoritative [əˈθɑːrəteɪtɪv] *adj.* 权威的，官方的；专断的

argumentative [ˌɑːrgjuˈmentətɪv] *adj.* 好争辩的，好争吵的

unrepresentative [ˌʌnˌreprɪˈzentətɪv] *adj.* 没有代表性的

tentative [ˈtentətɪv] *adj.* 试探性的，尝试性的

derivative [dɪˈrɪvətɪv] *adj.* 派生的；无创意的

innovative [ˈɪnəveɪtɪv] *adj.* 革新的，创新的

preservative [prɪˈzɜːrvətɪv] *adj.* 保护的；防腐的 *n.* 防腐剂

nonradioactive [ˌnɑːnˈreɪdioʊˈæktɪv] *adj.* 非放射性的

interactive [ˌɪntərˈæktɪv] *adj.* 交互式的

subtractive [səbˈtræktɪv] *adj.* 减法的；负的

subjective [səbˈdʒektɪv] *adj.* 主观的，想象的

reflective [rɪˈflektɪv] *adj.* 反射的，反照的；深思熟虑的

protective [prəˈtektɪv] *adj.* 保护的，防护的

affective [əˈfektɪv] *adj.* 感情的，表达感情的

effective [ɪˈfektɪv] *adj.* 有效的，生效的；给人印象深刻的

retrospective [ˌretrəˈspektɪv] *adj.* 回顾的，追溯的

introspective [ˌɪntrəˈspektɪv] *adj.* 内省的，自省的

perspective [pərˈspektɪv] *n.* 思考方法；观点，看法；透视法

vindictive [vɪnˈdɪktɪv] *adj.* 报复的

distinctive [dɪˈstɪŋktɪv] *adj.* 出众的，有特色的

instinctive [ɪnˈstɪŋktɪv] *adj.* 本能的

disjunctive	[dɪsˈdʒʌŋktɪv] *adj.* 分离的；转折的，反意的
seductive	[sɪˈdʌktɪv] *adj.* 诱人的
counterproductive	[ˌkaʊntərprəˈdʌktɪv] *adj.* 事与愿违的
constructive	[kənˈstrʌktɪv] *adj.* 建设性的
instructive	[ɪnˈstrʌktɪv] *adj.* 传授知识的，教育的；有益的
prohibitive	[prəˈhɪbətɪv] *adj.* 禁止的，抑制的；贵得买不起的
primitive	[ˈprɪmətɪv] *adj.* 原始的，远古的；基本的
definitive	[dɪˈfɪnətɪv] *adj.* 明确的，有权威的；最终的
cognitive	[ˈkɑːgnətɪv] *adj.* 认知的；感知的
inquisitive	[ɪnˈkwɪzətɪv] *adj.* 好奇的，好问的；爱打听的
sensitive	[ˈsensətɪv] *adj.* 敏感的
photosensitive	[ˌfoʊtoʊˈsensətɪv] *adj.* 感光性的
hypersensitive	[ˌhaɪpərˈsensətɪv] *adj.* 非常敏感的
positive	[ˈpɑːzətɪv] *adj.* 积极的；明确的；有信心的；无条件的
repetitive	[rɪˈpetətɪv] *adj.* 重复的；反复性的
intuitive	[ɪnˈtuːɪtɪv] *adj.* 直觉的
substantive	[səbˈstæntɪv] *adj.* 根本的；独立存在的
incentive	[ɪnˈsentɪv] *n.* 刺激，诱因，动机；刺激因素
retentive	[rɪˈtentɪv] *adj.* 有记性的，记忆力强的
inventive	[ɪnˈventɪv] *adj.* 善于发明的，有创造力的；发明的
plaintive	[ˈpleɪntɪv] *adj.* 哀伤的，悲伤的
automotive	[ˌɔːtəˈmoʊtɪv] *adj.* 汽车的，自动的
adaptive	[əˈdæptɪv] *adj.* 适应的
deceptive	[dɪˈseptɪv] *adj.* 欺骗的，导致误解的
receptive	[rɪˈseptɪv] *adj.* 善于接受的，能接纳的
perceptive	[pərˈseptɪv] *adj.* 感知的，知觉的；有洞察力的，敏锐的
descriptive	[dɪˈskrɪptɪv] *adj.* 描述的

assertive [əˈsɜːrtɪv] *adj.* 断言的，肯定的

supportive [səˈpɔːrtɪv] *adj.* 支持的

furtive [ˈfɜːrtɪv] *adj.* 偷偷的，秘密的

festive [ˈfestɪv] *adj.* 欢宴的，节日的

restive [ˈrestɪv] *adj.* 不安静的，不安宁的

consecutive [kənˈsekjətɪv] *adj.* 连续的

survive [sərˈvaɪv] *v.* 幸存

valve [vælv] *n.* 活门，阀门

dissolve [dɪˈzɑːlv] *v.* (使)溶解

involve [ɪnˈvɑːlv] *v.* 包含，含有；参与；牵涉，牵连

disprove [ˌdɪsˈpruːv] *v.* 证明…有误

carve [kɑːrv] *v.* 雕刻；(把肉等)切成片

preserve [prɪˈzɜːrv] *v.* 保护；保存

conserve [kənˈsɜːrv] *v.* 保存，保藏

awe [ɔː] *n./v.* 敬畏

overawe [ˌoʊvərˈɔː] *v.* 威慑

ablaze [əˈbleɪz] *adj.* 着火的，燃烧的；闪耀的

glaze [ɡleɪz] *v.* 上釉于；使光滑 *n.* 釉

amaze [əˈmeɪz] *v.* 使大为吃惊，使惊奇

raze [reɪz] *v.* 夷为平地；彻底破坏

graze [ɡreɪz] *v.* (让动物)吃草；放牧

ostracize [ˈɑːstrəsaɪz] *v.* 排斥；放逐

publicize [ˈpʌblɪsaɪz] *v.* (公开)宣传，宣扬；引人注意

criticize [ˈkrɪtɪsaɪz] *v.* 评论，批评；挑剔

subsidize [ˈsʌbsɪdaɪz] *v.* 津贴，资助

aggrandize [əˈɡrænˌdaɪz] *v.* 增大，扩张；吹捧

jeopardize [ˈdʒepərdaɪz] *v.* 危及，危害

eulogize [ˈjuːlədʒaɪz] *v.* 称赞，颂扬

energize [ˈenərdʒaɪz] *v.* 给予…精力、能量

commercialize [kəˈmɜːrʃlaɪz] *v.* 使商业化，使商品化

specialize [ˈspeʃəlaɪz] *v.* 专门研究

penalize [ˈpiːnəlaɪz] v. 置…于不利地位；处罚
conventionalize [kənˈvenʃənəlaɪz] v. 使按惯例，使习俗化
institutionalize [ˌɪnstɪˈtuːʃənəlaɪz] v. 使制度化
generalize [ˈdʒenrəlaɪz] v. 概括，归纳
revitalize [ˌriːˈvaɪtəlaɪz] v. 使重新充满活力
tantalize [ˈtæntəlaɪz] v. 挑惹，挑逗
sentimentalize [ˌsentɪˈmentəlaɪz] v.（使）感伤
stabilize [ˈsteɪbəlaɪz] v. 使稳定，使坚固
demobilize [diːˈmoʊbəlaɪz] v. 遣散，使复员
fertilize [ˈfɜːrtəlaɪz] v. 使受精；使肥沃
utilize [ˈjuːtəlaɪz] v. 利用，使用
symbolize [ˈsɪmbəlaɪz] v. 象征
monopolize [məˈnɑːpəlaɪz] v. 垄断，独占
stylize [ˈstaɪlaɪz] v. 使…风格化
economize [ɪˈkɑːnəmaɪz] v. 节约，节省
urbanize [ˈɜːrbənaɪz] v. 使都市化，使文雅
disorganize [dɪsˈɔːgənaɪz] v. 扰乱，使混乱
dehumanize [ˌdiːˈhjuːmənaɪz] v. 使失掉人性
galvanize [ˈgælvənaɪz] v. 刺激，激起；电镀；通电
homogenize [həˈmɑːdʒənaɪz] v. 使均匀
antagonize [ænˈtægənaɪz] v. 使…敌对；与…对抗
colonize [ˈkɑːlənaɪz] v. 建立殖民地，拓殖；定居，居于
patronize [ˈpeɪtrənaɪz] v. 屈尊俯就；光顾，惠顾
modernize [ˈmɑːdərnaɪz] v. 使现代化
polarize [ˈpoʊləraɪz] v.（使人、观点等）两极化，（使）截然对立
characterize [ˈkærəktəraɪz] v. 表现…的特色，刻画…的性格
satirize [ˈsætəraɪz] v. 讽刺

terrorize	[ˈterəraɪz] *v.* 恐吓
overemphasize	[ˌoʊvərˈemfəsaɪz] *v.* 过分强调
synthesize	[ˈsɪnθəsaɪz] *v.* 综合；合成
demagnetize	[diːˈmæɡnətaɪz] *v.* 消磁，使退磁
sensitize	[ˈsensətaɪz] *v.* 使某人或某事物敏感
proselytize	[ˈprɑːsələtaɪz] *v.* (使)皈依
catalyze	[ˈkætəlaɪz] *v.* 促使；激励

F

grief	[ɡriːf] *n.* 忧伤，悲伤
bluff	[blʌf] *n.* 虚张声势；悬崖峭壁
foodstuff	[ˈfuːdstʌf] *n.* 食料，食品
motif	[moʊˈtiːf] *n.* (文艺作品等的)主题，主旨
aloof	[əˈluːf] *adj.* 远离的；冷淡的，冷漠的
soundproof	[ˈsaʊndpruːf] *v.* 使隔音 *adj.* 隔音的
fireproof	[ˈfaɪərpruːf] *adj.* 耐火的，防火的

G

flag	[flæɡ] *v.* 减弱，衰退；枯萎
rag	[ræɡ] *n.* 旧布，碎布；破旧衣服
prig	[prɪɡ] *n.* 自命清高者，道学先生
piercing	[ˈpɪrsɪŋ] *adj.* 冷得刺骨的；敏锐的
unyielding	[ʌnˈjiːldɪŋ] *adj.* 坚定的，不屈的；坚硬的，不能弯曲的
undemanding	[ˌʌndɪˈmɑːndɪŋ] *adj.* 不严格的；要求不高的
condescending	[ˌkɑːndɪˈsendɪŋ] *adj.* 谦逊的，故意屈尊的
pending	[ˈpendɪŋ] *adj.* 即将发生的；未决的
impending	[ɪmˈpendɪŋ] *adj.* 即将发生的，逼近的
astounding	[əˈstaʊndɪŋ] *adj.* 令人震惊的

intruding	[ɪnˈtruːdɪŋ] *adj.* 入侵的，入侵性的
discouraging	[dɪsˈkɜːrɪdʒɪŋ] *adj.* 令人气馁的
flagging	[ˈflæɡɪŋ] *adj.* 下垂的；衰弱的
obliging	[əˈblaɪdʒɪŋ] *adj.* 乐于助人的
far-reaching	[ˌfɑːˈriːtʃɪŋ] *adj.* 影响深远的
approaching	[əˈproʊtʃɪŋ] *adj.* 接近的，逼近的
ranching	[ˈræntʃɪŋ] *n.* 大牧场
touching	[ˈtʌtʃɪŋ] *adj.* 动人的，感人的；令人同情的
interlocking	[ˌɪntərˈlɑːkɪŋ] *adj.* 连锁的；关联的
spanking	[ˈspæŋkɪŋ] *adj.* 强烈的；疾行的
sibling	[ˈsɪblɪŋ] *n.* 兄弟或姊妹
unfailing	[ʌnˈfeɪlɪŋ] *adj.* 无尽的，无穷的
compelling	[kəmˈpelɪŋ] *adj.* 引起兴趣的
sprawling	[ˈsprɔːlɪŋ] *adj.* 植物蔓生的，(城市)无计划地扩展的
unbecoming	[ˌʌnbɪˈkʌmɪŋ] *adj.* 不合身的；不得体的
time-consuming	[ˈtaɪmkənˌsuːmɪŋ] *adj.* 费时间的
assuming	[əˈsuːmɪŋ] *adj.* 傲慢的，自负的
nonthreatening	[nɑːnˈθretnɪŋ] *adj.* 不构成威胁的
reigning	[ˈreɪnɪŋ] *adj.* 统治的，起支配作用的
spinning	[ˈspɪnɪŋ] *adj.* 旋转的
stunning	[ˈstʌnɪŋ] *adj.* 极富魅力的
unquestioning	[ʌnˈkwestʃənɪŋ] *adj.* 无异议的，不犹豫的
burning	[ˈbɜːrnɪŋ] *adj.* 燃烧的；强烈的
ongoing	[ˈɑːnɡoʊɪŋ] *adj.* 进行中的；前进的；不间断的
outgoing	[ˈaʊtɡoʊɪŋ] *adj.* 友善的；即将离去的
sloping	[ˈsloʊpɪŋ] *adj.* 倾斜的，有坡度的
gripping	[ˈɡrɪpɪŋ] *adj.* 吸引注意力的，扣人心弦的
sparing	[ˈsperɪŋ] *adj.* 节俭的
flickering	[ˈflɪkərɪŋ] *adj.* 闪烁的，摇曳的，忽隐忽现的
tapering	[ˈteɪpərɪŋ] *adj.* 尖端细的

overpowering	[ˌoʊvər ˈpaʊərɪŋ] *adj.* 压倒性的，不可抗拒的
towering	[ˈtaʊərɪŋ] *adj.* 高耸的；杰出的
aspiring	[əˈspaɪərɪŋ] *adj.* 有抱负的，有理想的
awe-inspiring	[ɔːɪnˈspaɪərɪŋ] *adj.* 令人敬畏的
offspring	[ˈɔːfsprɪŋ] *n.* 〈总称〉后代；儿女
recurring	[rɪˈkɜːrɪŋ] *adj.* 反复的；再次发生的
enduring	[ɪnˈdʊrɪŋ] *adj.* 持久的；不朽的
wring	[rɪŋ] *v.* 绞，拧，扭
unpromising	[ʌnˈprɑːmɪsɪŋ] *adj.* 无前途的，没有希望的
uncompromising	[ʌnˈkɑːmprəmaɪzɪŋ] *adj.* 不妥协的
imposing	[ɪmˈpoʊzɪŋ] *adj.* 给人深刻印象的；壮丽的，雄伟的
self-deprecation	[ˌselfdeprəˈkeɪʃn] *n.* 自嘲
ingratiating	[ɪnˈɡreɪʃieɪtɪŋ] *adj.* 讨人喜欢的，迷人的；讨好的，献媚的
fascinating	[ˈfæsɪneɪtɪŋ] *adj.* 迷人的，醉人的
grating	[ˈɡreɪtɪŋ] *adj.* (声音)刺耳的；恼人的
penetrating	[ˈpenɪtreɪtɪŋ] *adj.* (声音)响亮的，尖锐的；(气味)刺激的；(思想)敏锐的，有洞察力的
irritating	[ˈɪrɪteɪtɪŋ] *adj.* 刺激的；使人愤怒的，气人的
captivating	[ˈkæptɪveɪtɪŋ] *adj.* 吸引人的
unsuspecting	[ˌʌnsəˈspektɪŋ] *adj.* 不怀疑的，无猜疑的，可信任的
fleeting	[ˈfliːtɪŋ] *adj.* 短暂的；飞逝的
competing	[kəmˈpiːtɪŋ] *adj.* 有竞争性的；不相上下的
shifting	[ˈʃɪftɪŋ] *adj.* 变动的；运动的
halting	[ˈhɔːltɪŋ] *adj.* 踌躇的，迟疑不决的
jolting	[ˈdʒoʊltɪŋ] *adj.* 令人震惊的
insulting	[ɪnˈsʌltɪŋ] *adj.* 侮辱的，污蔑的
unstinting	[ʌnˈstɪntɪŋ] *adj.* 慷慨的，大方的
tempting	[ˈtemptɪŋ] *adj.* 诱惑人的

arresting [əˈrestɪŋ] *adj.* 醒目的，引人注意的

unremitting [ˌʌnrɪˈmɪtɪŋ] *adj.* 不间断的，持续的

unwitting [ʌnˈwɪtɪŋ] *adj.* 无意的，不知不觉的

undeserving [ˌʌndɪˈzɜːrvɪŋ] *adj.* 不值得的

taxing [ˈtæksɪŋ] *adj.* 繁重的

ill-paying [ˌɪlˈpeɪɪŋ] *adj.* 工资低廉的

terrifying [ˈterɪfaɪɪŋ] *adj.* 恐怖的

outlying [ˈaʊtlaɪɪŋ] *adj.* 边远的，偏僻的

blazing [ˈbleɪzɪŋ] *adj.* 燃烧的，闪耀的

patronizing [ˈpeɪtrənaɪzɪŋ] *adj.* 以恩惠态度对待的，要人领情的

appetizing [ˈæpɪtaɪzɪŋ] *adj.* 美味可口的，促进食欲的

prolong [prəˈlɑːŋ] *v.* 延长，拉长

headstrong [ˈhedstrɔːŋ] *adj.* 刚愎自用的

clog [klɑːg] *v.* 阻塞 *n.* 障碍

smug [smʌg] *adj.* 自满的，自命不凡的

snug [snʌg] *adj.* 温暖舒适的

shrug [ʃrʌg] *v.* 耸肩(表示怀疑等)

H

bleach [bliːtʃ] *v.* 去色，漂白 *n.* 漂白剂；漂白的行为

breach [briːtʃ] *v.* 打破，突破；违背 *n.* 裂缝，缺口

encroach [ɪnˈkroʊtʃ] *v.* 侵占，蚕食

reproach [rɪˈproʊtʃ] *n.* 谴责，责骂

approach [əˈproʊtʃ] *v.* 接近，靠近；着手处理 *n.* 方法

hunch [hʌntʃ] *n.* 直觉，预感

epoch [ˈepək] *n.* 新纪元；重大的事件

oligarch [ˈɑːləgɑːrk] *n.* 寡头政治；寡头统治集团

hatch [hætʃ] *n.* 船舱盖 *v.* 孵化；策划

thatch [θætʃ] *v.* 以茅草覆盖 *n.* 茅草屋顶；茅草

sketch	[sketʃ] *n.* 草图，概略 *v.* 画草图，写概略
notch	[nɑːtʃ] *n.* V字形切口，刻痕；等级，档次
debauch	[dɪˈbɔːtʃ] *v.* 使堕落，败坏 *n.* 堕落
touch	[tʌtʃ] *v.* 涉及；触动；接触 *n.* 触摸
outweigh	[ˌaʊtˈweɪ] *v.* 比…重，比…更重要
autograph	[ˈɔːtəgræf] *n.* 亲笔稿，手迹 *v.* 在…上亲笔签名 *adj.* 亲笔的
triumph	[ˈtraɪʌmf] *n.* 成功，胜利(的喜悦或满足) *v.* 成功，获胜
hieroglyph	[ˈhaɪərəglɪf] *n.* 象形文字，神秘符号
unleash	[ʌnˈliːʃ] *v.* 发泄，释放
slash	[slæʃ] *v.* 大量削减
crash	[kræʃ] *v.* 猛撞；猛冲直闯；撞碎
stash	[stæʃ] *v.* 藏匿
quash	[kwɔːʃ] *v.* 镇压；(依法)取消
faddish	[ˈfædɪʃ] *adj.* 流行一时的，时尚的
prudish	[ˈpruːdɪʃ] *adj.* 过分守礼的，假道学的
sluggish	[ˈslʌgɪʃ] *adj.* 缓慢的，行动迟缓的；反应慢的
relish	[ˈrelɪʃ] *n.* 美味，风味；喜好，兴趣 *v.* 喜好，享受
embellish	[ɪmˈbelɪʃ] *v.* 装饰，美化
demolish	[dɪˈmɑːlɪʃ] *v.* 破坏，摧毁；拆除
polish	[ˈpoʊlɪʃ] *v.* 磨光，擦亮 *n.* 上光剂；优雅
accomplish	[əˈkɑːmplɪʃ] *v.* 完成，做成功
banish	[ˈbænɪʃ] *v.* 放逐
replenish	[rɪˈplenɪʃ] *v.* 补充，把…再备足
diminish	[dɪˈmɪnɪʃ] *v.* (使)减少，缩小
clannish	[ˈklænɪʃ] *adj.* 排外的，门户之见的
admonish	[ədˈmɑːnɪʃ] *v.* 训诫；警告
tarnish	[ˈtɑːrnɪʃ] *v.* 失去光泽，晦暗 *n.* 晦暗，无光泽
brownish	[ˈbraʊnɪʃ] *adj.* 成褐色的
garish	[ˈgerɪʃ] *adj.* 俗丽的，过于艳丽的

flourish [ˈflɜːrɪʃ] v. 繁荣，兴旺；活跃而有影响力

distinguish [dɪˈstɪŋɡwɪʃ] v. 成为…的特征，使有别于；把…分类；区别，辨别

relinquish [rɪˈlɪŋkwɪʃ] v. 放弃，让出

slavish [ˈsleɪvɪʃ] adj. 卑屈的；效仿的，无创造性的

peevish [ˈpiːvɪʃ] adj. 不满的，抱怨的；暴躁的，坏脾气的，易怒的

harsh [hɑːrʃ] adj. 严厉的；粗糙的；刺耳的

gush [ɡʌʃ] v. 涌出，迸出；滔滔不绝地说 n. 涌出，迸发

rush [rʌʃ] v. 急促；匆忙行事 n. 冲，奔

strength [streŋθ] n. 体力；强度；力量

monolith [ˈmɑːnəlɪθ] n. 单块巨石；单一的庞大组织

zenith [ˈzenɪθ] n. 天顶；极点

dearth [dɜːrθ] n. 缺乏，短缺

unearth [ʌnˈɜːrθ] v. 挖出；发现

outgrowth [ˈaʊtɡroʊθ] n. 结果；副产品

K

streak [striːk] n. 条纹 v. 加线条

pack [pæk] n. 兽群

unpack [ˌʌnˈpæk] v. 打开包裹(或行李)，卸货

flock [flɑːk] n. 羊群；鸟群

awe-struck [ˈɔːstrʌk] adj. 充满敬畏的

balk [bɔːk] n. 梁木，大梁 v. 妨碍；畏缩不前

stalk [stɔːk] v. 悄悄地跟踪(猎物)

brink [brɪŋk] n. (峭壁的)边沿，边缘

overlook [ˌoʊvərˈlʊk] v. 俯视；忽视

brook [brʊk] n. 小河

trademark [ˈtreɪdmɑːrk] n. 特征；商标 v. 保证商标权

stark	[stɑːrk] *adj.* 光秃秃的；荒凉的；(外表)僵硬的；完全的
bask	[bæsk] *v.* 晒太阳，取暖

L

tribal	[ˈtraɪbl] *adj.* 部落的，部族的
ideological	[ˌaɪdiəˈlɑːdʒɪkl] *adj.* 意识形态的，思想体系的；思想上的
ecological	[ˌiːkəˈlɑːdʒɪkl] *adj.* 生态的；生态学的
unecological	[ˌʌniːkəˈlɑːdʒɪkl] *adj.* 非生态的
pathological	[ˌpæθəˈlɑːdʒɪkl] *adj.* 病态的，不理智的；病理学的
archaeological	[ˌɑːrkiəˈlɑːdʒɪkl] *adj.* 考古学的
psychological	[ˌsaɪkəˈlɑːdʒɪkl] *adj.* 心理学的；心理的，精神的
physiological	[ˌfɪziəˈlɑːdʒɪkl] *adj.* 生理(技能)的；生理学的
chronological	[ˌkrɑːnəˈlɑːdʒɪkl] *adj.* 按年代顺序排列的
embryological	[ˌembriəˈlɑːdʒɪkl] *adj.* 胚胎学的
topographical	[ˌtɑːpəˈgræfɪkl] *adj.* 地形学的
typographical	[taɪˈpɑːgrəfikl] *adj.* 印刷上的
autobiographical	[ˌɔːtəˌbaɪəˈgræfɪkl] *adj.* 自传的，自传体的
cyclical	[ˈsaiklɪkl] *adj.* 循环的
inimical	[ɪˈnɪmɪkl] *adj.* 敌意的，不友善的
anatomical	[ˌænəˈtɑːmɪkl] *adj.* 解剖学的
astronomical	[ˌæstrəˈnɑːmɪkl] *adj.* 极大的；天文学的
clinical	[ˈklɪnɪkl] *adj.* 临床的；冷静客观的
tyrannical	[tɪˈrænɪkl] *adj.* 暴虐的，残暴的
cynical	[ˈsɪnɪkl] *adj.* 愤世嫉俗的
spherical	[ˈsferɪkl] *adj.* 球的，球状的
rhetorical	[rɪˈtɔːrɪkl] *adj.* 修辞的，修辞学的；虚夸的，辞藻华丽的

symmetrical [sɪˈmetrɪkl] *adj.* 对称的

theatrical [θiˈætrɪkl] *adj.* 戏剧的，戏剧性的

whimsical [ˈwɪmzɪkl] *adj.* 古怪的，异想天开的

nonsensical [nɑːnˈsensɪkl] *adj.* 无意义的；荒谬的

impractical [ɪmˈpræktɪkl] *adj.* 不切实际的

antithetical [ˌæntɪˈθetɪkl] *adj.* 相反的；对立的

hypothetical [ˌhaɪpəˈθetɪkl] *adj.* 假设的

theoretical [ˌθiːəˈretɪkl] *adj.* 假设的；理论(上)的

heretical [həˈretɪkl] *adj.* 异端的，异教的

critical [ˈkrɪtɪkl] *adj.* 挑毛病的；关键的；危急的

hypocritical [ˈhɪpəkrɪtɪkl] *adj.* 虚伪的，伪善的

skeptical [ˈskeptɪkl] *adj.* 怀疑的；多疑的

optical [ˈɑːptɪkl] *adj.* 视觉的；光学的

pharmaceutical [ˌfɑːrməˈsuːtɪkl] *adj.* 制药的，卖药的

paradoxical [ˌpærəˈdɑːksɪkl] *adj.* 矛盾的；不正常的

unequivocal [ˌʌnɪˈkwɪvəkl] *adj.* 毫无疑问的

equivocal [ɪˈkwɪvəkl] *adj.* 模棱两可的；不明确的，不确定的

ordeal [ɔːrˈdiːl] *n.* 严峻的考验

repeal [rɪˈpiːl] *v.* 废除(法律)

ethereal [iˈθɪriəl] *adj.* 太空的；轻巧的，轻飘飘的

arboreal [ɑːrˈbɔːriəl] *adj.* 树木的

reveal [rɪˈviːl] *v.* (神)启示；揭露；显示

prodigal [ˈprɑːdɪgl] *adj.* 挥霍的 *n.* 挥霍者

frugal [ˈfruːgl] *adj.* 节约的，节俭的

patriarchal [ˌpeɪtriˈɑːrkl] *adj.* 家长的，族长的；父权制的

glacial [ˈgleɪʃl] *adj.* 冰河期的；寒冷的

superficial [ˌsuːpərˈfɪʃl] *adj.* 表面的，肤浅的

financial [faɪˈnænʃl] *adj.* 财政的，金融的

provincial [prəˈvɪnʃl] *adj.* 省的，地方的；偏狭的，粗俗的

primordial [praɪˈmɔːrdiəl] *adj.* 原始的，最初的

vestigial [veˈstɪdʒiəl] *adj.* 退化的

genial [ˈdʒiːniəl] *adj.* 友好的，和蔼的

congenial [kənˈdʒiːniəl] *adj.* 意气相投的，趣味相投的

venial [ˈviːniəl] *adj.* (错误等)轻微的，可原谅的

perennial [pəˈreniəl] *adj.* 终年的，全年的；永久的，持久的

imperial [ɪmˈpɪriəl] *adj.* 帝王的，至尊的

serial [ˈsɪriəl] *adj.* 连续的，一系列的

territorial [ˌterəˈtɔːriəl] *adj.* 领土的；地方的

reportorial [ˌrepərˈtɔːriəl] *adj.* 记者的；报道的

terrestrial [təˈrestriəl] *adj.* 地球的；陆地的

controversial [ˌkɑːntrəˈvɜːrʃl] *adj.* 引起或可能引起争论的

uncontroversial [ˌʌnkɑːntrəˈvɜːrʃl] *adj.* 未引起争论的

spatial [ˈspeɪʃl] *adj.* 有关空间的，在空间的

initial [ɪˈnɪʃl] *adj.* 开始的，最初的 *n.* (姓名的)首字母

insubstantial [ˌɪnsəbˈstænʃl] *adj.* 无实体的；脆弱的

circumstantial [ˌsɜːrkəmˈstænʃl] *adj.* 不重要的，偶然的；描述详细的

residential [ˌrezɪˈdenʃl] *adj.* 住宅的，与居住有关的

tangential [tænˈdʒenʃl] *adj.* 切线的；离题的

pestilential [ˌpestɪˈlenʃl] *adj.* 引起瘟疫的，致命的；〈口〉极讨厌的

sequential [sɪˈkwenʃl] *adj.* 连续的，一连串的

deferential [ˌdefəˈrenʃl] *adj.* 顺从的，恭顺的

reverential [ˌrevəˈrenʃl] *adj.* 表示尊敬的，恭敬的

potential [pəˈtenʃl] *adj.* 潜在的，可能的

influential [ˌɪnfluˈenʃl] *adj.* 有影响力的

inconsequential [ɪnˌkɑːnsɪˈkwenʃl] *adj.* 不重要的，微不足道的

impartial [ɪmˈpɑːrʃl] *adj.* 公平的，无私的

celestial [səˈlestʃl] *adj.* 天体的，天上的

colloquial [kəˈloʊkwiəl] *adj.* 口语的，口头的

trivial [ˈtrɪviəl] *adj.* 琐碎的；没有价值的

convivial [kənˈvɪviəl] *adj.* 欢乐的，快乐的

primal [ˈpraɪml] *adj.* 原始的，最初的；首要的

infinitesimal [ˌɪnfɪnɪˈtesɪml] *adj.* 极微小的 *n.* 极小量

optimal [ˈɑːptɪməl] *adj.* 最佳的，最理想的

informal [ɪnˈfɔːrml] *adj.* 随便的，日常的；不拘礼节的，非正式的

dismal [ˈdɪzməl] *adj.* 沮丧的，阴沉的

abysmal [əˈbɪzməl] *adj.* 极深的；糟透的

banal [bəˈnɑːl] *adj.* 乏味的，陈腐的

phenomenal [fəˈnɑːmɪnl] *adj.* 显著的，非凡的

penal [ˈpiːnl] *adj.* 惩罚的，刑罚的

venal [ˈviːnl] *adj.* 腐败的，贪赃枉法的

cardinal [ˈkɑːrdɪnl] *adj.* 首要的，主要的 *n.* 红衣主教

original [əˈrɪdʒənl] *adj.* 最初的，最早的；有创意的，有创造性的

seminal [ˈsemɪnl] *adj.* 有创意的

spinal [ˈspaɪnl] *adj.* 脊椎的，脊髓的

provisional [prəˈvɪʒənl] *adj.* 暂时的，临时的

occasional [əˈkeɪʒənl] *adj.* 偶尔的；特殊场合的；不经常的

unidimensional [ˌjuːnɪdaɪˈmenʃənl] *adj.* 一维的

avocational [ˌævoʊˈkeɪʃənl] *adj.* 副业的，嗜好的

recreational [ˌrekriˈeɪʃənl] *adj.* 娱乐的，休闲的

gravitational [ˌɡrævɪˈteɪʃənl] *adj.* 万有引力的，重力的

dysfunctional [dɪsˈfʌŋkʃənl] *adj.* 功能失调的

nutritional [nuˈtrɪʃnl] *adj.* 营养的，滋养的

transitional [trænˈzɪʃənl] *adj.* 转变的，变迁的

irrational [ɪˈræʃənl] *adj.* 不理智的；失去理性的，不合理的

intentional [ɪnˈtenʃənl] *adj.* 存心的，故意的

conventional [kənˈvenʃənl] *adj.* 因循守旧的，传统的

impersonal [ɪmˈpɜːrsənl] *adj.* 不受个人感情影响的

diurnal [daɪˈɜːrnl] *adj.* 白昼的，白天的

nocturnal [nɑːkˈtɜːrnl] *adj.* 夜晚的，夜间发生的

communal [kəˈmjuːnl] *adj.* 全体共用的，共享的

shoal [ʃoʊl] *n.* 浅滩，浅水处；鱼群 *adj.* 浅的，薄的

cerebral [səˈriːbrəl] *adj.* 大脑的；深思的

peripheral [pəˈrɪfərəl] *adj.* 周边的，外围的

ephemeral [ɪˈfemərəl] *adj.* 朝生暮死的；生命短暂的

bilateral [ˌbaɪˈlætərəl] *adj.* 两边的；双边的

collateral [kəˈlætərəl] *adj.* 平行的；附属的；旁系的 *n.* 担保品

spiral [ˈspaɪrəl] *adj.* 螺旋形的；上升的 *v.* 螺旋式上升或下降

viral [ˈvaɪrəl] *adj.* 病毒性的

floral [ˈflɔːrəl] *adj.* 花的，植物的

temporal [ˈtempərəl] *adj.* 时间的；世俗的

spectral [ˈspektrəl] *adj.* 幽灵的；谱的，光谱的

ancestral [ænˈsestrəl] *adj.* 祖先的，祖传的

mural [ˈmjʊrəl] *adj.* 墙壁的 *n.* 壁画

preternatural [ˌpriːtərˈnætʃrəl] *adj.* 异常的；超自然的

architectural [ˌɑːrkɪˈtektʃərəl] *adj.* 建筑上的；建筑学的

sculptural [ˈskʌlptʃərəl] *adj.* 雕刻的；雕刻般的

reprisal [rɪˈpraɪzl] *n.* 报复，报复行动

universal [ˌjuːnɪˈvɜːrsl] *adj.* 全体的；普遍的

dorsal [ˈdɔːrsl] *adj.* 背部的，背脊的

colossal [kəˈlɑːsl] *adj.* 巨大的，庞大的

causal [ˈkɔːzl] *adj.* 原因的，因果关系的

orbital [ˈɔːrbɪtl] *adj.* 轨道的

recital [rɪˈsaɪtl] *n.* 独奏会，独唱会，小型舞蹈表演会；吟诵

congenital [kənˈdʒenɪtl] *adj.* 先天的，天生的

vital [ˈvaɪtl] *adj.* 极其重要的；充满活力的

dental [ˈdentl] *adj.* 牙齿的，牙科的

coincidental [koʊˌɪnsɪˈdentl] *adj.* 巧合的；同时发生的

accidental [ˌæksɪˈdentl] *adj.* 偶然发生的

incidental [ˌɪnsɪˈdentl] *adj.* 作为自然结果的，伴随而来的；偶然发生的

fundamental [ˌfʌndəˈmentl] *adj.* 根本的，基本的；十分重要的

detrimental [ˌdetrɪˈmentl] *adj.* 损害的，造成伤害的

ornamental [ˌɔːrnəˈmentl] *adj.* 装饰性的

regimental [ˌredʒɪˈmentl] *adj.* 团的，团队的

monumental [ˌmɑːnjuˈmentl] *adj.* 极大的；纪念碑的

instrumental [ˌɪnstrəˈmentl] *adj.* 作为手段的，有帮助的；器械的

continental [ˌkɑːntɪˈnentl] *adj.* 大陆的，大陆性的

transcontinental [ˌtrænzˌkɑːntɪˈnentl] *adj.* 横贯大陆的

anecdotal [ˌænɪkˈdoʊtl] *adj.* 轶事的，趣闻的

pivotal [ˈpɪvətl] *adj.* 中枢的，枢轴的；极其重要的，关键的

noncommittal [ˌnɑːnkəˈmɪtl] *adj.* 态度暧昧的；不承担义务的

dual [ˈduːəl] *adj.* 双重的

residual [rɪˈzɪdʒuəl] *n.* 剩余，残余 *adj.* 残余的，剩余的

individual [ˌɪndɪˈvɪdʒuəl] *adj.* 单独的，单个的；特有的；个人的，个体的 *n.* 个人，个体

bilingual [ˌbaɪˈlɪŋgwəl] *adj.* （说）两种语言的

factual [ˈfæktʃuəl] *adj.* 事实的，实际的

intellectual [ˌɪntəˈlektʃuəl] *adj.* 智力的；理性的 *n.* 知识分子

ritual	[ˈrɪtʃuəl] *n.* 仪式，惯例
spiritual	[ˈspɪrɪtʃuəl] *adj.* 精神的
eventual	[ɪˈventʃuəl] *adj.* 最终的
conceptual	[kənˈseptʃuəl] *adj.* 概念上的
rival	[ˈraɪvl] *n.* 竞争者，对手 *v.* 竞争，与…匹敌
revival	[rɪˈvaɪvl] *n.* 苏醒；恢复；复兴
oval	[ˈoʊvl] *adj.* 卵形的，椭圆形的
renewal	[rɪˈnuːəl] *n.* 更新；复兴，振兴
disavowal	[ˌdɪsəˈvaʊəl] *n.* 否认
repel	[rɪˈpel] *v.* 击退；使反感
compel	[kəmˈpel] *v.* 强迫
propel	[prəˈpel] *v.* 推进，促进
dispel	[dɪˈspel] *v.* 驱散，消除
gospel	[ˈɡɑːspl] *n.* 教义，信条
quarrel	[ˈkwɔːrəl] *n.* 争吵 *v.* 争吵
vessel	[ˈvesl] *n.* 血管；容器；船只
shrivel	[ˈʃrɪvl] *v.* (使)枯萎
blackmail	[ˈblækmeɪl] *v./n.* 敲诈，勒索
frail	[freɪl] *adj.* 脆弱的；不坚实的
assail	[əˈseɪl] *v.* 质问；攻击
curtail	[kɜːrˈteɪl] *v.* 削减，缩短
prevail	[prɪˈveɪl] *v.* 战胜；流行，盛行
veil	[veɪl] *n.* 面纱；遮蔽物 *v.* 以面纱掩盖
recoil	[rɪˈkɔɪl] *v.* 弹回，反冲；退却，退缩
turmoil	[ˈtɜːrmɔɪl] *n.* 混乱，骚乱
tranquil	[ˈtræŋkwɪl] *adj.* 平静的
cavil	[ˈkævl] *v.* 挑毛病，吹毛求疵
evil	[ˈiːvl] *adj.* 邪恶的，罪恶的 *n.* 坏事，恶行
civil	[ˈsɪvl] *adj.* 国内的；公民的；文明的
downfall	[ˈdaʊnfɔːl] *n.* 垮台
pitfall	[ˈpɪtfɔːl] *n.* 陷阱，隐患

gall	[gɔːl] *n.* 胆汁；怨恨
appall	[əˈpɔːl] *v.* 使惊骇，使充满恐惧
forestall	[fɔːrˈstɔːl] *v.* 预先阻止，先发制人
shell	[ʃel] *n.* 贝壳；炮弹 *v.* 剥去…的壳
ill-will	[ˌɪlˈwɪl] *n.* 敌意，仇视，恶感
dull	[dʌl] *adj.* 不鲜明的；迟钝的；乏味的 *v.* 变迟钝
null	[nʌl] *adj.* 无效的；等于零的
control	[kənˈtroʊl] *n.*（科学实验的）对照标准，对照物
extol	[ɪkˈstoʊl] *v.* 赞美
hurl	[hɜːrl] *v.* 用力投掷；大声叫骂
ungrateful	[ʌnˈgreɪtfl] *adj.* 不感激的，不领情的
grateful	[ˈgreɪtfl] *adj.* 感激的，感谢的
distasteful	[dɪsˈteɪstfl] *adj.*（令人）不愉快的，讨厌的
rueful	[ˈruːfl] *adj.* 抱憾的；后悔的，悔恨的
slothful	[ˈsloʊθfl] *adj.* 迟钝的，懒惰的
fanciful	[ˈfænsɪfl] *adj.* 幻想的，奇特的
pitiful	[ˈpɪtɪfl] *adj.* 值得同情的，可怜的
dutiful	[ˈduːtɪfl] *adj.* 尽职的
willful	[ˈwɪlfl] *adj.* 任性的；故意的
mournful	[ˈmɔːrnfl] *adj.* 悲伤的
colorful	[ˈkʌlərfl] *adj.* 富有色彩的；有趣的
blissful	[ˈblɪsfl] *adj.* 极幸福的
insightful	[ˈɪnsaɪtfʊl] *adj.* 富有洞察力的，有深刻见解的
thoughtful	[ˈθɔːtfl] *adj.* 深思的
uneventful	[ˌʌnɪˈventfl] *adj.* 平凡的；平安无事的
resentful	[rɪˈzentfl] *adj.* 忿恨的，怨恨的
eventful	[ɪˈventfl] *adj.* 多事的；重要的
wistful	[ˈwɪstfl] *adj.* 惆怅的，渴望的
foul	[faʊl] *adj.* 污秽的，肮脏的；恶臭的；邪恶的 *v.* 弄脏 *n.*（体育等中的）犯规

crawl [krɔːl] v. 爬，爬行

sprawl [sprɔːl] v. 散乱地延伸；四肢摊开着坐、卧或倒下

M

amalgam [əˈmælgəm] n. 混合物

roam [roʊm] v. 漫游，漫步

redeem [rɪˈdiːm] v. 弥补，赎回，偿还

teem [tiːm] v. 充满；到处都是；（雨、水等）暴降，倾注大雨

stratagem [ˈstrætədʒəm] n. 谋略，策略

stem [stem] n.（植物的）茎，叶柄 v. 阻止，遏制（水流等）

paradigm [ˈpærədaɪm] n. 范例，示范

claim [kleɪm] v. 要求或索要 n. 声称拥有的权利

reclaim [rɪˈkleɪm] v. 纠正，改造；开垦（土地）

grim [grɪm] adj. 冷酷的，可怕的

pilgrim [ˈpɪlgrɪm] n. 朝圣者；（在国外的）旅行者

balm [bɑːm] n. 香油，药膏；镇痛剂，安慰物

realm [relm] n. 王国；领域，范围

qualm [kwɑːm] n. 疑虑；紧张不安

overwhelm [ˌoʊvərˈwelm] v. 战胜，征服，压倒；淹没，席卷

boredom [ˈbɔːrdəm] n. 厌烦；令人厌烦的事物

axiom [ˈæksiəm] n. 公理；定理

gloom [gluːm] n. 昏暗；忧郁

accustom [əˈkʌstəm] v. 使习惯

disarm [dɪsˈɑːrm] v. 使缴械；使缓和

reaffirm [ˌriːəˈfɜːrm] v. 再次确定；重申

infirm [ɪnˈfɜːrm] adj. 虚弱的

uniform [ˈjuːnɪfɔːrm] n. 制服 adj. 相同的，一致的

inform [ɪnˈfɔːrm] v. 对…有影响；使活跃，使有生气；告诉，通知

transform [trænsˈfɔːrm] v. 改变，变化；变换，转换

iconoclasm [aɪˈkɑːnəklæzəm] n. 破坏偶像的理论，打破旧习

empiricism [ɪmˈpɪrɪsɪzəm] n. 经验主义

asceticism [əˈsetɪsɪzəm] n. 禁欲主义

mysticism [ˈmɪstɪsɪzəm] n. 神秘主义

schism [ˈskɪzəm] n. 教会分裂；分裂

radicalism [ˈrædɪkəlɪzəm] n. 激进主义

idealism [aɪˈdiːəlɪzəm] n. 理想主义；唯心主义

individualism [ˌɪndɪˈvɪdʒuəlɪzəm] n. 个人主义

euphemism [ˈjuːfəmɪzəm] n. 婉言，委婉的说法

optimism [ˈɑːptɪmɪzəm] n. 乐观主义

organism [ˈɔːrgənɪzəm] n. 生物，有机体

sectarianism [sekˈteriənɪzəm] n. 宗派主义；教派意识

antiquarianism [ˌæntiˈkweəriənizəm] n. 古物研究，好古癖

antagonism [ænˈtægənɪzəm] n. 对抗，敌对

escapism [ɪˈskeɪpɪzəm] n. 逃避现实(的习气)

aphorism [ˈæfərɪzəm] n. 格言

altruism [ˈæltruɪzəm] n. 利他主义；无私

petroleum [pəˈtroʊliəm] n. 石油

tedium [ˈtiːdiəm] n. 冗长乏味

compendium [kəmˈpendiəm] n. 简要，概略

equilibrium [ˌekwɪˈlɪbriəm] n. 平衡

bacterium [bækˈtɪriəm] n. 细菌

moratorium [ˌmɔːrəˈtɔːriəm] n. 延缓偿付；活动中止

optimum [ˈɑːptɪməm] adj. 最有利的，最理想的

humdrum [ˈhʌmdrʌm] adj. 单调的，乏味的

decorum [dɪˈkɔːrəm] n. 礼节，礼貌

spectrum [ˈspektrəm] n. 光谱；范围

ultimatum	[ˌʌltɪˈmeɪtəm] *n.* 最后通牒
sanctum	[ˈsæŋktəm] *n.* (寺庙或教堂的)圣所
quantum	[ˈkwɑːntəm] *n.* 量子; 定量
pseudonym	[ˈsuːdənɪm] *n.* 假名, 笔名

N

paean	[ˈpiːən] *n.* 赞美歌, 颂歌
demean	[dɪˈmiːn] *v.* 贬抑, 降低
subterranean	[ˌsʌbtəˈreɪniən] *adj.* 地下的, 地表下的
custodian	[kʌˈstoʊdiən] *n.* 管理员, 监护人
utopian	[juːˈtoʊpiən] *adj.* 乌托邦的, 空想的
agrarian	[əˈɡreriən] *adj.* 土地的
egalitarian	[iˌɡælɪˈteriən] *adj.* 主张人人平等的
utilitarian	[ˌjuːtɪlɪˈteriən] *adj.* 功利的, 实利的
totalitarian	[toʊˌtæləˈteriən] *adj.* 极权主义的
humanitarian	[hjuːˌmænɪˈteriən] *n.* 人道主义者
pedestrian	[pəˈdestriən] *adj.* 徒步的; 缺乏想象力的 *n.* 行人
equestrian	[ɪˈkwestriən] *adj.* 骑马的; 骑士阶层的
protozoan	[ˌproʊtəˈzoʊən] *n.* 原生动物
span	[spæn] *n.* 跨度; 两个界限间的距离
also-ran	[ˈɔːlsoʊræn] *n.* 落选者; 不重要的参与者
artisan	[ˈɑːrtəzn] *n.* 技工
partisan	[ˈpɑːrtəzn] *n.* 党派支持者., 党羽
charlatan	[ˈʃɑːrlətən] *n.* 江湖郎中, 骗子
cosmopolitan	[ˌkɑːzməˈpɑːlɪtən] *adj.* 世界性的, 全球的 *n.* 世界主义者, 四海为家的人
spartan	[ˈspɑːrtn] *adj.* 简朴的; 刻苦的
keen	[kiːn] *adj.* 锋利的, 锐利的; 敏锐的, 灵敏的; 热心的

evergreen	[ˈevərgriːn] *adj.* 常绿的
stiffen	[ˈstɪfn] *v.* 使硬，使僵硬
plainspoken	[ˈpleɪnˈspoʊkən] *adj.* 直言不讳的
outspoken	[aʊtˈspoʊkən] *adj.* 坦率的，直言不讳的
unbroken	[ʌnˈbroʊkən] *adj.* 完整的；连续的
crestfallen	[ˈkrestfɔːlən] *adj.* 挫败的，失望的
pollen	[ˈpɑːlən] *n.* 花粉
specimen	[ˈspesɪmən] *n.* 范例，样品，标本
dampen	[ˈdæmpən] *v.* (使)潮湿；使沮丧，泼凉水
sharpen	[ˈʃɑːrpən] *v.* 削尖；使敏锐，使敏捷
aspen	[ˈæspən] *n.* 白杨
barren	[ˈbærən] *adj.* 不育的；贫瘠的；不结果实的
threaten	[ˈθretn] *v.* 威胁
molten	[ˈmoʊltən] *adj.* 熔融的，熔化的
semimolten	[ˌsemiˈmoʊltən] *adj.* 半熔化的
hearten	[ˈhɑːrtn] *v.* 鼓励，激励
moisten	[ˈmɔɪsn] *v.* 弄湿，使湿润
uneven	[ʌnˈiːvn] *adj.* 不平坦的；不一致的；不对等的
unproven	[ʌnˈpruːvn] *adj.* 未经证实的
brazen	[ˈbreɪzn] *adj.* 厚脸皮的
deign	[deɪn] *v.* 屈尊，俯就
feign	[feɪn] *v.* 假装，装作
benign	[bɪˈnaɪn] *adj.* (疾病)良性的；亲切和蔼的；慈祥的
resign	[rɪˈzaɪn] *v.* 委托；放弃；辞职
consign	[kənˈsaɪn] *v.* 托运；托人看管
impugn	[ɪmˈpjuːn] *v.* 提出异议，对…表示怀疑
disdain	[dɪsˈdeɪn] *v.* 轻视，鄙视 *n.* 轻视，鄙视
gain	[ɡeɪn] *n.* 利润，收获
domain	[doʊˈmeɪn] *n.* 领土；领域
refrain	[rɪˈfreɪn] *v.* 抑制 *n.* (歌曲或诗歌中的)叠句

grain	[greɪn] *n.* 谷物；小的硬粒
ingrain	[ɪnˈgreɪn] *adj.* 根深蒂固的 *n.* 本质
constrain	[kənˈstreɪn] *v.* 束缚，强迫；限制
retain	[rɪˈteɪn] *v.* 保留，保持；留住，止住
entertain	[ˌentərˈteɪn] *v.* 款待，招待；使欢乐，娱乐
abstain	[əbˈsteɪn] *v.* 禁绝，放弃
sustain	[səˈsteɪn] *v.* 承受(困难)；支撑(重量或压力)
akin	[əˈkɪn] *adj.* 同族的；类似的
chagrin	[ʃəˈgrɪn] *n.* 失望，懊恼
raisin	[ˈreɪzn] *n.* 葡萄干
ruin	[ˈruːɪn] *n.* 废墟；祸根；毁坏 *v.* 毁坏；毁灭；使破产
toxin	[ˈtɑːksɪn] *n.* 毒素，毒质
solemn	[ˈsɑːləm] *adj.* 严肃的；庄严的，隆重的；黑色的
burgeon	[ˈbɜːrdʒən] *v.* 迅速成长，发展
paragon	[ˈpærəgɑːn] *n.* 模范，典范
coercion	[koʊˈɜːrʒn] *n.* 强制，高压统治
religion	[rɪˈlɪdʒən] *n.* 宗教；宗教信仰
billion	[ˈbɪljən] *num.* 十亿
criterion	[kraɪˈtɪriən] *n.* 评判的标准，尺度
envision	[ɪnˈvɪʒn] *v.* 想象，预想
provision	[prəˈvɪʒn] *n.* 供应；(法律等)条款
misapprehension	[ˌmɪsæprɪˈhenʃn] *n.* 误会，误解
suspension	[səˈspenʃn] *n.* 暂停；悬浮
tension	[ˈtenʃn] *n.* 紧张，焦虑；张力
extension	[ɪkˈstenʃn] *n.* 延伸，扩展
compassion	[kəmˈpæʃn] *n.* 同情，怜悯
self-procession	[ˌselfprəˈseʃn] *n.* 自行列队
submission	[səbˈmɪʃn] *n.* 从属，服从
commission	[kəˈmɪʃn] *n.* 委托；佣金
fusion	[ˈfjuːʒn] *n.* 融合；核聚变

diffusion	[dɪˈfjuːʒn] n. 扩散，弥漫；冗长；反射；漫射
confusion	[kənˈfjuːʒn] n. 困惑，糊涂；混乱，骚乱
seclusion	[sɪˈkluːʒn] n. 隔离；隔离地
allusion	[əˈluːʒn] adj. 暗指，间接提到
collusion	[kəˈluːʒn] n. 共谋，勾结
disillusion	[ˌdɪsɪˈluːʒn] v. 使梦想破灭，使醒悟
approbation	[ˌæprəˈbeɪʃn] n. 赞许；认可
deprecation	[ˌdeprɪˈkeɪʃn] n. 反对
self-deprecation	[ˌselfdeprəˈkeɪʃn] n. 自嘲
verification	[ˌverɪfɪˈkeɪʃn] n. 确认，查证
intensification	[ɪnˌtensɪfɪˈkeɪʃn] n. 增强，加剧；激烈化
clarification	[ˌklærəfɪˈkeɪʃn] n. 解释，澄清
implication	[ˌɪmplɪˈkeɪʃn] n. 暗示
provocation	[ˌprɑːvəˈkeɪʃn] n. 挑衅，激怒
reciprocation	[rɪˌsɪprəˈkeɪʃn] n. 互换；报答；往复运动
trepidation	[ˌtrepɪˈdeɪʃn] n. 恐惧，惶恐
recommendation	[ˌrekəmenˈdeɪʃn] n. 推荐；推荐信
interrogation	[ɪnˌterəˈgeɪʃn] n. 审问，质问；疑问句
repudiation	[rɪˌpjuːdiˈeɪʃn] n. 拒绝接受，否认
reconciliation	[ˌrekənsɪliˈeɪʃn] n. 和解；调解
deviation	[ˌdiːviˈeɪʃn] n. 背离
revelation	[ˌrevəˈleɪʃn] n. 显示；揭露的事实
simulation	[ˌsɪmjuˈleɪʃn] n. 模拟
contemplation	[ˌkɑːntəmˈpleɪʃn] n. 注视；凝视；意图；期望
adulation	[ˌædʒəˈleɪʃn] n. 奉承，谄媚
self-adulation	[ˌselfædʒəˈleɪʃn] n. 自我吹捧
tribulation	[ˌtrɪbjuˈleɪʃn] n. 苦难，忧患
circulation	[ˌsɜːrkjəˈleɪʃn] n. 循环，流通；发行量
encapsulation	[ɪnˈkæpsjuleɪʃən] n. 包装
proclamation	[ˌprɑːkləˈmeɪʃn] n. 宣布，公布
defamation	[ˌdefəˈmeɪʃn] n. 诽谤，中伤

intimation	[ˌɪntɪˈmeɪʃn] *n.* 暗示
reaffirmation	[ˌriːˌæfərˈmeɪʃn] *n.* 再肯定
formation	[fɔːrˈmeɪʃn] *n.* 组成，形成；编队，排列
transformation	[ˌtrænsfərˈmeɪʃn] *n.* 转化，转变
affirmation	[ˌæfərˈmeɪʃn] *n.* 肯定；断言
indignation	[ˌɪndɪɡˈneɪʃn] *n.* 愤慨，义愤
resignation	[ˌrezɪɡˈneɪʃn] *n.* 听从，顺从；辞职
disinclination	[ˌdɪsˌɪnklɪˈneɪʃn] *n.* 不愿意，不情愿
reexamination	[rɪɪɡˌzæmɪˈneɪʃn] *n.* 重考；复试；再检查
self-determination	[ˌselfdɪˌtɜːrmɪˈneɪʃn] *n.* 自主，自决
condemnation	[ˌkɑːndemˈneɪʃn] *n.* 谴责
alienation	[ˌeɪliəˈneɪʃn] *n.* 疏远，离间
stagnation	[stæɡˈneɪʃn] *n.* 停滞
domination	[ˌdɑːmɪˈneɪʃn] *n.* 控制，支配，管辖
consternation	[ˌkɑːnstərˈneɪʃn] *n.* 大为吃惊，惊骇
participation	[pɑːrˌtɪsɪˈpeɪʃn] *n.* 参加，参与
occupation	[ˌɑːkjuˈpeɪʃn] *n.* 工作，职业；占有，占领
preoccupation	[priˌɑːkjuˈpeɪʃn] *n.* 全神贯注，专注；使人专注的东西
exhilaration	[ɪɡˌzɪləˈreɪʃn] *n.* 高兴，兴奋
deliberation	[dɪˌlɪbəˈreɪʃn] *n.* 细想，考虑
exaggeration	[ɪɡˌzædʒəˈreɪʃn] *n.* 夸张
exoneration	[ɪɡˌzɑːnəˈreɪʃn] *n.* 免除(责任、义务、苦难等)
exasperation	[ɪɡˌzæspəˈreɪʃn] *n.* 激怒，恼怒
conflagration	[ˌkɑːnfləˈɡreɪʃn] *n.* (建筑物或森林)大火
reparation	[ˌrepəˈreɪʃn] *n.* 赔偿，补偿
generation	[ˌdʒenəˈreɪʃn] *n.* 一代人；（产品类型的）代；产生，发生
aspiration	[ˌæspəˈreɪʃn] *n.* 抱负，渴望
coloration	[ˌkʌləˈreɪʃn] *n.* 着色法，染色法；颜色，色泽
cessation	[seˈseɪʃn] *n.* 中止，(短暂的)停止

interpretation	[ɪnˌtɜːrprɪˈteɪʃn] *n.* 解释，说明；演绎
agitation	[ˌædʒɪˈteɪʃn] *n.* 焦虑，不安；公开辩论，鼓动宣传
ostentation	[ˌɑːstenˈteɪʃn] *n.* 夸示，炫耀
confrontation	[ˌkɑːnfrənˈteɪʃn] *n.* 对抗
temptation	[tempˈteɪʃn] *n.* 诱惑，诱惑物
connotation	[ˌkɑːnəˈteɪʃn] *n.* 言外之意，内涵
continuation	[kənˌtɪnjuˈeɪʃn] *n.* 继续，延续
evaluation	[ɪˌvæljuˈeɪʃn] *n.* 评价，评估
attenuation	[əˌtenjʊˈeɪʃn] *n.* 变瘦；减少；减弱
equation	[ɪˈkweɪʒn] *n.* 等式；等同，相等
fluctuation	[ˌflʌktʃuˈeɪʃn] *n.* 波动，起伏，涨落
salvation	[sælˈveɪʃn] *n.* 拯救；救助
vexation	[vekˈseɪʃn] *n.* 恼怒，苦恼
self-realization	[ˌselfˌriːələˈzeɪʃn] *n.* 自我实现，自我完成
specialization	[ˌspeʃələˈzeɪʃn] *n.* 特殊化
centralization	[ˌsentrələˈzeɪʃn] *n.* 集中；集权化
synchronization	[ˌsɪŋkrənəˈzeɪʃn] *n.* 同步
affection	[əˈfekʃn] *n.* 喜爱
infection	[ɪnˈfekʃn] *n.* 传染；感染
detection	[dɪˈtekʃn] *n.* 查明，探测
extinction	[ɪkˈstɪŋkʃn] *n.* 消灭，废除
function	[ˈfʌŋkʃn] *v.* 运行 *n.* 功能；职责
concoction	[kənˈkɑːkʃn] *n.* (古怪或少见的)混合(物)
construction	[kənˈstrʌkʃn] *n.* 结构，句法关系；解释，理解
discretion	[dɪˈskreʃn] *n.* 谨慎，审慎
inhibition	[ˌɪn(h)ɪˈbɪʃn] *n.* 阻止；抑制；抑制物
erudition	[ˌeruˈdɪʃn] *n.* 博学
abolition	[ˌæbəˈlɪʃn] *n.* 废除，废止
premonition	[ˌpriːməˈnɪʃn] *n.* 预感，预兆
apparition	[ˌæpəˈrɪʃn] *n.* 幽灵；特异景象

contrition	[kən'trɪʃn] *n.* 悔罪，痛悔
attrition	[ə'trɪʃn] *n.* 摩擦，磨损
exposition	[ˌekspə'zɪʃn] *n.* 阐释；博览会
proposition	[ˌprɑːpə'zɪʃn] *n.* 看法，主张；提议
repetition	[ˌrepə'tɪʃn] *n.* 重复；背诵
intuition	[ˌɪntu'ɪʃn] *n.* 直觉；直觉知识
contention	[kən'tenʃn] *n.* 争论；论点
invention	[ɪn'venʃn] *n.* 发明，创造；发明才能，创造力
promotion	[prə'moʊʃn] *n.* 晋升；促进
preconception	[ˌpriːkən'sepʃn] *n.* 先入之见；偏见
perception	[pər'sepʃn] *n.* 感知，知觉；洞察力
transcription	[træn'skrɪpʃn] *n.* 誊写，抄写；抄本，副本
consumption	[kən'sʌmpʃn] *n.* 消费，消耗
corruption	[kə'rʌpʃn] *n.* 腐败，堕落
interruption	[ˌɪntə'rʌpʃn] *n.* 中断，打断
assertion	[ə'sɜːrʃn] *n.* 断言，声明；主张
distortion	[dɪ'stɔːrʃn] *n.* 扭曲；曲解
apportion	[ə'pɔːrʃn] *v.* (按比例或计划)分配
bastion	['bæstiən] *n.* 保垒，防御工事
retribution	[ˌretrɪ'bjuːʃn] *n.* 报应，惩罚
redistribution	[ˌriːdɪ'strɪbjuːʃn] *n.* 重新分配
circumlocution	[ˌsɜːrkəmlə'kjuːʃn] *n.* 迂回累赘的陈述
diminution	[ˌdɪmɪ'nuːʃn] *n.* 减少，缩减
restitution	[ˌrestɪ'tuːʃn] *n.* 归还；赔偿
institution	[ˌɪnstɪ'tuːʃn] *n.* 机构；制度
constitution	[ˌkɑːnstə'tuːʃn] *n.* 宪法；体质
boon	[buːn] *n.* 恩惠，天赐福利
neutron	['nuːtrɑːn] *n.* 中子
comparison	[kəm'pærɪsn] *n.* 比较，对照；比喻
crimson	['krɪmzn] *n.* 绯红色 *adj.* 绯红色的
yearn	[jɜːrn] *v.* 盼望，渴望

inborn [ˌɪnˈbɔːrn] *adj.* 天生的，先天的

scorn [skɔːrn] *n.* 轻蔑 *v.* 轻蔑，瞧不起

adorn [əˈdɔːrn] *v.* 装饰

forlorn [fərˈlɔːrn] *adj.* 孤独的；凄凉的

shopworn [ˈʃɑːpwɔːrn] *adj.* 在商店中陈列旧了的；陈旧的，磨损的

spurn [spɜːrn] *n.* 拒绝，摈弃

return [rɪˈtɜːrn] *v.* 回复；归还；回答，反驳 *n.* 回报 *adj.* 返回的；重现的

overturn [ˌoʊvərˈtɜːrn] *v.* 翻倒；推翻，倾覆

shun [ʃʌn] *v.* 避免，闪避

homespun [ˈhoʊmspʌn] *adj.* 朴素的；家织的

down [daʊn] *n.* 绒毛；软毛

overblown [ˌoʊvərˈbloʊn] *adj.* 盛期已过的，残败的；夸张的

renown [rɪˈnaʊn] *n.* 名望，声誉

O

placebo [pləˈsiːboʊ] *n.* 安慰剂；起安慰作用的东西

bravado [brəˈvɑːdoʊ] *n.* 故作勇敢，虚张声势

echo [ˈekoʊ] *n.* 回声；反响；共鸣 *v.* 回响，回荡；重复，模仿

solo [ˈsoʊloʊ] *adj.* 单独的 *n.* 独唱

virtuoso [ˌvɜːrtʃuˈoʊsoʊ] *n.* 艺术大师

hitherto [ˌhɪðərˈtuː] *adv.* 到目前为止

P

overlap [ˌoʊvərˈlæp] *v.* 部分重叠

sap [sæp] *n.* 树液；活力 *v.* 削弱，耗尽

sweep	[swiːp] *v.* 席卷，扫过
chip	[tʃɪp] *n.* 薄片，碎片；集成电路片
hardship	[ˈhɑːrdʃɪp] *n.* 困苦，拮据
flip	[flɪp] *v.* 用指轻弹；蹦蹦跳跳 *adj.* 无礼的；冒失的；轻率的
rip	[rɪp] *v.* 撕，撕裂
strip	[strɪp] *v.* 剥去 *n.* 狭长的一片
outstrip	[ˌaʊtˈstrɪp] *v.* 超过，超越；比…跑得快
skimp	[skɪmp] *v.* 节省花费
plump	[plʌmp] *adj.* 丰满的 *v.* 使丰满，使变圆
pop	[pɑːp] *v.* 发出"砰"的一声；突然出现
warp	[wɔːrp] *v.* 弯曲，变歪 *n.* 弯曲，歪斜

R

overbear	[ˌoʊvərˈber] *v.* 压倒；镇压；比…更重要，超过
forbear	[fɔːrˈber] *v.* 克制；忍耐
endear	[ɪnˈdɪr] *v.* 使受喜爱
vulgar	[ˈvʌlgər] *adj.* 无教养的，庸俗的
peculiar	[pɪˈkjuːliər] *adj.* 独特的；古怪的
dissimilar	[dɪˈsɪmɪlər] *adj.* 不同的，不相似的
stellar	[ˈstelər] *adj.* 星的，星球的
caterpillar	[ˈkætərpɪlər] *n.* 毛毛虫，蝴蝶的幼虫
polar	[ˈpoʊlər] *adj.* 极地的，两极的，近地极的；磁极的
exemplar	[ɪgˈzemplɑːr] *n.* 模范，榜样
molecular	[məˈlekjələr] *adj.* 分子的
secular	[ˈsekjələr] *adj.* 世俗的，尘世的
perpendicular	[ˌpɜːrpənˈdɪkjələr] *adj.* 垂直的，竖直的
particular	[pərˈtɪkjələr] *n.* 细节，详情

jocular [ˈdʒɑːkjələr] *adj.* 滑稽的，幽默的；爱开玩笑的

glandular [ˈglændʒələr] *adj.* 腺状的，腺的

angular [ˈæŋgjələr] *adj.* 生硬的，笨拙的

cellular [ˈseljələr] *adj.* 细胞的；蜂窝式的

multicellular [ˌmʌltiˈseljələr] *adj.* 多细胞的

insular [ˈɪnsələr] *adj.* 岛屿的；心胸狭窄的

titular [ˈtɪtʃələr] *adj.* 有名无实的，名义上的

postwar [ˈpɑːstwɔːr] *adj.* 战后的

clamber [ˈklæmbər] *v.* 吃力地爬上，攀登

dismember [dɪsˈmembər] *v.* 肢解；分割

somber [ˈsɑːmbər] *adj.* 忧郁的；阴暗的

encumber [ɪnˈkʌmbər] *v.* 妨碍，阻碍

embroider [ɪmˈbrɔɪdər] *v.* 刺绣，镶边；装饰

insider [ɪnˈsaɪdər] *n.* 局内人，圈内人

bewilder [bɪˈwɪldər] *v.* 使迷惑，混乱

solder [ˈsɑːdər] *v.* 焊接，焊在一起，焊合

squander [ˈskwɑːndər] *v.* 浪费，挥霍

engender [ɪnˈdʒendər] *v.* 产生，引起

render [ˈrendər] *v.* 呈递，提供；给予，归还

surrender [səˈrendər] *v.* 投降；放弃；归还

founder [ˈfaʊndər] *v.* （船）沉没（to sink）；（计划）失败

flounder [ˈflaʊndər] *v.* 挣扎；艰苦地移动 *n.* 比目鱼

asunder [əˈsʌndər] *adj./adv.* 分离的（地）；化为碎片的（地）

domineer [ˌdɑːmɪˈnɪə] *v.* 压制

veer [vɪr] *v.* 转向，改变（话题等）

defer [dɪˈfɜːr] *v.* 遵从，听从；延期

conifer [ˈkɑːnɪfər] *n.* 针叶树

infer [ɪnˈfɜːr] *v.* 推断，推论，推理

stagger [ˈstægər] *v.* 蹒跚，摇晃

trigger [ˈtrɪgər] *n.* 扳机 *v.* 引发，引起，触发

pitcher	[ˈpɪtʃər] *n.* 有柄水罐
decipher	[dɪˈsaɪfər] *v.* 破译；解开(疑团)
weather	[ˈweðər] *v.* 风化，侵蚀；经受住风雨；平安度过危难
smother	[ˈsmʌðər] *v.* 熄灭；覆盖；使窒息
modifier	[ˈmɑːdɪfaɪər] *n.* 修改者；修饰语
barrier	[ˈbæriər] *n.* 路障；障碍
dossier	[ˈdɔːsieɪ] *n.* 卷宗，档案
misnomer	[ˌmɪsˈnoʊmər] *n.* 名称的误用
hamper	[ˈhæmpər] *v.* 妨碍，阻挠 *n.* (有盖的)大篮子
bumper	[ˈbʌmpər] *adj.* 特大的 *n.* 保险杠
improper	[ɪmˈprɑːpər] *adj.* 不合适的，不适当的
cater	[ˈkeɪtər] *v.* 迎合；提供饮食及服务
world-beater	[ˈwɜːrldbiːtər] *n.* 举世无双的人
crater	[ˈkreɪtər] *n.* 火山口
underwater	[ˌʌndərˈwɔːtər] *adj.* 在水下的，在水中的
specter	[ˈspektər] *n.* 鬼怪，幽灵；缠绕心头的恐惧，凶兆
deter	[dɪˈtɜːr] *v.* 威慑，吓住；阻止
arbiter	[ˈɑːrbɪtər] *n.* 权威人士，泰斗
falter	[ˈfɔːltər] *v.* 蹒跚；支吾地说
welter	[ˈweltər] *n.* 混乱，杂乱无章
banter	[ˈbæntər] *n.* 打趣，玩笑
encounter	[ɪnˈkaʊntər] *v.* 遭遇；邂逅
charter	[ˈtʃɑːrtər] *n.* 特权或豁免权
sequester	[sɪˈkwestər] *v.* (使)隐退；使隔离
huckster	[ˈhʌkstə] *n.* 叫卖小贩，零售商
bolster	[ˈboʊlstər] *n.* 枕垫 *v.* 支持，鼓励
foster	[ˈfɔːstər] *v.* 鼓励，促进；养育，抚养
blockbuster	[ˈblɑːkbʌstər] *n.* 巨型炸弹；一鸣惊人的事物；非常成功的书或电影

shatter	[ˈʃætər] *v.* 使落下，使散开；砸碎，粉碎；破坏，毁坏
flatter	[ˈflætər] *v.* 恭维，奉承
trendsetter	[ˈtrendsetər] *n.* 引领新潮的人
clutter	[ˈklʌtər] *v.* 弄乱 *n.* 零乱
beleaguer	[bɪˈliːgə] *v.* 围攻；骚扰
conquer	[ˈkɑːŋkər] *v.* 以武力征服
hover	[ˈhʌvər] *v.* 翱翔；(人)徘徊
overpower	[ˌoʊvərˈpaʊər] *v.* 压倒
fertilizer	[ˈfɜːrtəlaɪzər] *n.* 肥料，化肥
impair	[ɪmˈper] *v.* 损害，削弱
succor	[ˈsʌkər] *v.* 救助，援助
rancor	[ˈræŋkər] *n.* 深仇，怨恨
candor	[ˈkændər] *n.* 坦白，率直
abhor	[əbˈhɔːr] *v.* 憎恨，厌恶
inferior	[ɪnˈfɪriər] *adj.* 下级的，下属的；低等的，较差的
ulterior	[ʌlˈtɪriər] *adj.* 较远的，将来的；隐秘的，别有用心的
anterior	[ænˈtɪriər] *adj.* 较早的，以前的
prior	[ˈpraɪər] *adj.* 在前的；优先的
clamor	[ˈklæmər] *n.* 吵闹，喧哗
torpor	[ˈtɔːrpər] *n.* 死气沉沉
precursor	[priːˈkɜːrsər] *n.* 先驱，先兆
predecessor	[ˈpredəsesər] *n.* 前任，前辈；原有事物，前身
equivocator	[ɪˈkwɪvəkeɪtər] *n.* 说模棱话的人，说话支吾的人
predator	[ˈpredətər] *n.* 食肉动物
spectator	[ˈspekteɪtər] *n.* 目击者；观众，观看者
commentator	[ˈkɑːmənteɪtər] *n.* 评论员
equator	[ɪˈkweɪtər] *n.* 赤道

benefactor	[ˈbenɪfæktər] *n.* 行善者，捐助者
ancestor	[ˈænsestər] *n.* 祖先，祖宗
investor	[ɪnˈvestər] *n.* 投资者
impostor	[ɪmˈpɑːstər] *n.* 冒充者，骗子
survivor	[sərˈvaɪvər] *n.* 幸存者
fervor	[ˈfɜːrvər] *n.* 热诚，热烈
recur	[rɪˈkɜːr] *v.* 重现，再发生；复发
grandeur	[ˈgrændʒər] *n.* 壮丽，宏伟
entrepreneur	[ˌɑːntrəprəˈnɜːr] *n.* 企业家，创业人
connoisseur	[ˌkɑːnəˈsɜːr] *n.* 鉴赏家，行家
amateur	[ˈæmətər] *n.* 业余爱好者
voyeur	[vwaɪˈɜːr] *n.* 窥淫癖者
blur	[blɜːr] *n.* 模糊不清的事物 *v.* 使…模糊
demur	[dɪˈmɜːr] *v.* 表示异议，反对
scour	[ˈskaʊər] *v.* 冲刷；擦掉；四处搜索
detour	[ˈdiːtʊr] *v.* 绕道，迂回 *n.* 弯路；绕行之路
devour	[dɪˈvaʊər] *v.* 狼吞虎咽地吃，吞食；贪婪地看（或听、读等）

S

pancreas	[ˈpæŋkriəs] *n.* 胰腺
bias	[ˈbaɪəs] *n.* 偏见 *v.* 使有偏见
auspices	[ˈɔːspɪsɪz] *n.* 支持，赞助
stasis	[ˈsteɪsɪs] *n.* 停滞
thesis	[ˈθiːsɪs] *n.* 论题，论文
synthesis	[ˈsɪnθəsɪs] *n.* 综合，合成
photosynthesis	[ˌfoʊtoʊˈsɪnθəsɪs] *n.* 光合作用
antithesis	[ænˈtɪθəsɪs] *n.* 对立；相对
hypothesis	[haɪˈpɑːθəsɪs] *n.* 假设，假说
symbiosis	[ˌsɪmbaɪˈoʊsɪs] *n.* 共生（关系）

self-analysis	[ˌselfəˈnæləsɪs] *n.* 自我分析
ethos	[ˈiːθɑːs] *n.* (个人、团体或民族)风貌，气质
apropos	[ˌæprəˈpoʊ] *adj.* 适当的 *prep.* 有关
compass	[ˈkʌmpəs] *n.* 指南针，罗盘；界限，范围
surpass	[sərˈpæs] *v.* 超过
trespass	[ˈtrespəs] *v.* 侵犯，闯入私人领地
harass	[ˈhærəs] *v.* 侵扰，烦扰
excess	[ɪkˈses] *n.* 过分，过度
groundless	[ˈgraʊndləs] *adj.* 无理由的，无根据的
boundless	[ˈbaʊndləs] *adj.* 无限的，无边无际的
spineless	[ˈspaɪnləs] *adj.* 没骨气的，懦弱的
tasteless	[ˈteɪstləs] *adj.* 没味道的
ruthless	[ˈruːθləs] *adj.* 无情的；残忍的
feckless	[ˈfekləs] *adj.* 无效的，效率低的；不负责任的
peerless	[ˈpɪrləs] *adj.* 出类拔萃的，无可匹敌的
odorless	[ˈoʊdərləs] *adj.* 无臭的，没有气味的
shiftless	[ˈʃɪftləs] *adj.* 没出息的，懒惰的；无能的
weightless	[ˈweɪtləs] *adj.* 无重力的，失重的
relentless	[rɪˈlentləs] *adj.* 无情的，残酷的
countless	[ˈkaʊntləs] *adj.* 无数的
bootless	[ˈbuːtlɪs] *adj.* 无益处的；无用的
artless	[ˈɑːrtləs] *adj.* 朴实的，自然的；粗俗的
assuredness	[əˈʃʊrdnəs] *n.* 确定；自信
short-sightedness	[ˌʃɔːrtˈsaɪtɪdnəs] *n.* 目光短浅；近视
spiritedness	[ˈspɪrɪtɪdnəs] *n.* 有精神，活泼
blindness	[ˈblaɪndnəs] *n.* 失明
fickleness	[ˈfɪklnəs] *n.* 浮躁；变化无常
obstinateness	[ˈɑːbstɪnətnəs] *n.* 固执，顽固
remoteness	[rɪˈmoʊtnəs] *n.* 遥远；偏僻
vagueness	[veɪgnəs] *n.* 含糊
obliqueness	[əˈbliːknəs] *n.* 斜度；倾斜

brusqueness	[ˈbrʌsknəs] *n.* 唐突；直率
decisiveness	[dɪˈsaɪsɪvnəs] *n.* 坚决，果断
purposiveness	[ˈpɜːrpəsɪvnəs] *n.* 目的性
exhaustiveness	[ɪɡˈzɔːstɪvnəs] *n.* 全面，详尽，彻底
raciness	[ˈreɪsɪnəs] *n.* 生动活泼
steadiness	[ˈstedinəs] *n.* 稳健，坚定
earthiness	[ˈɜːrθinəs] *n.* 土质，土性
timeliness	[ˈtaɪmlinəs] *n.* 及时，适时
slipperiness	[ˈslɪpərinəs] *n.* 防滑性
transitoriness	[ˈtrænsətɔːrinəs] *n.* 暂时，短暂
bashfulness	[ˈbæʃflnəs] *n.* 羞怯
boastfulness	[ˈboʊstflnəs] *n.* 自吹自擂；浮夸
recklessness	[ˈrekləsnəs] *n.* 鲁莽，轻率
self-righteousness	[ˌself ˈraɪtʃəsnəs] *n.* 自以为是
righteousness	[ˈraɪtʃəsnəs] *n.* 正当，正义，正直
consciousness	[ˈkɑːnʃəsnəs] *n.* 意识，观念；清醒状态；知觉
ingeniousness	[ɪnˈdʒiːniəsnəs] *n.* 独创性
piousness	[ˈpaɪəsnəs] *n.* 虔诚
obsequiousness	[əbˈsiːkwiəsnəs] *n.* 谄媚
seriousness	[ˈsɪriəsnəs] *n.* 认真，严肃；严重性，严峻
succinctness	[səkˈsɪŋktnəs] *n.* 简明，简洁
promptness	[ˈprɑːmptnəs] *n.* 敏捷，迅速；机敏
shallowness	[ˈʃæloʊnəs] *n.* 浅；浅薄
address	[əˈdres] *v.* 处理，对付，设法解决；致辞
transgress	[trænzˈɡres] *v.* 冒犯，违背
press	[pres] *v.* 挤压
repress	[rɪˈpres] *v.* 抑制，压抑；镇压
suppress	[səˈpres] *v.* 镇压；抑制
buttress	[ˈbʌtrəs] *n.* 拱墙，拱壁 *v.* 支持
possess	[pəˈzes] *v.* 拥有；支配，主宰；受摆布，缠住，迷住
remiss	[rɪˈmɪs] *adj.* 疏忽的，不留心的

dismiss	[dɪsˈmɪs] *v.* 解散；解雇
exodus	[ˈeksədəs] *n.* 大批离去，成群外出
stimulus	[ˈstɪmjələs] *n.* 刺激物，激励
genus	[ˈdʒiːnəs] *n.* (动植物的)属，类
viscous	[ˈvɪskəs] *adj.* 黏滞的，黏性的，黏的
raucous	[ˈrɔːkəs] *adj.* 刺耳的，沙哑的；喧嚣的
hazardous	[ˈhæzərdəs] *adj.* 危险的，冒险的
herbaceous	[ɜːrˈbeɪʃəs] *adj.* 草本的
gorgeous	[ˈgɔːrdʒəs] *adj.* 华丽的；极好的
extraneous	[ɪkˈstreɪniəs] *adj.* 外来的；无关的
instantaneous	[ˌɪnstənˈteɪniəs] *adj.* 立即的，即刻的；瞬间的
heterogeneous	[ˌhetərəˈdʒiːniəs] *adj.* 异类的，多样化的
homogeneous	[ˌhoʊməˈdʒiːniəs] *adj.* 同类的，相似的
igneous	[ˈɪgniəs] *adj.* 火的，似火的
courteous	[ˈkɜːrtiəs] *adj.* 有礼貌的
discourteous	[dɪsˈkɜːrtiəs] *adj.* 失礼的，粗鲁的
analogous	[əˈnæləgəs] *adj.* 相似的，可比拟的
amorphous	[əˈmɔːrfəs] *adj.* 无固定形状的
dubious	[ˈduːbiəs] *adj.* 可疑的；有问题的，靠不住的
perspicacious	[ˌpɜːrspɪˈkeɪʃəs] *adj.* 独具慧眼的，敏锐的
efficacious	[ˌefɪˈkeɪʃəs] *adj.* 有效的
audacious	[ɔːˈdeɪʃəs] *adj.* 大胆的
sagacious	[səˈgeɪʃəs] *adj.* 聪明的，睿智的
tenacious	[təˈneɪʃəs] *adj.* 坚韧的，顽强的
veracious	[vəˈreɪʃəs] *adj.* 诚实的，说真话的
fallacious	[fəˈleɪʃəs] *adj.* 欺骗性的，误导的；谬误的
pugnacious	[pʌgˈneɪʃəs] *adj.* 好斗的
specious	[ˈspiːʃəs] *adj.* 似是而非的
judicious	[dʒuˈdɪʃəs] *adj.* 有判断力的；审慎的
officious	[əˈfɪʃəs] *adj.* 过于殷勤的，多管闲事的；非官方的

pernicious	[pərˈnɪʃəs] *adj.* 有害的；致命的
auspicious	[ɔːˈspɪʃəs] *adj.* 幸运的；吉兆的
suspicious	[səˈspɪʃəs] *adj.* 怀疑的
avaricious	[ˌævəˈrɪʃəs] *adj.* 贪婪的，贪心的
capricious	[kəˈprɪʃəs] *adj.* 变化无常的，任性的
vicious	[ˈvɪʃəs] *adj.* 邪恶的，堕落的；恶意的，恶毒的；凶猛的，危险的
self-conscious	[ˌselfˈkɑːnʃəs] *adj.* 自觉的；害羞的，不自然的
unconscious	[ʌnˈkɑːnʃəs] *adj.* 不省人事的；未发觉的，无意识的
tedious	[ˈtiːdiəs] *adj.* 冗长的，乏味的
perfidious	[pərˈfɪdiəs] *adj.* 不忠的，背信弃义的
insidious	[ɪnˈsɪdiəs] *adj.* 暗中危害的，阴险的
fastidious	[fæˈstɪdiəs] *adj.* 难取悦的，挑剔的
odious	[ˈoʊdiəs] *adj.* 可憎的，令人作呕的
commodious	[kəˈmoʊdiəs] *adj.* 宽敞的
contagious	[kənˈteɪdʒəs] *adj.* 传染的，有感染力的
egregious	[ɪˈgriːdʒiəs] *adj.* 极端恶劣的
prodigious	[prəˈdɪdʒəs] *adj.* 巨大的；惊人的，奇异的
prestigious	[preˈstɪdʒəs] *adj.* 有名望的，有威望的
supercilious	[ˌsuːpərˈsɪliəs] *adj.* 目中无人的
rebellious	[rɪˈbeljəs] *adj.* 造反的，反叛的；难控制的
ingenious	[ɪnˈdʒiːniəs] *adj.* 聪明的；善于创造发明的，心灵手巧的
ignominious	[ˌɪgnəˈmɪniəs] *adj.* 可耻的；耻辱的
sanctimonious	[ˌsæŋktɪˈmoʊniəs] *adj.* 假装虔诚的
ceremonious	[ˌserəˈmoʊniəs] *adj.* 仪式隆重的
acrimonious	[ˌækrɪˈmoʊniəs] *adj.* 尖酸刻薄的，激烈的
euphonious	[juːˈfoʊniəs] *adj.* 悦耳的
impecunious	[ˌɪmpɪˈkjuːniəs] *adj.* 不名一文的，没钱的
pious	[ˈpaɪəs] *adj.* 虔诚的

copious	[ˈkoʊpiəs] *adj.* 丰富的，多产的
precarious	[prɪˈkerəriəs] *adj.* 根据不足的，未证实的；不稳固的，危险的
gregarious	[grɪˈgeriəs] *adj.* 群居的；爱社交的
opprobrious	[əˈproʊbriəs] *adj.* 辱骂的，侮辱的
salubrious	[səˈluːbriəs] *adj.* 有益健康的
imperious	[ɪmˈpɪriəs] *adj.* 傲慢的，专横的
deleterious	[ˌdeləˈtɪriəs] *adj.* 有害的，有毒的
vainglorious	[ˌveɪnˈglɔːriəs] *adj.* 自负的
censorious	[senˈsɔːriəs] *adj.* 挑剔的
notorious	[noʊˈtɔːriəs] *adj.* 臭名昭著的
injurious	[ɪnˈdʒʊrəriəs] *adj.* 有害的
spurious	[ˈspjʊriəs] *adj.* 假的；伪造的
ostentatious	[ˌɑːstenˈteɪʃəs] *adj.* 华美的；炫耀的
fractious	[ˈfrækʃəs] *adj.* (脾气)易怒的，好争吵的
infectious	[ɪnˈfekʃəs] *adj.* 传染的，有传染性的
facetious	[fəˈsiːʃəs] *adj.* 滑稽的，好开玩笑的
ambitious	[æmˈbɪʃəs] *adj.* 有抱负的，雄心勃勃的
propitious	[prəˈpɪʃəs] *adj.* 吉利的，顺利的；有利的
nutritious	[nuˈtrɪʃəs] *adj.* 有营养的，滋养的
fictitious	[fɪkˈtɪʃəs] *adj.* 假的；虚构的
surreptitious	[ˌsɜːrəpˈtɪʃəs] *adj.* 鬼鬼祟祟的
repetitious	[ˌrepəˈtɪʃəs] *adj.* 重复的
conscientious	[ˌkɑːnʃiˈenʃəs] *adj.* 尽责的；小心谨慎的
unpretentious	[ˌʌnprɪˈtenʃəs] *adj.* 不炫耀的
tendentious	[tenˈdenʃəs] *adj.* 有偏见的
pretentious	[prɪˈtenʃəs] *adj.* 夸耀的，炫耀的；自命不凡的，狂妄的
contentious	[kənˈtenʃəs] *adj.* 好争吵的；有争议的
captious	[ˈkæpʃəs] *adj.* 吹毛求疵的
cautious	[ˈkɔːʃəs] *adj.* 小心的，谨慎的

obsequious	[əbˈsiːkwiəs] *adj.* 逢迎的，谄媚的
obvious	[ˈɑːbviəs] *adj.* 明显的，显而易见的
devious	[ˈdiːviəs] *adj.* 不坦诚的；弯曲的，迂回的
previous	[ˈpriːviəs] *adj.* 在先的，以前的
oblivious	[əˈblɪviəs] *adj.* 遗忘的，忘却的；疏忽的
impervious	[ɪmˈpɜːrviəs] *adj.* 不能渗透的；不为所动的
anomalous	[əˈnɑːmələs] *adj.* 反常的；不协调的
perilous	[ˈperələs] *adj.* 危险的，冒险的
callous	[ˈkæləs] *adj.* 结硬块的；无情的
frivolous	[ˈfrɪvələs] *adj.* 轻薄的，轻佻的
nebulous	[ˈnebjələs] *adj.* 模糊的；云状的
ridiculous	[rɪˈdɪkjələs] *adj.* 荒谬的，可笑的
credulous	[ˈkredʒələs] *adj.* 轻信的，易上当的
sedulous	[ˈsedʒələs] *adj.* 聚精会神的；勤勉的
populous	[ˈpɑːpjələs] *adj.* 人口稠密的
scrupulous	[ˈskruːpjələs] *adj.* 恪守道德规范的；一丝不苟的
unscrupulous	[ʌnˈskruːpjələs] *adj.* 肆无忌惮的
querulous	[ˈkwerələs] *adj.* 抱怨的，爱发牢骚的
garrulous	[ˈgærələs] *adj.* 唠叨的，多话的
infamous	[ˈɪnfəməs] *adj.* 臭名昭著的
venomous	[ˈvenəməs] *adj.* 有毒的
autonomous	[ɔːˈtɑːnəməs] *adj.* 自治的；自主的
enormous	[ɪˈnɔːrməs] *adj.* 极大的，巨大的
posthumous	[ˈpɑːstʃəməs] *adj.* 死后的，身后的
synonymous	[sɪˈnɑːnɪməs] *adj.* 同义的
indigenous	[ɪnˈdɪdʒənəs] *adj.* 土产的，本地的；生来的，固有的
platitudinous	[ˌplætɪˈtuːdənəs] *adj.* 陈腐的
heinous	[ˈheɪnəs] *adj.* 十恶不赦的，可憎的
ominous	[ˈɑːmɪnəs] *adj.* 恶兆的，不祥的

voluminous [vəˈluːmɪnəs] *adj.* 长篇的；大量的

glutinous [ˈgluːtənəs] *adj.* 黏的，胶状的

cacophonous [kəˈkɑːfənəs] *adj.* 发音不和谐的，不协调的

synchronous [ˈsɪŋkrənəs] *adj.* 同时发生的

gluttonous [ˈglʌtənəs] *adj.* 贪吃的，暴食的

pompous [ˈpɑːmpəs] *adj.* 自大的

barbarous [ˈbɑːrbərəs] *adj.* 野蛮的；残暴的

ponderous [ˈpɑːndərəs] *adj.* 笨重的，沉重的

murderous [ˈmɜːrdərəs] *adj.* 蓄意谋杀的，凶残的；极厉害的，要命的

slanderous [ˈslændərəs] *adj.* 诽谤的

treacherous [ˈtretʃərəs] *adj.* 背叛的，叛逆的

cantankerous [kænˈtæŋkərəs] *adj.* 脾气坏的；好争吵的

numerous [ˈnuːmərəs] *adj.* 许多的，很多的

generous [ˈdʒenərəs] *adj.* 慷慨的；大量的

onerous [ˈɑːnərəs] *adj.* 繁重的，费力的

boisterous [ˈbɔɪstərəs] *adj.* 喧闹的；猛烈的

dexterous [ˈdekstrəs] *adj.* 灵巧的，熟练的

chivalrous [ˈʃɪvlrəs] *adj.* 骑士精神的；对女人彬彬有礼的

decorous [ˈdekərəs] *adj.* 合宜的，高雅的

rigorous [ˈrɪgərəs] *adj.* 严格的，严峻的

vigorous [ˈvɪgərəs] *adj.* 精力充沛的，有力的

valorous [ˈvælərəs] *adj.* 勇敢的

glamorous [ˈglæmərəs] *adj.* 迷人的，富有魅力的

timorous [ˈtɪmərəs] *adj.* 胆小的，胆怯的

sonorous [ˈsɑːnərəs] *adj.* (声音)洪亮的

porous [ˈpɔːrəs] *adj.* 可渗透的；多孔的

nonporous [ˌnɑːnˈpɔːrəs] *adj.* 无孔的；不渗透的

carnivorous [kɑːrˈnɪvərəs] *adj.* 肉食动物的

ambidextrous [ˌæmbiˈdekstrəs] *adj.* 十分灵巧的

adventurous [ədˈventʃərəs] *adj.* 爱冒险的，大胆的

solicitous [səˈlɪsɪtəs] *adj.* 热切的；挂念的

precipitous [prɪˈsɪpɪtəs] *adj.* 陡峭的

circuitous [sərˈkjuːɪtəs] *adj.* 迂回的，绕圈子的

ubiquitous [juːˈbɪkwɪtəs] *adj.* 无处不在的

iniquitous [ɪˈnɪkwɪtəs] *adj.* 邪恶的，不公正的

gratuitous [grəˈtuːɪtəs] *adj.* 无缘无故的；免费的

fortuitous [fɔːrˈtuːɪtəs] *adj.* 偶然发生的，偶然的；幸运的

momentous [moʊˈmentəs] *adj.* 极为重要的，重大的

perspicuous [ˌpɜːrspɪˈkjʊəs] *adj.* 明晰的，明了的

innocuous [ɪˈnɑːkjuəs] *adj.* (行为、言论等)无害的

deciduous [dɪˈsɪdʒuəs] *adj.* 非永久的；短暂的；脱落的；落叶的

assiduous [əˈsɪdʒuəs] *adj.* 勤勉的；专心的

arduous [ˈɑːrdʒuəs] *adj.* 费力的，艰难的

ambiguous [æmˈbɪgjuəs] *adj.* 含糊的

superfluous [suːˈpɜːrfluəs] *adj.* 多余的，累赘的

ingenuous [ɪnˈdʒenjuəs] *adj.* 纯真的，纯朴的；坦率的

disingenuous [ˌdɪsɪnˈdʒenjuəs] *adj.* 不坦率的

strenuous [ˈstrenjuəs] *adj.* 奋发的；热烈的

tenuous [ˈtenjuəs] *adj.* 纤细的；稀薄的；脆弱的，无力的

sinuous [ˈsɪnjuəs] *adj.* 蜿蜒的，迂回的

congruous [ˈkɔŋgruːəs] *adj.* 一致的，符合的；[数] 全等的

incongruous [ɪnˈkɑːŋgruəs] *adj.* 不协调的，不一致的

unctuous [ˈʌŋktʃuəs] *adj.* 油质的；油腔滑调的

impetuous [ɪmˈpetʃuəs] *adj.* 冲动的，鲁莽的

contemptuous [kənˈtemptʃuəs] *adj.* 鄙视的，表示轻蔑的

presumptuous [prɪˈzʌmptʃuəs] *adj.* 放肆的，过分的

sumptuous [ˈsʌmptʃuəs] *adj.* 豪华的，奢侈的

voluptuous [vəˈlʌptʃuəs] *adj.* 撩人的；沉溺酒色的

virtuous [ˈvɜːrtʃuəs] *adj.* 有美德的

tortuous	[ˈtɔːrtʃuəs] *adj.* 曲折的，拐弯抹角的；弯弯曲曲的
mischievous	[ˈmɪstʃɪvəs] *adj.* 淘气的；有害的
walrus	[ˈwɔːlrəs] *n.* 海象
chorus	[ˈkɔːrəs] *n.* 合唱队，歌舞团
hiatus	[haɪˈeɪtəs] *n.* 空隙，裂缝

T

threat	[θret] *n.* 威胁，恐吓；凶兆，征兆
gloat	[gloʊt] *v.* 幸灾乐祸地看，心满意足地看
self-doubt	[ˌselfˈdaʊt] *n.* 自我怀疑
reenact	[rɪɪˈnækt] *v.* 再制定
counteract	[ˌkaʊntərˈækt] *v.* 消除，抵消
subtract	[səbˈtrækt] *v.* 减去，减掉
retract	[rɪˈtrækt] *v.* 撤回，取消；缩回，拉回
protract	[prəˈtrækt] *v.* 延长，拖长
abstract	[ˈæbstrækt] *n.* 摘要 *adj.* 抽象的
extract	[ɪkˈstrækt] *v.* 拔出；强索
tact	[tækt] *n.* 机智；圆滑
intact	[ɪnˈtækt] *adj.* 完整的，完好无缺的
contact	[ˈkɑːntækt] *v.* 接触；互通信息
defect	[ˈdiːfekt] *n.* 缺点，瑕疵 *v.* 变节，脱党
infect	[ɪnˈfekt] *v.* 传染；使感染，侵染；污染
dialect	[ˈdaɪəlekt] *n.* 方言
recollect	[ˌrekəˈlekt] *v.* 回忆；想起
aspect	[ˈæspekt] *n.* (问题等的)方面；面貌，外表
respect	[rɪˈspekt] *v.* 尊敬 *n.* 尊敬
circumspect	[ˈsɜːrkəmspekt] *adj.* 慎重的
prospect	[ˈprɑːspekt] *v.* 勘探 *n.* 期望；前景
retrospect	[ˈretrəspekt] *n.* 回顾 *v.* 回顾；回想

redirect	[ˌriːdəˈrekt] v. 改寄(信件); 改变方向
misdirect	[ˌmɪsdəˈrekt] v. 误导
resurrect	[ˌrezəˈrekt] v. 使复活; 复兴
intersect	[ˌɪntərˈsekt] v. 相交; 贯穿, 横穿
dissect	[dɪˈsekt] v. 解剖; 剖析
detect	[dɪˈtekt] v. 洞察; 查明, 探测
architect	[ˈɑːrkɪtekt] n. 建筑师
contradict	[ˌkɑːntrəˈdɪkt] v. 反驳, 驳斥
addict	[ˈædɪkt] v. 沉溺; 上瘾
indict	[ɪnˈdaɪt] v. 控诉, 起诉
derelict	[ˈderəlɪkt] adj. 荒废的; 玩忽职守的; 疏忽的 n. 被遗弃的人
afflict	[əˈflɪkt] v. 折磨; 使痛苦
inflict	[ɪnˈflɪkt] v. 使遭受(痛苦、损伤等)
conflict	[kənˈflɪkt] v. 斗争, 冲突, 抵触 [ˈkɑːnflɪkt] n. 冲突
depict	[dɪˈpɪkt] v. 描绘; 描写, 描述
restrict	[rɪˈstrɪkt] v. 限制, 约束
constrict	[kənˈstrɪkt] v. 约束; 收缩
succinct	[səkˈsɪŋkt] adj. 简明的, 简洁的
distinct	[dɪˈstɪŋkt] adj. 清楚的, 明显的
extinct	[ɪkˈstɪŋkt] adj. 绝种的, 灭绝的
defunct	[dɪˈfʌŋkt] adj. 死亡的
byproduct	[ˈbaɪˌprɑːdʌkt] n. 副产品; 副作用
obstruct	[əbˈstrʌkt] v. 阻塞(道路等); 妨碍, 阻挠
abet	[əˈbet] v. 教唆; 鼓励, 帮助
discreet	[dɪˈskriːt] adj. 小心的, 言行谨慎的
scarlet	[ˈskɑːrlət] adj. 猩红的, 鲜红的
tenet	[ˈtenɪt] n. 信条; 教义
cabinet	[ˈkæbɪnət] n. 橱柜
snippet	[ˈsnɪpɪt] n. 小片, 片段

fret [fret] v. (使)烦躁，焦虑 n. 烦躁，焦虑
interpret [ɪnˈtɜːrprɪt] v. 解释，说明；演绎
beset [bɪˈset] v. 镶嵌；困扰
closet [ˈklɑːzət] adj. 秘密的 n. 壁橱
rivet [ˈrɪvɪt] n. 铆钉 v. 吸引(注意力)
covet [ˈkʌvət] v. 贪求，妄想
craft [kræft] n. 行业；手艺
draft [dræft] n. 草稿，草案；汇票
graft [græft] v./n. 嫁接，结合；贪污
deft [deft] adj. 灵巧的，熟练的
rift [rɪft] n. 裂口，断裂；矛盾
swift [swɪft] adj. 迅速的；敏捷的
delight [dɪˈlaɪt] n. 快乐，高兴，乐事 v. 使高兴，使欣喜
birthright [ˈbɜːrθraɪt] n. 与生俱来的权利
forthright [ˈfɔːrθraɪt] adj. 直率的
sight [saɪt] n. 景象；视力；视野 v. 看到
foresight [ˈfɔːrsaɪt] n. 远见，深谋远虑
insight [ˈɪnsaɪt] n. 洞察力；洞悉
fraught [frɔːt] adj. 充满的
distraught [dɪˈstrɔːt] adj. 心神狂乱的，发狂的；心烦意乱的
overwrought [ˌoʊvərˈrɔːt] adj. 紧张过度的，兴奋过度的
trait [treɪt] n. (人的)显著特性
strait [streɪt] n. 海峡 adj. 狭窄的
inhabit [ɪnˈhæbɪt] v. 居住于；占据
inhibit [ɪnˈhɪbɪt] v. 阻止；抑制
prohibit [proʊˈhɪbɪt] v. 禁止；阻止
tacit [ˈtæsɪt] adj. 心照不宣的
elicit [iˈlɪsɪt] v. 得出，引出
illicit [ɪˈlɪsɪt] adj. 违法的

solicit [sə'lɪsɪt] *v.* 恳求；教唆

explicit [ɪk'splɪsɪt] *adj.* 明白的，清楚的；不含糊的，明确的

accredit [ə'kredɪt] *v.* 授权

discredit [dɪs'kredɪt] *v.* 怀疑 *n.* 丧失名誉

audit ['ɔːdɪt] *v.* 旁听；审计，查账

counterfeit ['kaʊntərfɪt] *v.* 伪造，仿造 *adj.* 伪造的，假冒的

forfeit ['fɔːrfət] *v.* 丧失；被罚没收 *n.* 丧失的东西

discomfit [dɪs'kʌmfɪt] *v.* 使难堪，使困惑

sunlit ['sʌnlɪt] *adj.* 阳光照射的

delimit [di'lɪmɪt] *v.* 定界，划界

omit [ə'mɪt] *v.* 忽略，遗漏；不做，未能做

transmit [træns'mɪt] *v.* 传送，传播

exploit [ɪk'splɔɪt] *v.* 剥削；充分利用
['eksplɔɪt] *n.* 英勇行为

decrepit [dɪ'krepɪt] *adj.* 衰老的，破旧的

transit ['trænzɪt] *n.* 通过；改变；运输 *v.* 通过

pursuit [pər'suːt] *n.* 追赶；职业

heartfelt ['hɑːrtfelt] *adj.* 衷心的，诚挚的

guilt [gɪlt] *n.* 罪行；内疚

wilt [wɪlt] *v.* 凋谢，枯萎

fault [fɔːlt] *n.* 错误；【地】断层

default [dɪ'fɔːlt] *n.* 违约；未履行的责任；拖欠 *v.* 不履行

consult [kən'sʌlt] *v.* 请教，咨询，商量 *n.* 咨询

insignificant [ˌɪnsɪg'nɪfɪkənt] *adj.* 无价值的，无意义的，无用的

significant [sɪg'nɪfɪkənt] *adj.* 相当数量的；意义重大的

scant [skænt] *adj.* 不足的，缺乏的

pedant ['pednt] *n.* 迂腐之人，学究

redundant	[rɪˈdʌndənt] *adj.* 累赘的，多余的
verdant	[ˈvɜːrdnt] *adj.* 葱郁的，翠绿的
mordant	[ˈmɔːrdnt] *adj.* 讥讽的，尖酸的
infant	[ˈɪnfənt] *n.* 婴儿
mitigant	[ˈmɪtəgənt] *adj.* 缓和的，减轻的 *n.* 缓和物
arrogant	[ˈærəgənt] *adj.* 傲慢的，自大的
penchant	[ˈpentʃənt] *n.* 爱好，嗜好
trenchant	[ˈtrentʃənt] *adj.* 犀利的，尖锐的
sycophant	[ˈsɪkəfænt] *n.* 马屁精
radiant	[ˈreɪdiənt] *adj.* 发光的；容光焕发的
defiant	[dɪˈfaɪənt] *adj.* 反抗的，挑衅的
valiant	[ˈvæliənt] *adj.* 勇敢的，英勇的
brilliant	[ˈbrɪliənt] *adj.* 卓越的，出众的；辉煌的，壮丽的
pliant	[ˈplaɪənt] *adj.* 易受影响的；易弯的
compliant	[kəmˈplaɪənt] *adj.* 服从的，顺从的
suppliant	[ˈsʌpliənt] *adj.* 恳求的，哀求的 *n.* 恳求者，哀求者
deviant	[ˈdiːviənt] *adj.* 越出常规的
nonchalant	[ˌnɑːnʃəˈlɑːnt] *adj.* 冷淡的，冷漠的
jubilant	[ˈdʒuːbɪlənt] *adj.* 欢呼的，喜气洋洋的
vigilant	[ˈvɪdʒɪlənt] *adj.* 机警的，警惕的
gallant	[ˈgælənt] *adj.* 勇敢的，英勇的；(对女人)献殷勤的
supplant	[səˈplænt] *v.* 排挤，取代
petulant	[ˈpetʃələnt] *adj.* 暴躁的，易怒的
adamant	[ˈædəmənt] *adj.* 坚决的，固执的；强硬的
dormant	[ˈdɔːrmənt] *adj.* 冬眠的；静止的
stagnant	[ˈstægnənt] *adj.* 停滞的
pregnant	[ˈpregnənt] *adj.* 怀孕的；充满的
poignant	[ˈpɔɪnjənt] *adj.* 令人痛苦的，伤心的；尖锐的，尖刻的

repugnant [rɪˈpʌgnənt] *adj.* 令人厌恶的

predominant [prɪˈdɑːmɪnənt] *adj.* 支配的，占优势的，主导的

determinant [dɪˈtɜːrmɪnənt] *n.* 决定因素 *adj.* 决定性的

ruminant [ˈruːmɪnənt] *adj.*（动物）反刍的；沉思的

resonant [ˈrezənənt] *adj.*（声音）洪亮的；回响的，共鸣的

dissonant [ˈdɪsənənt] *adj.* 不和谐的，不一致的

rampant [ˈræmpənt] *adj.* 猖獗的，蔓生的

flippant [ˈflɪpənt] *adj.* 无礼的；轻率的

vibrant [ˈvaɪbrənt] *adj.* 振动的；响亮的；明快的；充满生气的，精力充沛的

exuberant [ɪgˈzuːbərənt] *adj.*（人）充满活力的；（植物）茂盛的

itinerant [aɪˈtɪnərənt] *adj.* 巡回的

flagrant [ˈfleɪgrənt] *adj.* 罪恶昭彰的；公然的

warrant [ˈwɔːrənt] *n.* 正当理由；许可证 *v.* 保证；批准

aberrant [æˈberənt] *adj.* 越轨的；异常的

recalcitrant [rɪˈkælsɪtrənt] *adj.* 顽抗的

tyrant [ˈtaɪrənt] *n.* 暴君

conversant [kənˈvɜːrsnt] *adj.* 精通的，熟悉的

incessant [ɪnˈsesnt] *adj.* 不停的，不断的

blatant [ˈbleɪtnt] *adj.* 厚颜无耻的；显眼的；炫耀的

exorbitant [ɪgˈzɔːrbɪtənt] *adj.* 过分的，过度的

concomitant [kənˈkɑːmɪtənt] *adj.* 伴随的

hesitant [ˈhezɪtənt] *adj.* 犹豫的

distant [ˈdɪstənt] *adj.* 疏远的，冷淡的

constant [ˈkɑːnstənt] *adj.* 稳定的，不变的 *n.* 常数

extant [ekˈstænt] *adj.* 现存的，现有的

irrelevant [ɪˈreləvənt] *adj.* 不相关的；不切题的

observant [əbˈzɜːrvənt] *adj.* 密切注意的，警惕的；遵守的，遵从的；敏锐的

flamboyant	[flæm ˈbɔɪənt] *adj.* 艳丽的，显眼的，炫耀的
buoyant	[ˈbuːjənt] *adj.* 有浮力的；快乐的
cognizant	[ˈkɑːɡnɪzənt] *adj.* 知道的，认识的
incumbent	[ɪn ˈkʌmbənt] *n.* 在职者，现任者 *adj.* 义不容辞的
complacent	[kəm ˈpleɪsnt] *adj.* 自满的，得意的
beneficent	[bɪ ˈnefɪsnt] *adj.* 慈善的，仁爱的；有益的
munificent	[mjuː ˈnɪfɪsnt] *adj.* 慷慨的；丰厚的
reticent	[ˈretɪsnt] *adj.* 沉默寡言的
ascent	[ə ˈsent] *n.* 上升，攀登；上坡路；提高，提升
incandescent	[ˌɪnkæn ˈdesnt] *adj.* 遇热发光的，发白热光的
acquiescent	[ˌækwi ˈesnt] *adj.* 默认的
quiescent	[kwi ˈesnt] *adj.* 不动的，静止的
obsolescent	[ˌɑːbsə ˈlesnt] *adj.* 逐渐荒废的
fluorescent	[ˌflɔː ˈresnt] *adj.* 荧光的，发亮的
iridescent	[ˌɪrɪ ˈdesnt] *adj.* 色彩斑斓的
opalescent	[ˌoʊpə ˈlesnt] *adj.* 发乳白色光的
evanescent	[ˌevə ˈnesnt] *adj.* 易消失的，短暂的
reminiscent	[ˌremɪ ˈnɪsnt] *adj.* 回忆的；使人联想的
translucent	[træns ˈluːsnt] *adj.* (半)透明的
precedent	[ˈpresɪdənt] *adj.* 在先的，在前的 *n.* 先例；判例
antecedent	[ˌæntɪ ˈsiːdnt] *n.* 前事；祖先 *adj.* 先行的
diffident	[ˈdɪfɪdənt] *adj.* 缺乏自信的
overconfident	[ˌoʊvər ˈkɑːnfɪdənt] *adj.* 过于自信的，自负的
self-confident	[ˌself ˈkɑːnfɪdənt] *adj.* 自信的，自持的
dissident	[ˈdɪsɪdənt] *n.* 唱反调者
improvident	[ɪm ˈprɑːvɪdənt] *adj.* 无远见的，不节俭的
provident	[ˈprɑːvɪdənt] *adj.* 深谋远虑的；节俭的
transcendent	[træn ˈsendənt] *adj.* 超越的，卓越的，出众的
interdependent	[ˌɪntərdɪ ˈpendənt] *adj.* 相互依赖的，互助的
indent	[ɪn ˈdent] *v.* 切割成锯齿状

despondent [dɪˈspɑːndənt] *adj.* 失望的，意气消沉的

impudent [ˈɪmpjədənt] *adj.* 鲁莽的，无礼的

prudent [ˈpruːdnt] *adj.* 审慎的，精明的；节俭的，精打细算的

imprudent [ɪmˈpruːdnt] *adj.* 轻率的；不理智的

indigent [ˈɪndɪdʒənt] *adj.* 贫穷的，贫困的

negligent [ˈneglɪdʒənt] *adj.* 疏忽的，粗心大意的

diligent [ˈdɪlɪdʒənt] *adj.* 勤奋的，勤勉的

intransigent [ɪnˈtrænzɪdʒənt] *adj.* 不妥协的

indulgent [ɪnˈdʌldʒənt] *adj.* 放纵的，纵容的

stringent [ˈstrɪndʒənt] *adj.* （规定）严格的，苛刻的；缺钱的

pungent [ˈpʌndʒənt] *adj.* 辛辣的，刺激的；尖锐的，尖刻的

cogent [ˈkoʊdʒənt] *adj.* 有说服力的

divergent [daɪˈvɜːrdʒənt] *adj.* 分叉的，叉开的；发散的，扩散的；不同的

insurgent [ɪnˈsɜːrdʒənt] *adj.* 叛乱的，起义的 *n.* 叛乱分子

deficient [dɪˈfɪʃnt] *adj.* 有缺点的；缺少的；不足的

self-sufficient [ˌselfsəˈfɪʃnt] *adj.* 自给自足的

inefficient [ˌɪnɪˈfɪʃnt] *adj.* 无效率的；无能的，不称职的

proficient [prəˈfɪʃnt] *adj.* 熟练的，精通的

prescient [ˈpresiənt] *adj.* 有先见的，预知的

expedient [ɪkˈspiːdiənt] *n.* 权宜之计，临时手段 *adj.* （指行动）有用的

salient [ˈseɪliənt] *adj.* 显著的，突出的

resilient [rɪˈzɪliənt] *adj.* 有弹性的；能恢复活力的，适应力强的

inconvenient [ˌɪnkənˈviːniənt] *adj.* 不便的，打扰的，造成麻烦的

recipient	[rɪˈsɪpiənt] *n.* 接受者，收受者
incipient	[ɪnˈsɪpiənt] *adj.* 初期的，起初的
nutrient	[ˈnuːtriənt] *n.* 营养品，滋养物
transient	[ˈtrænʃnt] *adj.* 短暂的，转瞬即逝的
subservient	[səbˈsɜːrviənt] *adj.* 次要的，从属的；恭顺的
talent	[ˈtælənt] *n.* 天赋；天才
prevalent	[ˈprevələnt] *adj.* 流行的，盛行的
ambivalent	[æmˈbɪvələnt] *adj.* (对人或物)有矛盾看法的
equivalent	[ɪˈkwɪvələnt] *adj.* 相等的，等值的
repellent	[rɪˈpelənt] *adj.* 令人厌恶的
indolent	[ˈɪndələnt] *adj.* 懒惰的
insolent	[ˈɪnsələnt] *adj.* 粗野的，无礼的
benevolent	[bəˈnevələnt] *adj.* 善心的，仁心的
turbulent	[ˈtɜːrbjələnt] *adj.* 混乱的；骚乱的
truculent	[ˈtrʌkjələnt] *adj.* 残暴的，凶狠的
fraudulent	[ˈfrɔːdʒələnt] *adj.* 欺骗的，不诚实的
opulent	[ˈɑːpjələnt] *adj.* 富裕的；充足的
amendment	[əˈmendmənt] *n.* 改正，修正；修正案
self-effacement	[ˌselfɪˈfesmənt] *n.* 自谦
inducement	[ɪnˈduːsmənt] *n.* 引诱；引诱物，诱因，动机
vehement	[ˈviːəmənt] *adj.* 猛烈的，热烈的
implement	[ˈɪmplɪmənt] *n.* 工具，器具
	[ˈɪmplɪment] *v.* 实现，实施
supplement	[ˈsʌplɪmənt] *n.* 增补，补充 *v.* 增补
embezzlement	[ɪmˈbezlmənt] *n.* 贪污，盗用
atonement	[əˈtoʊnmənt] *n.* 弥补
procurement	[prəˈkjʊrmənt] *n.* 取得，获得；采购
chastisement	[tʃæˈstaɪzmənt] *n.* 惩罚
abatement	[əˈbeɪtmənt] *n.* 减少，减轻
restatement	[ˌriːˈsteɪtmənt] *n.* 再声明，重述

involvement	[ɪnˈvɑːlvmənt] *n.* 参与；连累；投入
movement	[ˈmuːvmənt] *n.* 乐章
fragment	[ˈfræɡmənt] *n.* 碎片；片段
segment	[ˈseɡmənt] *n.* 部分
figment	[ˈfɪɡmənt] *n.* 虚构的事
augment	[ɔːɡˈment] *v.* 提高，增加
embellishment	[ɪmˈbelɪʃmənt] *n.* 装饰；装饰品
punishment	[ˈpʌnɪʃmənt] *n.* 惩罚，刑罚；虐待
impediment	[ɪmˈpedɪmənt] *n.* 妨碍，阻碍物
compliment	[ˈkɑːmplɪmənt] *n./v.* 恭维，称赞
detriment	[ˈdetrɪmənt] *n.* 损害，伤害
containment	[kənˈteɪnmənt] *n.* 阻止，遏制
ferment	[fərˈment] *v.* 使发酵；（使）激动，（使）动乱 [ˈfɜːrment] *n.* 发酵；骚动
assessment	[əˈsesmənt] *n.* 估价，评价
commitment	[kəˈmɪtmənt] *n.* 承诺，许诺
document	[ˈdɑːkjumənt] *n.* 文件 [ˈdɑːkjument] *v.* 为…提供书面证明
impermanent	[ɪmˈpɜːrmənənt] *adj.* 暂时的
eminent	[ˈemɪnənt] *adj.* 显赫的，杰出的
imminent	[ˈɪmɪnənt] *adj.* 即将发生的，逼近的
preeminent	[priˈemɪnənt] *adj.* 出类拔萃的，杰出的
pertinent	[ˈpɜːrtnənt] *adj.* 有关的，相关的
impertinent	[ɪmˈpɜːrtnənt] *adj.* 不切题的；无礼的，莽撞的
component	[kəmˈpoʊnənt] *n.* 成分，零部件
opponent	[əˈpoʊnənt] *n.* 对手，敌手
referent	[ˈrefərənt] *n.* 指示对象
belligerent	[bəˈlɪdʒərənt] *adj.* 发动战争的；好斗的，好挑衅的
inherent	[ɪnˈhɪrənt] *adj.* 固有的，内在的
coherent	[koʊˈhɪrənt] *adj.* 连贯的，一致的

incoherent	[ˌɪnkoʊˈhɪrənt] *adj.* 不连贯的；语无伦次的
irreverent	[ɪˈrevərənt] *adj.* 不尊敬的
deterrent	[dɪˈtɜːrənt] *adj.* 威慑的，制止的
recurrent	[rɪˈkɜːrənt] *adj.* 循环的；一再发生的
concurrent	[kənˈkɜːrənt] *adj.* 并发的；协作的，一致的
absent	[æbˈsent] *v.* 缺席，不参加
resent	[rɪˈzent] *v.* 憎恶，怨恨
represent	[ˌreprɪˈzent] *v.* 呈现；代表；体现
dissent	[dɪˈsent] *n.* 异议 *v.* 不同意，持异议
incompetent	[ɪnˈkɑːmpɪtənt] *adj.* 无能力的，不胜任的
penitent	[ˈpenɪtənt] *adj.* 悔过的，忏悔的
intent	[ɪnˈtent] *adj.* 专心的，专注的；热切的，渴望的 *n.* 目的，意向
content	[kənˈtent] *adj.* 知足的，满意的 *v.* (使)满意；(使)满足 *n.* 满意 [ˈkɑːntent] *n.* 内容
discontent	[ˌdɪskənˈtent] *n.* 不满 *v.* 使不满 *adj.* 不满的
potent	[ˈpoʊtnt] *adj.* 强有力的，有影响力的，有权力的；有效力的，有效能的
omnipotent	[ɑːmˈnɪpətənt] *adj.* 全能的，万能的
inadvertent	[ˌɪnədˈvɜːrtənt] *adj.* 疏忽的；不经意的，无心的
distent	[dɪsˈtent] *adj.* 膨胀的；扩张的
affluent	[ˈæfluənt] *adj.* 富有的，丰富的
eloquent	[ˈeləkwənt] *adj.* 雄辩的，流利的
congruent	[ˈkɑːŋgruənt] *adj.*【数】全等的；一致的
constituent	[kənˈstɪʃuənt] *n.* 成分；选区内的选民
vent	[vent] *v.* 发泄(感情，尤指愤怒)；开孔 *n.* 孔，口
solvent	[ˈsɑːlvənt] *adj.* 有偿债能力的 *n.* 溶剂
circumvent	[ˌsɜːrkəmˈvent] *v.* 回避；用计谋战胜或回避
fervent	[ˈfɜːrvənt] *adj.* 炙热的；热情的
constraint	[kənˈstreɪnt] *n.* 强制，强迫；对感情的压抑

quaint	[kweɪnt] *adj.* 离奇有趣的；古色古香的
skinflint	[ˈskɪnflɪnt] *n.* 吝啬鬼
pinpoint	[ˈpɪnpɔɪnt] *v.* 准确地确定；使突出，引起注意 *adj.* 极精确的
blueprint	[ˈbluːprɪnt] *n.* 蓝图；方案
tint	[tɪnt] *n.* 色泽 *v.* 给…淡淡地着色；染
stint	[stɪnt] *v.* 节制，限量，节省
affront	[əˈfrʌnt] *v.* 侮辱，冒犯
confront	[kənˈfrʌnt] *v.* 面临；对抗
daunt	[dɔːnt] *v.* 使胆怯，使畏缩
haunt	[hɔːnt] *v.* (思想，回忆等)萦绕心头；经常去(某地)；(鬼魂)常出没于 *n.* 常去的地方
flaunt	[flɔːnt] *v.* 炫耀，夸耀
taunt	[tɔːnt] *n.* 嘲笑，讥讽 *v.* 嘲弄，嘲讽
shunt	[ʃʌnt] *v.* 使(火车)转到另一轨道；改变(某物的)方向
recount	[rɪˈkaʊnt] *v.* 叙述，描写
discount	[ˈdɪskaʊnt] *n.* 折扣
paramount	[ˈpærəmaʊnt] *adj.* 最重要的；最高权力的，至高无上的
tantamount	[ˈtæntəmaʊnt] *adj.* 同等的，相当于
surmount	[sərˈmaʊnt] *v.* 克服，战胜；登上
potshot	[ˈpɑːtʃɑːt] *n.* 盲目射击；肆意抨击 *v.* 肆意抨击
zealot	[ˈzelət] *n.* 狂热者
allot	[əˈlɑːt] *v.* 分配；拨出
plot	[plɑːt] *n.* 情节；阴谋 *v.* 密谋，策划
adept	[əˈdept] *adj.* 熟练的，擅长的
inept	[ɪˈnept] *adj.* 无能的；不适当的
sculpt	[skʌlpt] *v.* 雕刻；造型
preempt	[priˈempt] *v.* 以优先权获得；取代
contempt	[kənˈtempt] *n./v.* 轻视，鄙视

exempt [ɪɡˈzempt] *adj.* 被免除的，被豁免的 *v.* 免除，豁免

adopt [əˈdɑːpt] *v.* 采纳，采用；正式接受，通过

disrupt [dɪsˈrʌpt] *v.* 使混乱；使中断

braggart [ˈbræɡərt] *n.* 吹牛者

chart [tʃɑːrt] *n.* 图表 *v.* 绘制地图，制订计划

impart [ɪmˈpɑːrt] *v.* 传授，赋予；传递；告知，透露

counterpart [ˈkaʊntərpɑːrt] *n.* 相对应或具有相同功能的人或物

upstart [ˈʌpstɑːrt] *n.* 突然升官的人，暴发户

stalwart [ˈstɔːlwərt] *adj.* 健壮的；坚定的

inert [ɪˈnɜːrt] *adj.* 惰性的；呆滞的，迟缓的

subvert [səbˈvɜːrt] *v.* 颠覆，推翻

revert [rɪˈvɜːrt] *v.* 恢复，回复到；重新考虑

divert [daɪˈvɜːrt] *v.* 转移，(使)转向；使娱乐

overt [oʊˈvɜːrt] *adj.* 公开的，非秘密的

introvert [ˈɪntrəvɜːrt] *n.* 性格内向的人

exert [ɪɡˈzɜːrt] *v.* 运用，行使，施加

squirt [skwɜːrt] *v.* 喷出，溅进

discomfort [dɪsˈkʌmfərt] *v.* 使不适

purport [ˈpɜːrpɔːrt] *n.* 意义，涵义，主旨

resort [rɪˈzɔːrt] *v.* 求助，诉诸 *n.* 度假胜地

consort [kənˈsɔːrt] *v.* 陪伴；结交 *n.* 配偶

distort [dɪˈstɔːrt] *v.* 扭曲，弄歪

curt [kɜːrt] *adj.* (言词、行为)简略而草率的

court [kɔːrt] *n.* 法庭；宫廷 *v.* 献殷勤；追求

cast [kæst] *n.* 演员阵容；剧团 *v.* 扔；铸造

rebroadcast [rɪˈbrɔːdkæst] *v.* 重播

recast [ˌriːˈkæst] *v.* 重铸；更换演员

overcast [ˌoʊvərˈkæst] *adj.* 阴天的，阴暗的

abreast [əˈbrest] *adv.* 并列，并排

fast	[fæst] *n.* 禁食，斋戒 *adv.* 很快地；紧紧地；深沉地
steadfast	[ˈstedfæst] *adj.* 忠实的；不动的，不变的
aghast	[əˈgæst] *adj.* 惊骇的，吓呆的
outlast	[ˌaʊtˈlæst] *v.* 比…持久
modest	[ˈmɑːdɪst] *adj.* 谦虚的，谦逊的；适度的
immodest	[ɪˈmɑːdɪst] *adj.* 不谦虚的；不正派的
infest	[ɪnˈfest] *v.* 大批出没于，骚扰；寄生于
ingest	[ɪnˈdʒest] *v.* 咽下，吞下
jest	[dʒest] *n.* 笑话，俏皮话 *v.* 说笑，开玩笑
earnest	[ˈɜːrnɪst] *adj.* 诚挚的，认真的
disinterest	[dɪsˈɪntrəst] *v.* 使失去兴趣 *n.* 无兴趣
detest	[dɪˈtest] *v.* 厌恶，憎恨
protest	[prəˈtest] *v.* 抗议，反对
	[ˈproʊtest] *n.* 抗议，反对
attest	[əˈtest] *v.* 证明，证实
atheist	[ˈeɪθiɪst] *n.* 无神论者
pacifist	[ˈpæsɪfɪst] *n.* 和平主义者，反战主义者
suffragist	[ˈsʌfrədʒɪst] *n.* 参政权扩大论者；妇女政权论者
optimist	[ˈɑːptɪmɪst] *n.* 乐观主义者
nonconformist	[ˌnɑːnkənˈfɔːrmɪst] *adj.* 不墨守成规的 *n.* 不墨守成规的人
feminist	[ˈfemənɪst] *n.* 女权运动者
hedonist	[ˈhiːdənɪst] *n.* 享乐主义者
egoist	[ˈiːgoʊɪst] *n.* 自我主义者
subsist	[səbˈsɪst] *v.* 生存下去；继续存在；维持生活
persist	[pərˈsɪst] *v.* 坚持不懈，执意；坚持问，不停地说；继续存在，长存
dogmatist	[ˈdɔːgmətɪst] *n.* 独断家，独断论者
host	[hoʊst] *n.* 东道主；(寄生动植物的)寄主，宿主
innermost	[ˈɪnərmoʊst] *adj.* 最里面的

boost	[buːst] *v.* 增加，提高；促进；往上推
defrost	[ˌdiːˈfrɔːst] *v.* 解冻；将…除霜
burst	[bɜːrst] *v.* 爆炸；爆裂；突然发生
outburst	[ˈaʊtbɜːrst] *n.* 爆发，迸发；激增
exhaust	[ɪɡˈzɔːst] *v.* 耗尽；使筋疲力尽 *n.*(机器排出的)废气
robust	[roʊˈbʌst] *adj.* 健壮的
wanderlust	[ˈwɑːndərlʌst] *n.* 漫游癖，旅游癖
oust	[aʊst] *v.* 驱逐，把…赶走
taut	[tɔːt] *adj.* 绷紧的，拉紧的
abut	[əˈbʌt] *v.* 邻接，毗邻
undercut	[ˌʌndərˈkʌt] *v.* 削价(与竞争者)抢生意
flout	[flaʊt] *v.* 蔑视；违抗
sprout	[spraʊt] *v.* 长出，萌芽 *n.* 嫩芽
tout	[taʊt] *v.* 招徕顾客；极力赞扬
stout	[staʊt] *adj.* 肥胖的；强壮的
devout	[dɪˈvaʊt] *adj.* 虔诚的；忠诚的，忠心的
context	[ˈkɑːntekst] *n.* (语句等的)上下文

U

impromptu	[ɪmˈprɑːmptuː] *adj.* 即席的，即兴的

W

flaw	[flɔː] *n.* 瑕疵 *v.* 生裂缝；变得有缺陷
overdraw	[ˌoʊvərˈdrɔː] *v.* 透支；夸大
eschew	[ɪsˈtʃuː] *v.* 避开，戒绝
skew	[skjuː] *adj.* 不直的，歪斜的
foreshadow	[fɔːrˈʃædoʊ] *v.* 成为先兆，预示
overshadow	[ˌoʊvərˈʃædoʊ] *v.* 使蒙上阴影；使黯然失色

endow	[ɪnˈdaʊ] v. 捐赠；赋予
fallow	[ˈfæloʊ] n. 休耕地 adj. 休耕的
hallow	[ˈhæləu] v. 把…视为神圣；尊敬，敬畏
outgrow	[ˌaʊtˈgroʊ] vt. 生长速度超过…，长得比…快
narrow	[ˈnæroʊ] adj. 狭窄的；狭隘的 v. 变窄
bestow	[bɪˈstoʊ] v. 给予，赐赠

X

climax	[ˈklaɪmæks] n. 顶点，高潮
coax	[koʊks] v. 哄诱，巧言诱哄
overtax	[ˌoʊvərˈtæks] v. 课税过重
annex	[əˈneks] v. 兼并；附加
apex	[ˈeɪpeks] n. 顶点，最高点
vex	[veks] v. 使烦恼，使恼怒
convex	[ˈkɑːnveks] adj. 凸出的
paradox	[ˈpærədɑːks] n. 似非而是的理论；矛盾的人或物；与通常的见解相反的观点
heterodox	[ˈhetərədɑːks] adj. 异端的，非正统的

Y

downplay	[ˌdaʊnˈpleɪ] v. 贬低，不予重视
underplay	[ˌʌndərˈpleɪ] v. 弱化…的重要性；表演不充分
interplay	[ˈɪntərpleɪ] v. 相互影响 n. 相互影响
fray	[freɪ] n. 吵架，打斗 v. 磨破
disarray	[ˌdɪsəˈreɪ] n. 混乱，无秩序
betray	[bɪˈtreɪ] v. 背叛；暴露
portray	[pɔːrˈtreɪ] v. 描述；描绘，描画
astray	[əˈstreɪ] adj. 迷路的，误入歧途的
gainsay	[ˌgeɪnˈseɪ] v. 否认

flabby [ˈflæbi] *adj.* (肌肉等)不结实的，松弛的；意志薄弱的

chubby [ˈtʃʌbi] *adj.* 丰满的，圆胖的

efficacy [ˈefɪkəsi] *n.* 功效，有效性

intricacy [ˈɪntrɪkəsi] *n.* 错综复杂

advocacy [ˈædvəkəsi] *n.* 拥护，支持

profligacy [ˈprɑːflɪɡəsi] *n.* 放荡；肆意挥霍

obstinacy [ˈɑːbstɪnəsi] *n.* 固执，倔强，顽固

idiosyncracy [ˌɪdiːəʊˈsɪŋkrəsi] *n.* 特质

conspiracy [kənˈspɪrəsi] *n.* 共谋，阴谋

accuracy [ˈækjərəsi] *n.* 精确，准确

privacy [ˈpraɪvəsi] *n.* 隐居，隐退；隐私；秘密

chancy [ˈtʃænsi] *adj.* 不确定的，不安的

complacency [kəmˈpleɪsnsi] *n.* 满足，安心

exigency [ˈeksɪdʒənsi] *n.* 紧急要求，迫切需要

urgency [ˈɜːrdʒənsi] *n.* 紧急(的事)

proficiency [prəˈfɪʃnsi] *n.* 进步；熟练，精通

deficiency [dɪˈfɪʃnsi] *n.* 缺陷；不足

expediency [ɪkˈspiːdiənsi] *n.* 方便；权宜之计

clemency [ˈklemənsi] *n.* 温和；仁慈，宽厚

frequency [ˈfriːkwənsi] *n.* 频率

steady [ˈstedi] *adj.* 稳定的；不变的

toady [ˈtoʊdi] *n.* 谄媚者，马屁精

giddy [ˈɡɪdi] *adj.* 轻浮的，轻率的

tidy [ˈtaɪdi] *adj.* 整齐的，整洁的；相当好的

unwieldy [ʌnˈwiːldi] *adj.* 难控制的；笨重的

parody [ˈpærədi] *n.* 拙劣的模仿；滑稽模仿作品或表演

tardy [ˈtɑːrdi] *adj.* 迟延，迟到的；缓慢的，迟钝的

wordy [ˈwɜːrdi] *adj.* 冗长的，多言的

gaudy [ˈɡɔːdi] *adj.* 俗丽的

rowdy [ˈraʊdi] *adj.* 吵闹的；粗暴的

off-key [ˌɔːfˈkiː] *adj.* 走调的，不和谐的

motley [ˈmɑːtli] *adj.* 混杂的；多色的，杂色的

kidney [ˈkɪdni] *n.* 肾

chantey [ˈʃæntɪ] *n.* 船歌

defy [dɪˈfaɪ] *v.* 违抗，藐视

rarefy [ˈrerəfaɪ] *v.* 使稀少，使稀薄

fluffy [ˈflʌfi] *adj.* 有绒毛的；无聊的，琐碎的

edify [ˈedɪfaɪ] *v.* 陶冶，启发

codify [ˈkɑːdɪfaɪ] *v.* 编成法典，编辑成书

modify [ˈmɑːdɪfaɪ] *v.* 修改，更改

vilify [ˈvɪlɪfaɪ] *v.* 诽谤，中伤

exemplify [ɪɡˈzemplɪfaɪ] *v.* 是…的典型，作为…例子

unify [ˈjuːnɪfaɪ] *v.* 统一，使成一体；使相同

typify [ˈtɪpɪfaɪ] *v.* 代表，是…的典型

clarify [ˈklærəfaɪ] *v.* 澄清

verify [ˈverɪfaɪ] *v.* 证明，证实

falsify [ˈfɔːlsɪfaɪ] *v.* 篡改；说谎

diversify [daɪˈvɜːrsɪfaɪ] *v.* (使)多样化

ossify [ˈɑːsɪfaɪ] *v.* 骨化；僵化

ratify [ˈrætɪfaɪ] *v.* 批准

gratify [ˈɡrætɪfaɪ] *v.* 使高兴，使满足

stratify [ˈstrætɪfaɪ] *v.* (使)层化

rectify [ˈrektɪfaɪ] *v.* 改正，矫正；提纯

fortify [ˈfɔːrtɪfaɪ] *v.* 加强，巩固

mortify [ˈmɔːrtɪfaɪ] *v.* 使丢脸，侮辱

justify [ˈdʒʌstɪfaɪ] *v.* 证明…是正当或合理的

demystify [ˌdiːˈmɪstɪfaɪ] *v.* 减少…的神秘性

stodgy [ˈstɑːdʒi] *adj.* 乏味的

flaggy [ˈflæɡi] *adj.* 枯萎的；松软无力的

stingy [ˈstɪndʒi] *adj.* 吝啬的，小气的

spongy [ˈspʌndʒi] *adj.* 像海绵的；不坚实的

trilogy [ˈtrɪlədʒi] *n.* 三部曲

ideology [ˌaɪdi ˈɑːlədʒi] *n.* 思想体系，思想意识

psychology [saɪ ˈkɑːlədʒi] *n.* 心理学

anarchy [ˈænərki] *n.* 无政府；政治混乱

hierarchy [ˈhaɪərɑːrki] *n.* 阶层；等级制度

touchy [ˈtʌtʃi] *adj.* 敏感的，易怒的

autobiography [ˌɔːtəbaɪ ˈɑːgrəfi] *n.* 自传

atrophy [ˈætrəfi] *n.* 萎缩，衰退

antipathy [æn ˈtɪpəθi] *n.* 反感，厌恶

empathy [ˈempəθi] *n.* 同感，移情(作用)；全神贯注

pithy [ˈpɪθi] *adj.* (讲话或文章)简练有力的，言简意赅的

worthy [ˈwɜːrði] *adj.* 值得的；有价值的 *n.* 知名人士

blameworthy [ˈbleɪmwɜːrði] *adj.* 该责备的，有过失的

unnoteworthy [ˌʌn ˈnoʊtwɜːrði] *adj.* 不显著的，不值得注意的

trustworthy [ˈtrʌstwɜːrði] *adj.* 值得信赖的，可靠的

untrustworthy [ʌn ˈtrʌstwɜːrði] *adj.* 不能信赖的，靠不住的

newsworthy [ˈnuːzwɜːrði] *adj.* 有新闻价值的，有报道价值的

finicky [ˈfɪnɪki] *adj.* 苛求的，过分讲究的

tricky [ˈtrɪki] *adj.* 狡猾的

rocky [ˈrɑːki] *adj.* 多岩石的；坚若磐石的

stocky [ˈstɑːki] *adj.* (人或动物)矮而结实的，粗壮的

bulky [ˈbʌlki] *adj.* 庞大的；笨重的

murky [ˈmɜːrki] *adj.* 黑暗的，昏暗的；朦胧的

frisky [ˈfrɪski] *adj.* 活泼的，快活的

anomaly [ə ˈnɑːməli] *n.* 异常，反常；异常事物

amicably [ˈæmɪkəbli] *adv.* 友善地

formidably [ˈfɔːrmɪdəbli] *adv.* 可怕地，难对付地，强大地

interchangeably	[ˌɪntər ˈtʃeɪndʒəbli] *adv.* 可互换地
insatiably	[ɪn ˈseɪʃəbli] *adv.* 不知足地，贪得无厌地
preferably	[ˈprefrəbli] *adv.* 更可取地，更好地，宁可
indubitably	[ɪn ˈduːbɪtəbli] *adv.* 无疑地，确实地
negligibly	[ˈneglɪdʒəbli] *adv.* 无足轻重地，不值一提地
unworldly	[ʌn ˈwɜːrldli] *adj.* 非世俗的；精神上的
haphazardly	[hæp ˈhæzərdli] *adv.* 偶然地；随意地；杂乱地
unlikely	[ʌn ˈlaɪkli] *adj.* 不太可能的；没有希望的
untimely	[ʌn ˈtaɪmli] *adj.* 过早的；不合时宜的
ultimately	[ˈʌltɪmətli] *adv.* 最后，终于
indiscriminately	[ˌɪndɪ ˈskrɪmɪnətli] *adv.* 随意地，任意地
moderately	[ˈmɑːdərətli] *adv.* 适度地，有节制地
stately	[ˈsteɪtli] *adj.* 庄严的，堂皇的；宏伟的
comprehensively	[ˌkɑːmprɪ ˈhensɪvli] *adv.* 包括地；全面地
passively	[ˈpæsɪvli] *adv.* 被动地，顺从地
successively	[sək ˈsesɪvli] *adv.* 接连地，继续地
excessively	[ɪk ˈsesɪvli] *adv.* 过度地
intrusively	[ɪn ˈtruːsɪvli] *adv.* 入侵地
tentatively	[ˈtentətɪvli] *adv.* 试验性地
painstakingly	[ˈpeɪnzteɪkɪŋli] *adv.* 细心地，专注地；辛苦地
unerringly	[ʌn ˈɜːrɪŋlɪ] *adv.* 无过失地
cannily	[ˈkænɪli] *adv.* 机灵地
momentarily	[ˌmoʊmən ˈterəli] *adv.* 暂时地；片刻，立刻
ally	[ə ˈlaɪ] *v.* (使)结盟，(使)联合 [ˈælaɪ] *n.* 同盟者，伙伴
radically	[ˈrædɪkli] *adv.* 根本上；以激进方式
empirically	[ɪm ˈpɪrɪkli] *adv.* 凭经验地
aesthetically	[es ˈθetɪkli] *adv.* 审美地；美学观点上地
erratically	[ɪ ˈrætɪkli] *adv.* 不规律地，不定地
politically	[pə ˈlɪtɪkli] *adv.* 政治上
reciprocally	[rɪ ˈsɪprəkli] *adv.* 相互地；相反地

superficially	[ˌsuːpər ˈfɪʃəli] *adv.* 表面上地
essentially	[ɪ ˈsenʃəli] *adv.* 本质上；基本上
nominally	[ˈnɑːmɪnəli] *adv.* 名义上地；有名无实地
personally	[ˈpɜːrsənəli] *adv.* 亲自；作为个人
archetypally	[ˈɑːrki ˈtaɪpəli] *adv.* 典型地
coincidentally	[koʊˌɪnsɪ ˈdentəli] *adv.* 巧合地
folly	[ˈfɑːli] *n.* 愚蠢；愚蠢的想法或做法
woolly	[ˈwʊli] *adj.* 羊毛的；模糊的
regretfully	[rɪ ˈgretfəli] *adv.* 懊悔地
sully	[ˈsʌli] *v.* 玷污，污染
unseemly	[ʌn ˈsiːmli] *adj.* 不适宜的，不得体的
heavenly	[ˈhevnli] *adj.* 天空的，天上的
slovenly	[ˈslʌvnli] *adj.* 不整洁的，邋遢的
ungainly	[ʌn ˈgeɪnli] *adj.* 笨拙的
multiply	[ˈmʌltɪplaɪ] *v.* 乘；增加；繁殖
imply	[ɪm ˈplaɪ] *v.* 暗示，暗指
apply	[ə ˈplaɪ] *v.* 应用；适用
surly	[ˈsɜːrli] *adj.* 脾气暴躁的；阴沉的
remorselessly	[rɪ ˈmɔːrsləsli] *adv.* 冷酷地，无悔意地
fruitlessly	[ˈfruːtləsli] *adv.* 徒劳地，无益地
expressly	[ɪk ˈspresli] *adv.* 清楚地；特意地
notoriously	[noʊ ˈtɔːriəsli] *adv.* 臭名昭著地
expeditiously	[ˌekspə ˈdɪʃəsli] *adv.* 迅速地，敏捷地
posthumously	[ˈpɑːstʃəməsli] *adv.* 死后地
ingenuously	[ɪn ˈdʒenjuəsli] *adv.* 纯真地；坦率地
subtly	[ˈsʌtli] *adv.* 敏锐地，巧妙地
explicitly	[ɪk ˈsplɪsɪtli] *adv.* 明白地；明确地
nonchalantly	[ˌnɑːnʃə ˈlɑːntli] *adv.* 冷淡地，冷漠地
instantly	[ˈɪnstəntli] *adv.* 立即，即刻 *conj.* 一…就
confidently	[ˈkɑːnfɪdəntli] *adv.* 确信地；肯定地
inherently	[ɪn ˈhɪrəntli] *adv.* 固有地，天性地

infrequently [ɪnˈfriːkwəntli] *adv.* 稀少地，罕见地

modestly [ˈmɑːdɪstli] *adv.* 谦虚地，谦逊地；适度地

drizzly [ˈdrɪzli] *adj.* 毛毛细雨的

slimy [ˈslaɪmi] *adj.* 黏滑的

balmy [ˈbɑːmi] *adj.* 芳香的；(空气)温和的；止痛的

economy [ɪˈkɑːnəmi] *n.* 节约；经济 *adj.* 经济的

autonomy [ɔːˈtɑːnəmi] *n.* 自治，自主

dichotomy [daɪˈkɑːtəmi] *n.* 两分法；矛盾对立，分歧；具有两分特征的事物

accompany [əˈkʌmpəni] *v.* 伴随，陪伴

shiny [ˈʃaɪni] *adj.* 有光泽的；发光的

ignominy [ˈɪgnəmɪni] *n.* 羞耻，耻辱

spiny [ˈspaɪni] *adj.* 针状的；多刺的；棘手的

briny [ˈbraɪni] *adj.* 盐水的，咸的

calumny [ˈkæləmni] *n.* 诽谤，中伤

canny [ˈkæni] *adj.* 精明仔细的

uncanny [ʌnˈkæni] *adj.* 神秘的，离奇的

agony [ˈægəni] *n.* 极大的痛苦

colony [ˈkɑːləni] *n.* 菌群；殖民地

acrimony [ækrɪˈmoʊni] *n.* 尖刻，刻薄

parsimony [ˈpɑːrsəmoʊni] *n.* 过分节俭，吝啬

irony [ˈaɪrəni] *n.* 反话；讽刺意味；出乎意料的结果

monotony [məˈnɑːtəni] *n.* 单调，千篇一律

thorny [ˈθɔːrni] *adj.* 有刺的；多刺的；多障碍的，引起争议的

misogyny [mɪˈsɑːdʒɪni] *n.* 厌恶女人

alloy [ˈælɔɪ] *n.* 合金

deploy [dɪˈplɔɪ] *v.* 部署；拉长(战线)，展开

therapy [ˈθerəpi] *n.* 治疗

swampy [swɑːmpɪ] *adj.* 沼泽的，湿地的

scrappy [ˈskræpi] *adj.* 碎片的；好斗的；坚毅的

choppy	[ˈtʃɑːpi] *adj.* 波浪起伏的；(风)不断改变方向的
chary	[ˈtʃeri] *adj.* 小心的，审慎的
beneficiary	[ˌbenɪˈfɪʃieri] *n.* 受益人
incendiary	[ɪnˈsendieri] *adj.* 放火的，纵火的
pecuniary	[pɪˈkjuːnieri] *adj.* 金钱的
exemplary	[ɪɡˈzempləri] *adj.* 模范的，典范的；可仿效的
summary	[ˈsʌməri] *n.* 摘要，概要 *adj.* 摘要的，简略的
customary	[ˈkʌstəmeri] *adj.* 合乎习俗的
ordinary	[ˈɔːrdneri] *adj.* 普通的，平常的；拙劣的，质量差的 *n.* 惯例，寻常情况
culinary	[ˈkʌlɪneri] *adj.* 厨房的；烹调的
preliminary	[prɪˈlɪmɪneri] *adj.* 预备的，初步的，开始的
visionary	[ˈvɪʒəneri] *adj.* 有远见的；幻想的 *n.* 空想家
reactionary	[riˈækʃəneri] *adj.* 极端保守的，反动的
cautionary	[ˈkɔːʃəneri] *adj.* 劝人谨慎的，警戒的
unliterary	[ʌnˈlɪtəreri] *adj.* 不矫揉造作的，不咬文嚼字的
contemporary	[kənˈtempəreri] *adj.* 同时代的；当代的，现代的
temporary	[ˈtempəreri] *adj.* 暂时的，临时的
arbitrary	[ˈɑːrbətreri] *adj.* 专横的，武断的
contrary	[ˈkɑːntreri] *adj.* 相反的；对抗的
adversary	[ˈædvərseri] *n.* 对手，敌手 *adj.* 对手的，敌对的
glossary	[ˈɡlɑːsəri] *n.* 词汇表；难词表
dietary	[ˈdaɪəteri] *adj.* 饮食的
proprietary	[prəˈpraɪəteri] *adj.* 私有的
cometary	[ˈkɔmɪtərɪ] *adj.* 彗星的，彗星似的
monetary	[ˈmʌnɪteri] *adj.* 金钱的；货币的
hereditary	[həˈredɪteri] *adj.* 祖传的，世袭的；遗传的
solitary	[ˈsɑːləteri] *adj.* 孤独的 *n.* 隐士
sanitary	[ˈsænəteri] *adj.* (有关)卫生的，清洁的

sedentary	[ˈsednteri] *adj.* 久坐的
parliamentary	[ˌpɑːrləˈmentri] *adj.* 议会(制)的
complementary	[ˌkɑːmplɪˈmentri] *adj.* 互补的
supplementary	[ˌsʌplɪˈmentri] *adj.* 增补的，补充的
fragmentary	[ˈfræɡmənteri] *adj.* 碎片的，片段的
sedimentary	[ˌsedɪˈmentri] *adj.* 沉积的，沉淀性的
rudimentary	[ˌruːdɪˈmentri] *adj.* 初步的；未充分发展的
elementary	[ˌelɪˈmentri] *adj.* 初级的
commentary	[ˈkɑːmənteri] *n.* 实况报道；(对书等的)集注
voluntary	[ˈvɑːlənteri] *adj.* 自愿的，志愿的
involuntary	[ɪnˈvɑːlənteri] *adj.* 无意的
tributary	[ˈtrɪbjəteri] *n.* 支流；进贡国 *adj.* 支流的；辅助的；进贡的
salutary	[ˈsæljəteri] *adj.* 有益的，有益健康的
sanctuary	[ˈsæŋktʃueri] *n.* 圣地；庇护所，避难所；庇护
wary	[ˈweri] *adj.* 谨慎的，小心翼翼的
decry	[dɪˈkraɪ] *v.* 责难；贬低
descry	[dɪˈskraɪ] *v.* 看见，察觉
ribaldry	[ˈrɪbldri] *n.* 下流的语言，粗鄙的幽默
tawdry	[ˈtɔːdri] *adj.* 华而不实的，俗丽的
snobbery	[ˈsnɑːbəri] *n.* 势利
rubbery	[ˈrʌbəri] *adj.* 橡胶似的，有弹性的
drudgery	[ˈdrʌdʒəri] *n.* 苦工，苦活
periphery	[pəˈrɪfəri] *n.* 次要部分；外围，周围；外表面
drollery	[ˈdroʊləri] *n.* 滑稽
misery	[ˈmɪzəri] *n.* 悲惨的境遇；痛苦，苦恼
pottery	[ˈpɑːtəri] *n.* 制陶；制陶工艺；陶器
inquiry	[ˈɪnkwəri] *n.* 询问
rivalry	[ˈraɪvlri] *n.* 竞争，对抗
allegory	[ˈæləɡɔːri] *n.* 寓言
category	[ˈkætəɡɔːri] *n.* 类别，范畴

vainglory [ˌveɪnˈɡlɔːri] *n.* 自负；虚荣

sensory [ˈsensəri] *adj.* 感觉的，感官的

cursory [ˈkɜːrsəri] *adj.* 粗略的；草率

illusory [ɪˈluːsəri] *adj.* 虚幻的

deprecatory [ˈdeprɪkətɔːri] *adj.* 不赞成的，反对的

predatory [ˈpredətɔːri] *adj.* 掠夺的；食肉的

obligatory [əˈblɪɡətɔːri] *adj.* 强制性的，义不容辞的

derogatory [dɪˈrɑːɡətɔːri] *adj.* 不敬的，贬损的

conciliatory [kənˈsɪliətɔːri] *adj.* 抚慰的，调和的

dilatory [ˈdɪlətɔːri] *adj.* 慢吞吞的，磨蹭的

adulatory [ˈædʒələtɔːri] *adj.* 奉承的

regulatory [ˈreɡjələtɔːri] *adj.* 按规矩来的，依照规章的；调整的

explanatory [ɪkˈsplænətɔːri] *adj.* 说明的，解释的

discriminatory [dɪˈskrɪmɪnətɔːri] *adj.* 歧视的，差别对待的，偏见的

anticipatory [ænˈtɪsəpətɔːri] *adj.* 预想的，预期的

respiratory [ˈrespərətɔːri] *adj.* 呼吸的

compensatory [kəmˈpensətɔːri] *adj.* 补偿性的，报酬

refractory [rɪˈfræktəri] *adj.* 倔强的，难管理的；（病）难治的

contradictory [ˌkɑːntrəˈdɪktəri] *adj.* 反驳的，反对的，抗辩的

perfunctory [pərˈfʌŋktəri] *adj.* 例行公事般的，敷衍的

transitory [ˈtrænsətɔːri] *adj.* 短暂的

expository [ɪkˈspɑːzətɔːri] *adj.* 说明的

desultory [ˈdesəltɔːri] *adj.* 不连贯的；散漫的

symmetry [ˈsɪmətri] *n.* 对称；匀称

paltry [ˈpɔːltri] *adj.* 无价值的，微不足道的

sultry [ˈsʌltri] *adj.* 闷热的；(人)风骚的

pedantry [ˈpedntri] *n.* 迂腐

artistry [ˈɑːrtɪstri] *n.* 艺术技巧

fantasy [ˈfæntəsi] *n.* 想象，幻想

prophesy [ˈprɑːfəsaɪ] *v.* 预言

hypocrisy [hɪˈpɑːkrəsi] *n.* 伪善，虚伪

whimsy [ˈwɪmzi] *n.* 古怪，异想天开

flimsy [ˈflɪmzi] *adj.* 轻而薄的；易损坏的

clumsy [ˈklʌmzi] *adj.* 笨拙的；拙劣的

controversy [ˈkɑːntrəvɜːrsi] *n.* 公开辩论，论战

brassy [ˈbræsi] *adj.* 厚脸皮的，无礼的

glossy [ˈglɔːsi] *adj.* 有光泽的，光滑的

fussy [ˈfʌsi] *adj.* 爱挑剔的，难取悦的

drowsy [ˈdraʊzi] *adj.* 昏昏欲睡的

piety [ˈpaɪəti] *n.* 孝顺，孝敬；虔诚

impiety [ɪmˈpaɪəti] *n.* 不虔诚，无信仰

variety [vəˈraɪəti] *n.* 多样性；种类；变种

sobriety [səˈbraɪəti] *n.* 节制；庄重

notoriety [ˌnoʊtəˈraɪəti] *n.* 臭名昭著；臭名昭著的人

propriety [prəˈpraɪəti] *n.* 礼节；适当

impropriety [ˌɪmprəˈpraɪəti] *n.* 不得体的言行举止；不合适，不适当

thrifty [ˈθrɪfti] *adj.* 节俭的

haughty [ˈhɔːti] *adj.* 傲慢的，自大的

probity [ˈproʊbəti] *n.* 刚直，正直

tenacity [təˈnæsəti] *n.* 坚持，固执

opacity [oʊˈpæsəti] *n.* 不透明性；晦涩

veracity [vəˈræsəti] *n.* 真实；诚实

duplicity [duːˈplɪsəti] *n.* 欺骗，口是心非

ferocity [fəˈrɑːsəti] *n.* 凶猛，残暴

reciprocity [ˌresɪˈprɑːsəti] *n.* 相互性；互惠

atrocity [əˈtrɑːsəti] *n.* 邪恶；暴行

scarcity [ˈskersəti] *n.* 不足，缺乏

paucity [ˈpɔːsəti] *n.* 少量；缺乏

rigidity	[rɪˈdʒɪdəti] *n.* 严格；坚硬，僵硬
humidity	[hjuːˈmɪdəti] *n.* 湿度，湿气
profundity	[prəˈfʌndəti] *n.* 深奥的事物；深刻，深厚
commodity	[kəˈmɑːdəti] *n.* 商品
spontaneity	[ˌspɑːntəˈneɪəti] *n.* 自然，自发
homogeneity	[ˌhɑːmədʒəˈniːəti] *n.* 同种，同质
frugality	[fruˈɡæləti] *n.* 朴素；节俭
impartiality	[ˌɪmˌpɑːrʃiˈæləti] *n.* 公平，公正
cordiality	[ˌkɔːrˈdʒiləti] *n.* 诚恳，热诚
partiality	[ˌpɑːrʃiˈæləti] *n.* 偏袒，偏心
informality	[ˌɪnfɔːrˈmæləti] *n.* 非正式，不拘礼节
universality	[ˌjuːnɪvɜːrˈsæləti] *n.* 普遍性；广泛性
vitality	[vaɪˈtæləti] *n.* 活力，精力；生命力
mortality	[mɔːrˈtæləti] *n.* 死亡率
brutality	[bruːˈtæləti] *n.* 野蛮；暴行
applicability	[əˌplɪkəˈbɪləti] *n.* 适用性，适应性
impracticability	[ɪmˌpræktɪkəˈbɪləti] *n.* 无法实施；不能实施的事项
adaptability	[əˈdæptəbɪləti] *adj.* 适应性
variability	[ˌveriəˈbɪləti] *n.* 变化
immutability	[ɪˌmjuːtəˈbɪləti] *n.* 不变，不变性
incompatibility	[ˈɪnkəmˌpætəˈbɪləti] *n.* 不相容(性)
amiability	[ˌeɪmiəˈbɪləti] *n.* 亲切，友善
agility	[əˈdʒɪləti] *n.* 敏捷
humility	[hjuːˈmɪləti] *n.* 谦逊，谦恭
hostility	[hɑːˈstɪləti] *n.* 敌意，敌对状态
utility	[juːˈtɪləti] *n.* 实用；有用
civility	[səˈvɪləti] *n.* 彬彬有礼，斯文
frivolity	[frɪˈvɑːləti] *n.* 轻浮的行为
incredulity	[ˌɪnkrəˈduːləti] *n.* 怀疑，不相信
calamity	[kəˈlæməti] *n.* 大灾祸，不幸之事

extremity [ɪkˈstreməti] *n.* 极度；绝境，险境，临终

proximity [prɑːkˈsɪməti] *n.* 接近，临近

enmity [ˈenməti] *n.* 敌意，仇恨

conformity [kənˈfɔːrməti] *n.* 一致，遵从；顺从

vanity [ˈvænəti] *n.* 虚荣，自负

serenity [səˈrenəti] *n.* 平静

affinity [əˈfɪnəti] *n.* 相互吸引；密切关系

solemnity [səˈlemnəti] *n.* 庄严，肃穆

fraternity [frəˈtɜːrnəti] *n.* 同行；友爱

impunity [ɪmˈpjuːnəti] *n.* 免受惩罚

serendipity [ˌserənˈdɪpəti] *n.* 意外发现新奇事物的才能或现象

hilarity [hɪˈlærəti] *n.* 欢闹，狂欢

particularity [pərˌtɪkjuˈlærəti] *n.* 独特性

singularity [ˌsɪŋgjuˈlærəti] *n.* 独特；奇点(天文学上密度无穷大、体积无穷小的点)

sincerity [sɪnˈserəti] *n.* 诚挚

security [səˈkjʊrəti] *n.* 安全；保证；保护

obscurity [əbˈskjʊrəti] *n.* 费解；不出名

density [ˈdensəti] *n.* 密集，稠密

propensity [prəˈpensəti] *n.* 嗜好，习性

verbosity [vɜːrˈbɑːsəti] *n.* 冗长

animosity [ˌænɪˈmɑːsəti] *n.* 憎恶，仇恨

pomposity [pɑːmˈpɑːsəti] *n.* 自大的行为或言论

generosity [ˌdʒenəˈrɑːsəti] *n.* 慷慨，大方

adversity [ədˈvɜːrsəti] *n.* 逆境，不幸

nonentity [nɑːˈnentəti] *n.* 无足轻重的人或事

ambiguity [ˌæmbɪˈgjuːəti] *n.* 模棱两可的话；不明确

ingenuity [ˌɪndʒəˈnuːəti] *n.* 聪明才智；独创性

antiquity [ænˈtɪkwəti] *n.* 古老；古人；古迹

congruity [kənˈgruɪti] *n.* 一致性，适合性；共同点

incongruity	[ˌɪnkɑːnˈgruːəti] *n.* 不协调，不相称
cavity	[ˈkævəti] *n.* (牙齿等的)洞，腔
gravity	[ˈgrævəti] *n.* 严肃，庄重
brevity	[ˈbrevəti] *n.* 短暂
proclivity	[prəˈklɪvəti] *n.* 倾向
sensitivity	[ˌsensəˈtɪvəti] *n.* 敏感，敏感性
novelty	[ˈnɑːvlti] *n.* 新奇；新奇的事物
certainty	[ˈsɜːrtnti] *n.* 确定的事情
flaunty	[ˈflɔːnti] *adj.* 炫耀的，虚华
empty	[ˈempti] *adj.* 空的，缺乏的 *v.* (使)变空，把…弄空
natty	[ˈnæti] *adj.* 整洁的；敏捷的，灵巧的
witty	[ˈwɪti] *adj.* 机智的；风趣的
soliloquy	[səˈlɪləkwi] *n.* 自言自语；戏剧独白
wavy	[ˈweɪvi] *adj.* 波状的，多浪的；波动起伏的
galaxy	[ˈgæləksi] *n.* 星系；一群(杰出人物)
waxy	[ˈwæksi] *adj.* 像蜡的，苍白的，光滑的
cozy	[ˈkoʊzi] *adj.* 舒适的，惬意的；亲切友好的

拓展词汇

A

agenda	[əˈdʒendə] *n.* 议程
coda	[ˈkoʊdə] *n.* 乐曲结尾部
nausea	[ˈnɔːziə] *n.* 作呕，恶心
acedia	[əˈsiːdiə] *n.* 无精打采的样子；懒惰
encyclopedia	[ɪnˌsaɪkləˈpiːdiə] *n.* 百科全书
mania	[ˈmeɪniə] *n.* 癫狂；狂热
insignia	[ɪnˈsɪgniə] *n.* 徽章
utopia	[juːˈtoʊpiə] *n.* 乌托邦
myopia	[maɪˈoʊpiə] *n.* 近视；缺乏远见
euphoria	[juːˈfɔːriə] *n.* 愉快的心情
analgesia	[ˌænəlˈdʒiːʒə] *n.* 无痛觉，痛觉丧失
amnesia	[æmˈniːʒə] *n.* 健忘症
militia	[məˈlɪʃə] *n.* 民兵
minutia	[mɪˈnuːʃiə] *n.* 细枝末节，琐事
trivia	[ˈtrɪviə] *n.* 琐事，小事
vanilla	[vəˈnɪlə] *n.* 香草，香子兰
panorama	[ˌpænəˈræmə] *n.* 概观，全景
stigma	[ˈstɪgmə] *n.* 耻辱的标志，污点
dilemma	[dɪˈlemə] *n.* 困境，左右为难
comma	[ˈkɑːmə] *n.* 逗号
coma	[ˈkoʊmə] *n.* 昏迷
aroma	[əˈroʊmə] *n.* 芳香，香气
charisma	[kəˈrɪzmə] *n.* (大众爱戴的)领袖气质；魅力

subpoena	[sə'piːnə] n.【律】传票 v. 传讯
chimera	[kaɪ'mɪrə] n. 神话怪物；梦幻
magenta	[mə'dʒentə] adj. 紫红色的 n. 紫红色
iota	[aɪ'oʊtə] n. 极少量，极少
quota	['kwoʊtə] n. 定额，配额
vista	['vɪstə] n. 远景；展望
vendetta	[ven'detə] n. 血仇，世仇；宿怨，深仇
plaza	['plæzə] n. 广场；集市
stanza	['stænzə] n. (诗的)节，段

B

gab	[gæb] n. 饶舌，爱说话 v. 空谈，瞎扯；闲逛，游荡
jab	[dʒæb] v. 猛刺
crab	[kræb] n. 蟹，螃蟹 v. 抱怨，发牢骚
stab	[stæb] v. 刺伤，戳
glib	[glɪb] adj. 圆滑的，能言善道的，善辩的
crib	[krɪb] v. 抄袭，剽窃
jamb	[dʒæm] n. 侧柱
limb	[lɪm] n. 肢，翼
aplomb	[ə'plɑːm] n. 沉着，镇静
crumb	[krʌm] n. 糕饼屑，面包屑
bob	[bɑːb] v. 轻拍，轻扣；使上下快速摆动
snob	[snɑːb] n. 势利小人
rhubarb	['ruːbɑːrb] n.【植】大黄；热烈的讨论，激烈的争论
daub	[dɔːb] v. 涂抹；乱画
cub	[kʌb] n. 幼兽；笨手笨脚的年轻人
drub	[drʌb] v. 重击；打败

C

pharisaic	[ˌfæriˈseɪɪk] *adj.* 伪善的，伪装虔诚的
cherubic	[tʃəˈruːbɪk] *adj.* 天使的，无邪的，可爱的
encyclopedic	[ɪnˌsaɪkləˈpiːdɪk] *adj.* 广博的，知识渊博的
fatidic	[fæˈtɪdɪk] *adj.* 预言的
spasmodic	[spæzˈmɑːdɪk] *adj.* 痉挛的；间歇性的
beatific	[ˌbiːəˈtɪfɪk] *adj.* 幸福的，快乐的
allergic	[əˈlɜːrdʒɪk] *adj.* 过敏的；对…讨厌的
chic	[ʃiːk] *adj.* 漂亮的，时髦的
seraphic	[səˈræfɪk] *adj.* 如天使般的，美丽的
hieroglyphic	[ˌhaɪərəˈglɪfɪk] *n.* 象形文字
monolithic	[ˌmɑːnəˈlɪθɪk] *adj.* 坚若磐石的；巨大的
cephalic	[sɪˈfælɪk] *adj.* 头的，头部的
relic	[ˈrelɪk] *n.* 遗物，遗迹，遗风
bucolic	[bjuːˈkɑːlɪk] *adj.* 乡村的；牧羊的
catholic	[ˈkæθlɪk] *adj.* 普遍的；广泛的；宽容的
frolic	[ˈfrɑːlɪk] *n.* 嬉戏；雀跃 *v.* 嬉戏
panoramic	[ˌpænəˈræmɪk] *adj.* 全景的，全貌的，概论的
polemic	[pəˈlemɪk] *n.* 争论，论战
panic	[ˈpænɪk] *adj.* 恐慌的 *n.* 恐慌，惊惶
satanic	[səˈtænɪk] *adj.* 似撒旦的，魔鬼的，邪恶的
eugenic	[juːˈdʒenɪk] *adj.* 优生(学)的
sardonic	[sɑːrˈdɑːnɪk] *adj.* 讽刺的，嘲笑的
chronic	[ˈkrɑːnɪk] *adj.* 慢性的，长期的
platonic	[pləˈtɑːnɪk] *adj.* 理论的；精神上的，纯友谊的
runic	[ˈruːnik] *adj.* 古北欧文字的；神秘的
cynic	[ˈsɪnɪk] *n.* 犬儒主义者，愤世嫉俗者
kaleidoscopic	[kəˌlaɪdəˈskɑːpɪk] *adj.* 千变万化的
myopic	[maɪˈoʊpɪk] *adj.* 近视眼的；目光短浅的，缺乏远见的

fabric [ˈfæbrɪk] *n.* 纺织品；结构

choleric [ˈkɑːlərɪk] *adj.* 易怒的，暴躁的

forensic [fəˈrensɪk] *adj.* 公开辩论的，争论的

lymphatic [lɪmˈfætɪk] *adj.* 无力的；迟缓的；淋巴的

somatic [səuˈmætik] *adj.* 肉体的，躯体的

lunatic [ˈluːnətɪk] *n.* 疯子 *adj.* 极蠢的

ecstatic [ɪkˈstætɪk] *adj.* 狂喜的，心花怒放的

lactic [ˈlæktɪk] *adj.* 乳汁的

tactic [ˈtæktɪk] *n.* 策略，手段；战术

hectic [ˈhektɪk] *adj.* 兴奋的，繁忙的，忙乱的

epideictic [ˌepɪˈdaɪktɪk] *adj.* 夸耀的

eidetic [aɪˈdetɪk] *adj.* (印象)异常清晰的；极为逼真的

pathetic [pəˈθetɪk] *adj.* 引起怜悯的，令人难过的

anesthetic [ˌænəsˈθetɪk] *adj.* 麻醉的；麻木的 *n.* 麻醉剂

hermetic [hɜːrˈmetɪk] *adj.* 密封的；神秘的，深奥的

limnetic [lɪmˈnetɪk] *adj.* 淡水的，湖泊的

sybaritic [ˌsɪbəˈrɪtɪk] *adj.* 骄奢淫逸的，贪图享乐的

antic [ˈæntɪk] *adj.* 古怪的

despotic [dɪˈspɑːtɪk] *adj.* 专横的，暴虐的

dyspeptic [dɪsˈpeptɪk] *adj.* 消化不良的；不高兴的

pleonastic [ˌpliːəˈnæstɪk] *adj.* 冗言的

periphrastic [ˌperiˈfræstɪk] *adj.* 迂回的，冗赘的

majestic [məˈdʒestɪk] *adj.* 雄伟的，庄严的

chauvinistic [ˌʃoʊvɪˈnɪstɪk] *adj.* 沙文主义的，盲目爱国的

agnostic [ægˈnɑːstɪk] *adj.* 不可知论的 *n.* 不可知论者

havoc [ˈhævək] *n.* 大破坏，混乱

scads [skædz] *n.* 许多，巨额

D

plead [pliːd] *v.* 辩护；恳求

knead	[niːd] *v.* 揉成，捏制
fad	[fæd] *n.* 时尚
nomad	[ˈnoʊmæd] *n.* 流浪者；游牧部落的人
goad	[goʊd] *n.* 赶牛棒；刺激，激励 *v.* 刺激，激励
inroad	[ˈɪnroʊd] *n.* 袭击；(以牺牲他者为代价而取得的)进展
crabbed	[ˈkræbɪd] *adj.* 暴躁的
barefaced	[ˈberfeɪst] *adj.* 厚颜无耻的，公然的
jaundiced	[ˈdʒɔːndɪst] *adj.* 有偏见的
levelheaded	[ˌlevl ˈhedɪd] *adj.* 头脑冷静的，清醒的
lopsided	[ˌlɑːp ˈsaɪdɪd] *adj.* 倾向一方的，不平衡的
stranded	[ˈstrændid] *adj.* 搁浅的，处于困境的
long-winded	[ˌlɔːŋ ˈwɪndɪd] *adj.* 冗长的
deed	[diːd] *n.* 行为，行动；(土地或建筑物的)转让契约、证书
jagged	[ˈdʒægɪd] *adj.* 锯齿状的，参差不齐的
drenched	[drentʃd] *adj.* 湿透的
wretched	[ˈretʃɪd] *adj.* 可怜的，不幸的，悲惨的
poohed	[puːd] *adj.* 疲倦的
accomplished	[əˈkɑːmplɪʃt] *adj.* 完成了的；有技巧的
fancied	[ˈfænsɪd] *adj.* 空想的，虚构的
full-bodied	[ˌfʊl ˈbɑːdid] *adj.* 魁梧的；(味道)浓烈的；重要的
disembodied	[ˌdɪsɪm ˈbɑːdid] *adj.* 无实体的，空洞的
studied	[ˈstʌdid] *adj.* 深思熟虑的；认真习得的
countrified	[ˈkʌntrifaɪd] *adj.* 乡村的；粗俗的
pied	[paɪd] *adj.* 杂色的
serried	[ˈserid] *adj.* 密集的
wicked	[ˈwɪkɪd] *adj.* 邪恶的；讨厌的；淘气的
unprovoked	[ˌʌnprəˈvoʊkt] *adj.* 无缘无故的
garbled	[ˈgɑːrbld] *adj.* 引起误解的；窜改的
disheveled	[dɪˈʃevld] *adj.* (头发、服装等)不整的，凌乱的

bedraggled	[bɪˈdræɡld] *adj.* (衣服、头发等)弄湿的；凌乱不堪的
well-groomed	[ˌwelˈɡruːmd] *adj.* 整齐干净的，衣着入时的
informed	[ɪnˈfɔːrmd] *adj.* 有学识的；见多识广的，消息灵通的
wizened	[ˈwɪznd] *adj.* 干枯的，干瘪的，干皱的
resigned	[rɪˈzaɪnd] *adj.* 顺从的，听从的
sustained	[səˈsteɪnd] *adj.* 持久的，持续的
seasoned	[ˈsiːznd] *adj.* 经验丰富的，老练的
lowbred	[ˈloʊbred] *adj.* 粗野的，粗俗的
checkered	[ˈtʃekərd] *adj.* 多变的
even-tempered	[ˌiːvnˈtempərd] *adj.* 性情平和的；不易生气的
shattered	[ˈʃætərd] *adj.* 破碎的
inspired	[ɪnˈspaɪərd] *adj.* 有创见的，有灵感的
restored	[rɪˈstɔːrd] *adj.* 恢复的
mar	[mɑːr] *v.* 损坏，毁坏；损害…的健全
measured	[ˈmeʒərd] *adj.* 量过的，精确的；慎重的，恰如其分的
disposed	[dɪˈspoʊzd] *adj.* 愿意的，想做…的
depressed	[dɪˈprest] *adj.* 消沉的；凹陷的
repressed	[rɪˈprest] *adj.* 被抑制的，被压抑的
star-crossed	[ˈstɑːrkrɔst] *adj.* 时运不济的
bemused	[bɪˈmjuːzd] *adj.* 茫然的，困惑的
corrugated	[ˈkɔːrəɡeɪtɪd] *adj.* 起皱纹的
striated	[ˈstraieitid] *adj.* 有条纹的
elated	[iˈleɪtɪd] *adj.* 得意洋洋的，振奋的
discombobulated	[ˌdɪskəmˈbɑːbjuleitɪd] *adj.* 扰乱的，打乱的
bloated	[ˈbloʊtɪd] *adj.* 肿胀的；傲慢的
celebrated	[ˈselɪbreɪtɪd] *adj.* 有名的，知名的
saturated	[ˈsætʃəreɪtɪd] *adj.* 渗透的；饱和的；深颜色的
agitated	[ˈædʒɪteɪtɪd] *adj.* 激动的；不安的

superannuated [ˌsuːpər ˈænjueɪtɪd] *adj.* 老迈的

cultivated [ˈkʌltɪveɪtɪd] *adj.* 耕种的，栽培的；有教养的

unaffected [ˌʌnəˈfektɪd] *adj.* 自然的，不矫揉造作的

affected [əˈfektɪd] *adj.* 不自然的；假装的

dejected [dɪˈdʒektɪd] *adj.* 沮丧的，失望的，灰心的

other-directed [ˈʌðədɪˈrektɪd] *adj.* 受人支配的

merited [ˈmerɪtɪd] *adj.* 该得的，理所当然的

demented [dɪˈmentɪd] *adj.* 疯狂的

contented [kənˈtentɪd] *adj.* 心满意足的

stouthearted [ˌstautˈhɑːrtid] *adj.* 刚毅的，大胆的

purported [pərˈpɔːrtɪd] *adj.* 传言的，据称的

tightfisted [ˈtaɪtfɪstɪd] *adj.* 吝啬的

muted [ˈmjuːtɪd] *adj.* (声音)减弱的，变得轻柔的

depraved [dɪˈpreɪvd] *adj.* 堕落的，腐化的

hallowed [ˈhæloʊd] *adj.* 神圣的

upbraid [ʌpˈbreɪd] *v.* 斥责，责骂

staid [steɪd] *adj.* 稳重的，沉着的

bid [bɪd] *v.* 命令；出价，投标

rabid [ˈræbɪd] *adj.* 患狂犬病的；疯狂的，狂暴的

underbid [ˌʌndərˈbɪd] *v.* 叫价低于；要价过低

flaccid [ˈflæsɪd] *adj.* 松弛的；软弱的

viscid [ˈvɪsɪd] *adj.* 黏性的

pellucid [pəˈluːsɪd] *adj.* 清晰的，清澈的

turgid [ˈtɜːrdʒɪd] *adj.* 肿胀的；浮夸的

pallid [ˈpælɪd] *adj.* 苍白的，没血色的

stolid [ˈstɑːlɪd] *adj.* 无动于衷的

timid [ˈtɪmɪd] *adj.* 羞怯的；胆怯的，怯懦的

humid [ˈhjuːmɪd] *adj.* 湿润的

tumid [ˈtjuːmɪd] *adj.* 肿起的，肿胀的

asteroid [ˈæstərɔɪd] *n.* 小行星

sangfroid [sɑːŋˈfrwɑː] *n.* 沉着，冷静

void	[vɔɪd]	*adj.* 空的；缺乏的 *n.* 空隙，裂缝；空虚感
vapid	[ˈvæpɪd]	*adj.* 索然无味的，无生气的
acrid	[ˈækrɪd]	*adj.* 辛辣的，刻薄的
torrid	[ˈtɑːrɪd]	*adj.* 酷热的
putrid	[ˈpjuːtrɪd]	*adj.* 腐臭的
languid	[ˈlæŋɡwɪd]	*adj.* 没精打采的，倦怠的
pavid	[ˈpævɪd]	*adj.* 害怕的，胆小的
piebald	[ˈpaɪbɔːld]	*adj.* 花斑的，黑白两色的
ribald	[ˈrɪbld]	*adj.* 下流的，粗俗的
scald	[skɔːld]	*v.* 烫伤；烫洗 *n.* 烫伤
emerald	[ˈemərəld]	*n.* 翡翠 *adj.* 翠绿色的
shield	[ʃiːld]	*n.* 盾 *v.* 掩护，保护
wield	[wiːld]	*v.* 行使(权力)；支配，控制
meld	[meld]	*v.* (使)混合，(使)合并
weld	[weld]	*v.* 焊接，熔接；锻接
gild	[ɡɪld]	*v.* 镀金；虚饰
fold	[foʊld]	*n.* 羊栏 *v.* 折叠
unfold	[ʌnˈfoʊld]	*v.* 展开，打开；逐渐呈现
behold	[bɪˈhoʊld]	*v.* 注视，看见
husband	[ˈhʌzbənd]	*v.* 节省，节约
remand	[rɪˈmænd]	*v.* 遣回；召回
gourmand	[ˈɡʊrmɑːnd]	*n.* 嗜食者
errand	[ˈerənd]	*n.* 差使；差事
strand	[strænd]	*n.* (绳、线等的)股，缕 *v.* 搁浅
unbend	[ˌʌnˈbend]	*v.* 变直；轻松行事，放松
condescend	[ˌkɑːndɪˈsend]	*v.* 屈尊，俯就
offend	[əˈfend]	*v.* 得罪，冒犯
reprehend	[ˌreprɪˈhend]	*v.* 谴责，责难
mend	[mend]	*v.* 修改，改进
impend	[ɪmˈpend]	*v.* 威胁；即将发生
expend	[ɪkˈspend]	*v.* 花费；用光

rend	[rend] v. 撕碎，分裂；抢夺
tend	[tend] v. 照料，照看
contend	[kən'tend] v. 竞争，争夺；争论，争辩
wend	[wend] v. 行，走，前进
rind	[raɪnd] n.（瓜、果等的）外皮
abscond	[əb'skɑːnd] v. 潜逃，逃亡
moribund	['mɔːrɪbʌnd] adj. 即将结束的；垂死的
jocund	['dʒɑːkənd] adj. 快乐的，高兴的
abound	[ə'baʊnd] v. 大量存在；充满，富于
hidebound	['haɪdbaʊnd] adj. 思想偏狭且顽固的
pound	[paʊnd] v. 猛击，连续重击；（心脏）狂跳，怦怦地跳
expound	[ɪk'spaʊnd] v. 解释；阐述
orotund	['ɔːrətʌnd] adj.（声音）洪亮的；夸张的
plod	[plɑːd] v. 沉重地走；辛勤工作 n. 艰难行进
falsehood	['fɔːlshʊd] n. 谎言
hardihood	['hɑːrdihʊd] n. 大胆，刚毅；厚颜
pod	[pɑːd] n. 豆荚 v. 剥掉（豆荚）
placard	['plækɑːrd] n. 招贴，布告 v. 张贴布告
haggard	['hægərd] adj. 憔悴的，消瘦的
orchard	['ɔːrtʃərd] n. 果园
lard	[lɑːrd] v. 使丰富，使充满
interlard	[ˌɪntər'lɑːrd] v. 使混杂，混入
canard	[kə'nɑːrd] n. 谣言，假新闻
aboveboard	[əˌbʌv'bɔːrd] adj./adv. 光明正大的（地）
retard	[rɪ'tɑːrd] v. 妨碍；使减速
leeward	['liːwərd] adj. 背风的
coward	['kaʊərd] n. 胆小鬼
forward	['fɔːrwərd] adj. 过激的；莽撞的，冒失的，无礼的
straightforward	[ˌstreɪt'fɔːrwərd] adj. 诚实的，坦率的；易懂的；直接的

haphazard [hæpˈhæzərd] *adj.* 任意的，偶然的，无秩序的

weird [wɪrd] *adj.* 古怪的，怪诞的，离奇的

undergird [ˌʌndərˈɡɜːrd] *v.* 从底层支持，加固…的底部

concord [ˈkɑːŋkɔːrd] *n.* 一致；和睦

discord [ˈdɪskɔːrd] *n.* 不和，纷争

harpsichord [ˈhɑːrpsɪkɔːrd] *n.* 键琴(钢琴的前身)

foreword [ˈfɔːrwɜːrd] *n.* 前言，序

maraud [məˈrɔːd] *v.* 抢劫，掠夺

defraud [dɪˈfrɔːd] *v.* 欺骗，诈骗

scud [skʌd] *v.* 疾行，飞奔

shrewd [ʃruːd] *adj.* 机灵的，精明的

E

imbibe [ɪmˈbaɪb] *v.* 喝；吸入

jibe [dʒaɪb] *v.* 与…一致，符合

bribe [braɪb] *v.* 贿赂

subscribe [səbˈskraɪb] *v.* 捐助；订购

inscribe [ɪnˈskraɪb] *v.* (在某物上)写、题写

diatribe [ˈdaɪətraɪb] *n.* (口头或书面猛烈的)抨击

microbe [ˈmaɪkroʊb] *n.* 微生物

probe [proʊb] *v.* 调查，探测

deface [dɪˈfeɪs] *v.* 损坏

lace [leɪs] *n.* 带子；网眼织物

commonplace [ˈkɑːmənpleɪs] *adj.* 普通的，平庸的

interlace [ˌɪntərˈleɪs] *v.* 编织；交错

grimace [ɡrɪˈmeɪs] *n.* 鬼脸，面部扭曲 *v.* 扮鬼脸

menace [ˈmenəs] *n./v.* 威胁，恐吓

brace [breɪs] *v.* 支撑，加固 *n.* 支撑物

retrace [rɪˈtreɪs] *v.* 回顾，追溯

fleece [fliːs] *n.* 生羊皮，羊毛 *v.* 骗取，欺诈

jaundice [ˈdʒɔːndɪs] *n.* 偏见；黄疸
artifice [ˈɑːrtɪfɪs] *n.* 巧妙办法；诡计
malice [ˈmælɪs] *n.* 恶意，怨恨
splice [splaɪs] *v.* 接合，拼接
slice [slaɪs] *n.* 薄片 *v.* 切成片
choice [tʃɔɪs] *adj.* 上等的；精选的
rejoice [rɪˈdʒɔɪs] *v.* 欣喜，高兴
invoice [ˈɪnvɔɪs] *n.* 发票，发货清单 *v.* 给开发票
caprice [kəˈpriːs] *n.* 奇思怪想，反复无常，任性
apprentice [əˈprentɪs] *n.* 学徒
interstice [ɪnˈtɜːrstɪs] *n.* 裂缝，空隙
lattice [ˈlætɪs] *n.* (用木片或金属片叠成的)格子架
vengeance [ˈvendʒəns] *n.* 报仇，报复
insouciance [ɪnˈsuːsiəns] *n.* 漠不关心，漫不经心
reliance [rɪˈlaɪəns] *n.* 信赖，信任
dalliance [ˈdæliəns] *n.* 虚度光阴；调情
variance [ˈveriəns] *n.* 分歧，不和；不同，变化
askance [əˈskæns] *adv.* 斜视地
petulance [ˈpetʃələns] *n.* 易怒，性急，暴躁
provenance [ˈprɑːvənəns] *n.* 出处，起源
penance [ˈpenəns] *n.* 自我惩罚
ordinance [ˈɔːrdɪnəns] *n.* 法令，条例
consonance [ˈkɑːnsənəns] *n.* 一致，调和；和音
governance [ˈɡʌvərnəns] *n.* 统治，支配
comeuppance [kʌmˈʌpəns] *n.* 应得的惩罚，因果报应
protuberance [proʊˈtuːbərəns] *n.* 突起，突出
exuberance [ɪɡˈzuːbərəns] *n.* 愉快；茁壮
fragrance [ˈfreɪɡrəns] *n.* 香料；香味
prance [præns] *v.* 昂首阔步
entrance [ˈentrəns] *v.* 使出神，使入迷
remonstrance [rɪˈmɑːnstrəns] *n.* 抗议，抱怨
malfeasance [ˌmælˈfiːzəns] *n.* 不法行为，渎职

complaisance	[kəmˈpleɪzəns] n. 彬彬有礼；殷勤；柔顺
obeisance	[oʊˈbiːsns] n. 鞠躬，敬礼
impuissance	[ɪmˈpjuːɪsəns] n. 无力，虚弱
substance	[ˈsʌbstəns] n. 主旨，实质；物质
remittance	[rɪˈmɪtns] n. 汇款
pittance	[ˈpɪtns] n. 微薄的薪俸，少量的收入
grievance	[ˈgriːvəns] n. 委屈，抱怨，牢骚
observance	[əbˈzɜːrvəns] n.（对法律、习俗等的）遵守，奉行
allowance	[əˈlaʊəns] n. 津贴，补助；承认，允许
clairvoyance	[klerˈvɔɪəns] n. 超人的洞察力
iridescence	[ˌɪrɪˈdesns] n. 彩虹色
opalescence	[ˌoʊpəˈlesns] n. 乳白光
cadence	[ˈkeɪdns] n. 抑扬顿挫；节奏，韵律
antecedence	[ˌæntɪˈsiːdns] n. 居先，先行
credence	[ˈkriːdns] n. 相信，信任
negligence	[ˈneglɪdʒəns] n. 粗心，疏忽
diligence	[ˈdɪlɪdʒəns] n. 勤勉，勤奋
resurgence	[rɪˈsɜːrdʒəns] n. 再起，复活，再现
ambience	[ˈæmbiəns] n. 环境，气氛
prescience	[ˈpresiəns] n. 预知，先见
conscience	[ˈkɑːnʃəns] n. 良心，是非感
resilience	[rɪˈzɪliəns] n. 恢复力，弹力
ebullience	[ɪˈbʌliəns] n.（感情等的）奔放，兴高采烈；沸腾
transience	[ˈtrænʃəns] n. 短暂，稍纵即逝
insolence	[ˈɪnsələns] n. 傲慢，无礼
opulence	[ˈɑːpjələns] n. 富裕；丰富
commence	[kəˈmens] v. 开始，着手
impertinence	[ɪmˈpɜːrtnəns] n. 无礼，粗鲁
interference	[ˌɪntərˈfɪrəns] n. 干涉，妨碍
belligerence	[bəˈlɪdʒərəns] n. 交战；好战性，斗争性
pretence	[ˈpriːtens] n. 假装；借口
inadvertence	[ˌɪnədˈvɜːrtəns] n. 粗心，疏忽，漫不经心

subsistence	[səbˈsɪstəns] *n.* 生存，生计；存在
persistence	[pərˈsɪstəns] *n.* 坚持不懈，执意，持续
eloquence	[ˈeləkwəns] *n.* 雄辩，口才
mince	[mɪns] *v.* 切碎；装腔作势地小步走
wince	[wɪns] *v.* 畏缩，退缩
ensconce	[ɪnˈskɑːns] *v.* 安置，安坐
jounce	[dʒaʊns] *v.* 颠簸地移动
announce	[əˈnaʊns] *v.* 宣布，发表；通报…的到来
trounce	[traʊns] *v.* 痛击，严惩
pierce	[pɪrs] *v.* 刺穿；穿透
acquiesce	[ˌækwiˈes] *v.* 勉强同意，默许
effervesce	[ˌefərˈves] *v.* 冒泡；热情洋溢
reminisce	[ˌremɪˈnɪs] *v.* 追忆，回想
traduce	[trəˈduːs] *v.* 中伤，诽谤
adduce	[əˈduːs] *v.* 给予(理由)；举出(例证)
deduce	[dɪˈduːs] *v.* 演绎，推断
induce	[ɪnˈduːs] *v.* 诱导；引起
blockade	[blɑːˈkeɪd] *v./n.* 封锁
blade	[bleɪd] *n.* 刀刃，刀口
accolade	[ˈækəleɪd] *n.* 推崇；赞扬
promenade	[ˌprɑːməˈneɪd] *n./v.* 散步，开车兜风
serenade	[ˌserəˈneɪd] *n.* 夜曲
charade	[ʃəˈreɪd] *n.* 猜字谜游戏 *v.* 凭动作猜字谜
abrade	[əˈbreɪd] *v.* 擦伤，磨损
masquerade	[ˌmæskəˈreɪd] *n.* 化装舞会 *v.* 伪装
tirade	[ˈtaɪreɪd] *n.* 长篇的攻击性演说
crusade	[kruːˈseɪd] *n.* 为维护理想、原则而进行的运动或斗争
dissuade	[dɪˈsweɪd] *v.* 劝阻，阻止
wade	[weɪd] *v.* 涉水；跋涉
cede	[siːd] *v.* 割让(领土)，放弃

intercede	[ˌɪntər ˈsiːd] *v.* 说好话，代为求情
stampede	[stæm ˈpiːd] *v.* 惊跑，逃窜
bide	[baɪd] *v.* 等待，逗留
germicide	[ˈdʒɜːrmɪsaɪd] *n.* 杀菌剂
chide	[tʃaɪd] *v.* 斥责，责骂
glide	[glaɪd] *v.* 滑行，滑动；悄悄地溜走；渐变
landslide	[ˈlændslaɪd] *n.* 山崩；压倒性的胜利
backslide	[ˈbækslaɪd] *v.* 故态复萌
bromide	[ˈbroʊmaɪd] *n.* 庸俗的人；陈词滥调；镇静剂，安眠药
snide	[snaɪd] *adj.* 挖苦的，讽刺的
preside	[prɪ ˈzaɪd] *v.* 担任主席；负责；指挥
ode	[oʊd] *n.* 长诗，颂歌
bode	[boʊd] *v.* 预示
implode	[ɪm ˈploʊd] *v.* 内爆；剧减
mode	[moʊd] *n.* 样式；模式；方式，形式；时尚，风尚
corrode	[kə ˈroʊd] *v.* 腐蚀，侵蚀
episode	[ˈepɪsoʊd] *n.* 一段情节；插曲，片断
occlude	[ə ˈkluːd] *v.* 使闭塞
prelude	[ˈpreljuːd] *n.* 序幕，前奏
collude	[kə ˈluːd] *v.* 串通，共谋
interlude	[ˈɪntərluːd] *n.* 间歇
denude	[dɪ ˈnuːd] *v.* 脱去；剥蚀；剥夺
prude	[pruːd] *n.* 拘守礼仪的人
obtrude	[əb ˈtruːd] *v.* 突出；强加
intrude	[ɪn ˈtruːd] *v.* 把(思想等)强加于；闯入
extrude	[ɪk ˈstruːd] *v.* 挤出，推出，逐出；伸出，突出
desuetude	[dɪ ˈsjuːɪtjuːd] *n.* 废止，不用
solitude	[ˈsɑːlətuːd] *n.* 孤独
plenitude	[ˈplenɪtuːd] *n.* 完全；大量
magnitude	[ˈmægnɪtuːd] *n.* 重要性；星球的亮度
pulchritude	[ˈpʌlkrɪtjuːd] *n.* 美丽，标致

lassitude [ˈlæsɪtuːd] n. 疲倦无力，没精打采
rectitude [ˈrektɪtuːd] n. 诚实，正直，公正
exactitude [ɪɡˈzæktɪtuːd] n. 正确，精确，严格
plentitude [ˈplentɪtuːd] n. 充分
incertitude [ɪnˈsɜːrtɪtjuːd] n. 不确定(性)；无把握，怀疑
exude [ɪɡˈzuːd] v. 渗出，慢慢流出；洋溢
glee [ɡliː] n. 欢喜，高兴
decree [dɪˈkriː] n. 命令，法令 v. 颁布命令
jamboree [ˌdʒæmbəˈriː] n. 喧闹的集会
spree [spriː] n. 狂欢
oversee [ˌoʊvərˈsiː] v. 监督
guarantee [ˌɡærənˈtiː] v. 保证，担保
devotee [ˌdevəˈtiː] n. 爱好者，献身者
repartee [ˌrepɑːrˈtiː] n. 机敏的应答
levee [ˈlevi] n. 堤岸，防洪堤
twee [twiː] adj. 矫揉造作的，故作多情的
gaffe [ɡæf] n. (社交上令人不快的)失礼，失态
rife [raɪf] adj. 流行的，普遍的
strife [straɪf] n. 纷争，冲突
bondage [ˈbɑːndɪdʒ] n. 奴役，束缚
disengage [ˌdɪsɪnˈɡeɪdʒ] v. 脱离，解开
mortgage [ˈmɔːrɡɪdʒ] n. 抵押；抵押证书 v. 用…作抵押
verbiage [ˈvɜːrbiɪdʒ] n. 冗词，废话
leakage [ˈliːkɪdʒ] n. 渗漏，漏出
blockage [ˈblɑːkɪdʒ] n. 障碍物
persiflage [ˈpɜːrsɪflɑːʒ] n. 挖苦，嘲弄
camouflage [ˈkæməflɑːʒ] v. 掩饰，伪装 n. 伪装
pillage [ˈpɪlɪdʒ] n. 抢劫，掠夺 v. 抢夺
collage [kəˈlɑːʒ] n. 拼贴画
homage [ˈhɑːmɪdʒ] n. 效忠；敬意
drainage [ˈdreɪnɪdʒ] n. 排水，排水系统；污水
badinage [ˌbædənˈɑːʒ] n. 玩笑，打趣

espionage	[ˈespiənɑːʒ] *n.* 间谍活动
rampage	[ræmˈpeɪdʒ] *v.* 乱冲乱跑
	[ˈræmpeɪdʒ] *n.* 狂暴行为
slippage	[ˈslɪpɪdʒ] *n.* 滑动，下降
mirage	[məˈrɑːʒ] *n.* 海市蜃楼；幻想，幻影
entourage	[ˈɑːnturɑːʒ] *n.* 随从；环境
presage	[ˈpresɪdʒ] *n.* 预感
	[prɪˈseɪdʒ] *v.* 预示
envisage	[ɪnˈvɪzɪdʒ] *v.* 正视；想象
vantage	[ˈvæntɪdʒ] *n.* 优势，有利地位
vintage	[ˈvɪntɪdʒ] *adj.* 经典的；最好的
assuage	[əˈsweɪdʒ] *v.* 缓和，减轻
wage	[weɪdʒ] *v.* 开始，进行
badge	[bædʒ] *n.* 徽章
hedge	[hedʒ] *n.* 树篱；保护手段；障碍
pledge	[pledʒ] *n.* 誓言，保证 *v.* 发誓
dodge	[dɑːdʒ] *v.* 闪开，躲避
smudge	[smʌdʒ] *n.* 污迹，污点 *v.* 弄脏
begrudge	[bɪˈgrʌdʒ] *v.* 吝啬，勉强给
trudge	[trʌdʒ] *v.* 跋涉
siege	[siːdʒ] *n.* 包围，围攻
sacrilege	[ˈsækrəlɪdʒ] *n.* 亵渎，冒犯神灵
privilege	[ˈprɪvəlɪdʒ] *n.* 特权，特殊利益
renege	[rɪˈniːg] *v.* 食言，违约
oblige	[əˈblaɪdʒ] *v.* 强迫，强制；施恩惠于…
prestige	[preˈstiːʒ] *n.* 威信，威望；影响力
bulge	[bʌldʒ] *n.* 凸起，膨胀 *v.* 膨胀，鼓起
revenge	[rɪˈvendʒ] *n.* 报复，报仇
hinge	[hɪndʒ] *n.* 铰链；关键
impinge	[ɪmˈpɪndʒ] *v.* 侵犯；撞击
fringe	[frɪndʒ] *n.* (窗帘等)须边；边缘
infringe	[ɪnˈfrɪndʒ] *v.* 违反，侵害

singe [sɪndʒ] *v.* (轻微地)烧焦，烤焦

tinge [tɪndʒ] *v.* 给…着色；使略带…气息

twinge [twɪndʒ] *n.* (生理、心理上的)剧痛

lunge [lʌndʒ] *n.* 冲，扑

expunge [ɪkˈspʌndʒ] *v.* 删除

stooge [stuːdʒ] *n.* 配角，陪衬；傀儡

verge [vɜːrdʒ] *n.* 边缘

forge [fɔːrdʒ] *n.* 铁匠铺 *v.* 使形成，达成；伪造；锻制，打铁

gorge [gɔːrdʒ] *n.* 峡谷

purge [pɜːrdʒ] *v.* 清洗，洗涤

surge [sɜːrdʒ] *v.* 波涛汹涌

upsurge [ˈʌpsɜːrdʒ] *n.* 高涨，高潮

subterfuge [ˈsʌbtərfjuːdʒ] *n.* 诡计，托辞

pastiche [pæˈstiːʃ] *n.* 混合拼凑的作品

postiche [pɔˈstiːʃ] *adj.* 伪造的，假的 *n.* 伪造品；假发

recherche [ˌrəʃerˈʃeɪ] *adj.* 精心挑选的；异国风味的

lathe [leɪð] *n.* 车床 *v.* 用车床加工

swathe [sweɪð] *v.* 包，绑，裹

lithe [laɪð] *adj.* 柔软的，易弯曲的；自然优雅的

hie [haɪ] *v.* 疾走，快速

bonhomie [ˌbɑːnəˈmiː] *n.* 好性情，和蔼

eerie [ˈɪri] *adj.* 可怕的，怪异的

calorie [ˈkæləri] *n.* 卡路里；卡(热量单位)

vie [vɑɪ] *v.* 竞争

fake [feɪk] *v.* 伪造；佯装 *adj.* 假的

slake [sleɪk] *v.* 满足；平息

brake [breɪk] *n.* 刹车；阻碍 *v.* 刹车；阻止

hike [haɪk] *v.* 抬高，提高 *n.* 徒步旅行

choke [tʃoʊk] *v.* (使)窒息，阻塞

poke [poʊk] *v.* 刺，戳

stroke	[stroʊk] *v.* 抚摸 *n.* 击，打；一笔，一画
stoke	[stoʊk] *v.* 给…添加燃料
invoke	[ɪnˈvoʊk] *v.* 祈求，恳求；使生效
convoke	[kənˈvoʊk] *v.* 召集；召开(会议)
fluke	[fluːk] *n.* 侥幸；意想不到的事
bale	[beɪl] *n.* 大包，大捆；灾祸，不幸
inhale	[ɪnˈheɪl] *v.* 吸入，吸气
finale	[fɪˈnæli] *n.* 最后，最终；终曲
impale	[ɪmˈpeɪl] *v.* 刺入，刺穿
morale	[məˈræl] *n.* 士气，民心
stale	[steɪl] *adj.* 不新鲜的，陈腐的
explicable	[ɪkˈsplɪkəbl] *adj.* 可解释的
agreeable	[əˈgriːəbl] *adj.* 令人愉快的；欣然同意的
ineffable	[ɪnˈefəbl] *adj.* 不可言喻的，难以表达的；避讳的
inappreciable	[ˌɪnəˈpriːʃəbl] *adj.* 微不足道的
irremediable	[ˌɪrɪˈmiːdiəbl] *adj.* 无法治愈的，无法纠正的
amiable	[ˈeɪmiəbl] *adj.* 和蔼的，亲切的
inexpiable	[ˌɪnɪkˈspɪəbl] *adj.* 不能补偿的
friable	[ˈfraɪəbl] *adj.* 脆的，易碎的
flammable	[ˈflæməbl] *adj.* 易燃的
impregnable	[ɪmˈpregnəbl] *adj.* 固若金汤的，无法攻破的
finable	[ˈfaɪnəbl] *adj.* 应罚款的
unconscionable	[ʌnˈkɑːnʃənəbl] *adj.* 无节制的，过度的，不合理的
exceptionable	[ɪkˈsepʃənəbl] *adj.* 引起反感的
impalpable	[ɪmˈpælpəbl] *adj.* 无法触及的；不易理解的
unflappable	[ˌʌnˈflæpəbl] *adj.* 不惊慌的，镇定的
execrable	[ˈeksɪkrəbl] *adj.* 可憎的，讨厌的
ponderable	[ˈpɔndərəbl] *adj.* 可估量的
insuperable	[ɪnˈsuːpərəbl] *adj.* 难以克服的
advisable	[ədˈvaɪzəbl] *adj.* 适当的，可取的

table [ˈteɪbl] *v.* 搁置，不予考虑

redoubtable [rɪˈdaʊtəbl] *adj.* 令人敬畏的，可怕的

ineluctable [ˌɪnɪˈlʌktəbl] *adj.* 不能逃避的

habitable [ˈhæbɪtəbl] *adj.* 可居住的

veritable [ˈverɪtəbl] *adj.* 名副其实的，真正的，确实的

lamentable [ləˈmentəbl] *adj.* 令人惋惜的，悔恨的

scrutable [ˈscruːtəbl] *adj.* 可以了解的，可解读的

inscrutable [ɪnˈskruːtəbl] *adj.* 高深莫测的，神秘的

equable [ˈekwəbl] *adj.* 稳定的，不变的；(脾气)温和的

dabble [ˈdæbl] *v.* 涉足，浅尝

gabble [ˈɡæbl] *v.* 急促而不清楚地说

squabble [ˈskwɑːbl] *n.* 争吵

scribble [ˈskrɪbl] *v.* 乱写，乱涂

quibble [ˈkwɪbl] *n.* 遁词；吹毛求疵的反对意见或批评

gobble [ˈɡɑːbl] *v.* 贪婪地吃，狼吞虎咽；吞没

hobble [ˈhɑːbl] *v.* 蹒跚；跛行

wobble [ˈwɑːbl] *v.* 摇晃，摇摆；犹豫

feeble [ˈfiːbl] *adj.* 虚弱的

enfeeble [ɪnˈfiːbl] *v.* 使衰弱

indelible [ɪnˈdeləbl] *adj.* 擦拭不掉的，不可磨灭的

feasible [ˈfiːzəbl] *adj.* 可行的，可能的

ostensible [ɑːˈstensəbl] *adj.* 表面上的

sensible [ˈsensəbl] *adj.* 明智的；可感觉到的

compatible [kəmˈpætəbl] *adj.* 能和谐共处的，相容的

destructible [dɪˈstrʌktəbl] *adj.* 可破坏的

comestible [kəˈmestɪbl] *n.* 食物，食品 *adj.* 可吃的

preamble [priˈæmbl] *n.* 前言，序言；先兆

shamble [ˈʃæmbl] *v.* 蹒跚而行，踉跄地走

ramble [ˈræmbl] *n.* 漫步 *v.* 漫步

assemble [əˈsembl] *v.* 集合，聚集；装配，组装

dissemble [dɪˈsembl] *v.* 假装，掩饰(感情、意图等)

nimble [ˈnɪmbl] *adj.* 敏捷的，灵活的

bumble	[ˈbʌmbl] *v.* 说话含糊；拙劣地做
fumble	[ˈfʌmbl] *v.* 摸索，笨拙地搜寻；弄乱，搞糟
mumble	[ˈmʌmbl] *v.* 咕哝，含糊不清地说
rumble	[ˈrʌmbl] *v.* 发出低沉的隆隆声
crumble	[ˈkrʌmbl] *v.* 弄碎；崩溃
tumble	[ˈtʌmbl] *v.* 突然跌倒，突然下跌；倒塌
ennoble	[ɪˈnoʊbl] *v.* 授予爵位，使高贵
oracle	[ˈɔːrəkl] *n.* 代神发布神谕的人
icicle	[ˈaɪsɪkl] *n.* 冰柱，冰垂
monocle	[ˈmɑːnəkl] *n.* 单片眼镜
addle	[ˈædl] *v.* 使腐坏；使昏乱
saddle	[ˈsædl] *n.* 鞍，马鞍
waddle	[ˈwɑːdl] *v.* 摇摇摆摆地走
meddle	[ˈmedl] *v.* 干涉，干预
peddle	[ˈpedl] *v.* 兜售
piddle	[ˈpɪdl] *v.* 鬼混，浪费
coddle	[ˈkɑːdl] *v.* 溺爱；悉心照料
mollycoddle	[ˈmɑːlikɑːdl] *v.* 过分爱惜，娇惯 *n.* 娇生惯养的人
cuddle	[ˈkʌdl] *v.* 搂抱，拥抱 *n.* 搂抱，拥抱
befuddle	[bɪˈfʌdl] *v.* 使迷惑不解；使酒醉昏迷
wheedle	[ˈwiːdl] *v.* 哄骗，诱骗
needle	[ˈniːdl] *n.* 针；针叶
idle	[ˈaɪdl] *adj.* （指人）无所事事的；无效的 *v.* 懒散，无所事事
bridle	[ˈbraɪdl] *n.* 马笼头 *v.* 抑制，控制
kindle	[ˈkɪndl] *v.* 着火，点燃
swindle	[ˈswɪndl] *v.* 诈骗
fondle	[ˈfɑːndl] *v.* 抚弄，抚摸
doodle	[ˈduːdl] *v.* 涂鸦；混时间
curdle	[ˈkɜːrdl] *v.* 使凝结，变稠
hurdle	[ˈhɜːrdl] *n.* 跨栏；障碍 *v.* 克服（障碍）

dawdle	[ˈdɔːdl] *v.* 闲荡，虚度光阴
muffle	[ˈmʌfl] *v.* 消音；裹住
ruffle	[ˈrʌfl] *v.* 弄皱；激怒 *n.* 褶皱
rifle	[raɪfl] *n.* 步枪 *v.* 抢夺，偷走
trifle	[ˈtraɪfl] *n.* 微不足道的事物，琐事
stifle	[ˈstaɪfl] *v.* 感到窒息；抑止
finagle	[fɪˈneɪgl] *v.* 骗取，骗得
straggle	[ˈstrægl] *v.* 迷路；落伍；蔓延
giggle	[ˈgɪgl] *v.* 咯咯笑
niggle	[ˈnɪgl] *v.* 拘泥小节；小气地给
wiggle	[ˈwɪgl] *v.* 扭动，摆动
boggle	[ˈbɑːgl] *v.* 犹豫；退缩
goggle	[ˈgɑːgl] *n.* 护目镜 *v.* 瞪大眼睛看
smuggle	[ˈsmʌgl] *v.* 走私，私运
snuggle	[ˈsnʌgl] *v.* 紧靠，依偎
inveigle	[ɪnˈveɪgl] *v.* 诱骗，诱使
dangle	[ˈdæŋgl] *v.* 悬荡，悬摆；吊胃口
mangle	[ˈmæŋgl] *v.* 毁坏，毁损；（通过切、压等）损坏
disentangle	[ˌdɪsɪnˈtæŋgl] *v.* 解决；解脱，解开
mingle	[ˈmɪŋgl] *v.*（使）混合
intermingle	[ˌɪntərˈmɪŋgl] *v.* 混合，掺杂
bungle	[ˈbʌŋgl] *v.* 笨拙地做
ogle	[ˈoʊgl] *v.* 送秋波 *n.* 媚眼
bile	[baɪl] *n.* 胆汁；愤怒
labile	[ˈleɪbaɪl] *adj.* 易变化的，不稳定的
mobile	[ˈmoʊbl] *adj.* 易于移动的
gracile	[ˈgræsaɪl] *adj.* 细弱的，纤细优美的
imbecile	[ˈɪmbəsl] *n.* 低能者，弱智者，极愚蠢的人
file	[faɪl] *n.* 锉刀 *v.* 锉平
defile	[dɪˈfaɪl] *v.* 弄污，弄脏 *n.*（山间）峡谷，隘路
agile	[ˈædʒl] *adj.* 敏捷的，灵活的
simile	[ˈsɪməli] *n.* 明喻

senile	[ˈsiːnaɪl] *adj.* 衰老的
compile	[kəmˈpaɪl] *v.* 汇集；编辑
rile	[raɪl] *v.* 惹恼，激怒
febrile	[ˈfiːbraɪl] *adj.* 发烧的，热病的
puerile	[ˈpjʊrəl] *adj.* 幼稚的；孩子气的
virile	[ˈvɪrəl] *adj.* 有男子气的；刚健的
prehensile	[prɪˈhensl] *adj.* 能抓住东西的，缠绕的
tensile	[ˈtensl] *adj.* 张力的；可伸展的
fissile	[ˈfɪsl] *adj.* 易分裂的
versatile	[ˈvɜːrsətl] *adj.* 多才多艺的；多用途的
projectile	[prəˈdʒektl] *n.* 抛射体
motile	[ˈmoʊtaɪl] *adj.* 能动的
fertile	[ˈfɜːrtl] *adj.* 多产的；肥沃的
vile	[vaɪl] *adj.* 恶劣的，卑鄙的，道德败坏的
wile	[waɪl] *n.* 诡计
tackle	[ˈtækl] *v.* 处理 *n.* 滑车
heckle	[ˈhekl] *v.* 诘问，责问
chuckle	[ˈtʃʌkl] *v.* 轻声地笑，咯咯地笑
suckle	[ˈsʌkl] *v.* 给…哺乳；吮吸
rankle	[ˈræŋkl] *v.* 怨恨；激怒
tinkle	[ˈtɪŋkl] *v.* (使)发出叮当声
winkle	[ˈwɪŋkl] *v.* 挑出，剔出，取出
condole	[kənˈdoʊl] *v.* 同情，哀悼
cajole	[kəˈdʒoʊl] *v.* (以甜言蜜语)哄骗
console	[kənˈsoʊl] *v.* 安慰，抚慰
maple	[ˈmeɪpl] *n.* 枫树
ample	[ˈæmpl] *adj.* 富足的；充足的
dimple	[ˈdɪmpl] *n.* 酒窝，笑靥
rumple	[ˈrʌmpl] *v.* 弄皱，弄乱
ripple	[ˈrɪpl] *v.* (使)泛起涟漪 *n.* 波痕，涟漪
stipple	[ˈstɪpl] *v.* 点画，点描
dismantle	[dɪsˈmæntl] *v.* 拆除

disgruntle [dɪsˈgrʌntl] *v.* 使不高兴

footle [ˈfuːtl] *v.* 说胡话，做傻事，浪费(时间)

startle [ˈstɑːrtl] *v.* 使吃惊

chortle [ˈtʃɔːrtl] *v.* 开心地笑，咯咯地笑 *n.* 得意的笑

hurtle [ˈhɜːrtl] *v.* 呼啸而过，快速通过；猛投，用力投掷

pestle [ˈpesl] *n.* 杵，碾槌

whistle [ˈwɪsl] *n.* 口哨声；汽笛声 *v.* 吹口哨，鸣笛

jostle [ˈdʒɑːsl] *v.* 推挤；挤开通路

bustle [ˈbʌsl] *v.* 奔忙，忙乱 *n.* 喧闹，熙熙攘攘

rustle [ˈrʌsl] *v.* 发出沙沙声

rattle [ˈrætl] *v.* 使发出咯咯声；使慌乱

tattle [ˈtætl] *v.* 闲聊；泄露秘密

mettle [ˈmetl] *n.* 勇气，斗志

nettle [ˈnetl] *n.* 荨麻 *v.* 烦忧，激怒

settle [ˈsetl] *v.* 安排；决定；栖息

unsettle [ˌʌnˈsetl] *v.* 使不安宁，扰乱

brittle [ˈbrɪtl] *adj.* 易碎的，脆弱的

guttle [ˈgʌtl] *v.* 狼吞虎咽

shuttle [ˈʃʌtl] *v.* (使)穿梭移动，往返运送

granule [ˈgrænjuːl] *n.* 小粒，微粒

capsule [ˈkæpsjuːl] *n.* 荚膜，蒴果；胶囊

gargoyle [ˈgɑːrgɔɪl] *n.* (雕刻成怪兽状的)滴水嘴；面貌丑恶的人

bamboozle [bæmˈbuːzl] *v.* 欺骗，隐瞒

guzzle [ˈgʌzl] *v.* 大吃大喝；大量消耗

defame [dɪˈfeɪm] *v.* 诽谤，中伤

inflame [ɪnˈfleɪm] *v.* 使燃烧；激怒(某人)

tame [teɪm] *adj.* 驯服的；沉闷的，平淡的

supreme [suːˈpriːm] *adj.* 最高的；极度的

regime [reɪˈʒiːm] *n.* 政权，政治制度

sublime [səˈblaɪm] *adj.* 崇高的 *v.* 使崇高

prime [praɪm] *n.* 全盛时期 *adj.* 首先的；主要的；最好的

syndrome [ˈsɪndroʊm] *n.* 综合征

wholesome [ˈhoʊlsəm] *adj.* 有益健康的

gruesome [ˈɡruːsəm] *adj.* 令人毛骨悚然的，阴森的

toothsome [ˈtuːθsəm] *adj.* 可口的，美味的

irksome [ˈɜːrksəm] *adj.* 令人苦恼的，讨厌的

lissome [ˈlɪsəm] *adj.* 柔软的

tome [toʊm] *n.* 册，卷；大部头的书

fume [fjuːm] *v.* 发怒，愤怒；冒烟 *n.* 烟；愤怒，恼怒

exhume [ɪɡˈzuːm] *v.* 掘出，发掘

subsume [səbˈsuːm] *v.* 包含，包括

costume [ˈkɑːstuːm] *n.* 服装；戏装

ultramundane [ˌʌltrəˈmʌndein] *adj.* 世界之外的；超俗的

profane [prəˈfeɪn] *v.* 亵渎，玷污

pane [peɪn] *n.* 窗格玻璃

membrane [ˈmembreɪn] *n.* 薄膜；膜

insane [ɪnˈseɪn] *adj.* 疯狂的

convene [kənˈviːn] *v.* 集合；召集

intervene [ˌɪntərˈviːn] *v.* 干涉，介入

recombine [ˌriːkəmˈbaɪn] *v.* 重组，再结合

outshine [ˌaʊtˈʃaɪn] *v.* 比…光亮；出色，优异

whine [waɪn] *v.* 哀号，号哭

recline [rɪˈklaɪn] *v.* 斜倚，躺卧

sideline [ˈsaɪdlaɪn] *n.* 副业，兼职

feline [ˈfiːlaɪn] *adj.* 猫的，猫科的

aquiline [ˈækwɪlaɪn] *adj.* 鹰的，似鹰的

byline [ˈbaɪlaɪn] *n.* (报刊等的文章开头或结尾)标出作者名字的一行

famine [ˈfæmɪn] *n.* 饥荒

asinine [ˈæsɪnaɪn] *adj.* 愚笨的

repine	[rɪˈpaɪn] *v.* 不满，抱怨
opine	[oʊˈpaɪn] *v.* 想，以为
supine	[ˈsuːpaɪn] *adj.* 仰卧的；懒散的
marine	[məˈriːn] *adj.* 海的；海生的
enshrine	[ɪnˈʃraɪn] *v.* 奉为神圣，珍藏
figurine	[ˌfɪɡjəˈriːn] *n.* 小塑像，小雕像
tambourine	[ˌtæmbəˈriːn] *n.* 铃鼓，小手鼓
limousine	[ˈlɪməziːn] *n.* 大型轿车，(常指)大型豪华轿车
elephantine	[ˌelɪˈfæntiːn] *adj.* 笨拙的；巨大的
serpentine	[ˈsɜːrpəntiːn] *adj.* 像蛇般蜷曲的，蜿蜒的
clandestine	[klænˈdestɪn] *adj.* 秘密的，偷偷摸摸的
genuine	[ˈdʒenjuɪn] *adj.* 真的；真诚的
equine	[ˈiːkwaɪn] *adj.* 马的，似马的
divine	[dɪˈvaɪn] *v.* 推测，预言
bovine	[ˈboʊvaɪn] *adj.* (似)牛的；迟钝的
swine	[swaɪn] *n.* 猪
entwine	[ɪnˈtwaɪn] *v.* 使缠绕，交织
intertwine	[ˌɪntərˈtwaɪn] *v.* 纠缠，缠绕
comedienne	[kəˌmiːdiˈen] *n.* 喜剧女演员；滑稽人物
hone	[hoʊn] *n.* 磨刀石 *v.* 磨刀
cyclone	[ˈsaɪkloʊn] *n.* 气旋，飓风
atone	[əˈtoʊn] *v.* 赎罪，补偿
zone	[zoʊn] *n.* 地区 *v.* 分成区
jejune	[dʒɪˈdʒuːn] *adj.* 空洞的；不成熟的
immune	[ɪˈmjuːn] *adj.* 免疫的；免除的，豁免的
prune	[pruːn] *n.* 西梅干 *v.* 修剪(树木等)
importune	[ˌɪmpɔːrˈtuːn] *v.* 强求，胡搅蛮缠
hoe	[hoʊ] *n.* 锄头
roe	[roʊ] *n.* 鱼卵
woe	[woʊ] *n.* 悲痛，悲哀；不幸，灾难
gape	[ɡeɪp] *v.* 裂开；目瞪口呆地凝视
agape	[əˈɡeɪp] *adj./adv.* (嘴)大张着的/地

shipshape	[ˈʃɪpʃeɪp] *adj.* 整洁干净的；井然有序的
jape	[dʒeɪp] *v.* 开玩笑，戏弄
scrape	[skreɪp] *v.* 刮，擦；擦掉
recipe	[ˈresəpi] *n.* 食谱
snipe	[snaɪp] *v.* 狙击
gripe	[ɡraɪp] *v.* 抱怨；惹恼，激怒
swipe	[swaɪp] *n.* 猛击 *v.* 猛击
lope	[loʊp] *n.* 轻快的步伐 *v.* 大步跑
mope	[moʊp] *v.* 抑郁，闷闷不乐 *n.* 情绪低落
hype	[haɪp] *n.* 夸大的广告宣传
archetype	[ˈɑːkitaɪp] *n.* 原型；典型
bare	[ber] *v.* 暴露 *adj.* 赤裸的
threadbare	[ˈθredber] *adj.* 磨破的；陈腐的
scare	[sker] *n./v.* 惊吓，受惊，惊恐
blare	[bler] *v.* 高声发出
glare	[ɡler] *v.* 发炫光；怒目而视
snare	[sner] *n.* 圈套，陷阱
ensnare	[ɪnˈsner] *v.* 诱入陷阱，进入罗网
pare	[per] *v.* 削；修剪；削减，缩减
square	[skwer] *v.* 一致，符合；结清
timbre	[ˈtæmbər] *n.* 音色，音质
massacre	[ˈmæsəkər] *n.* 大屠杀
lucre	[ˈluːkər] *n.* 〈贬〉钱，利益
premiere	[prɪˈmɪr] *n.* (电影、戏剧等)首次公演
sere	[sɪr] *adj.* 干枯的，枯萎的
severe	[sɪˈvɪr] *adj.* 严厉的；剧烈的
ire	[ˈaɪər] *n.* 愤怒 *v.* 激怒
dire	[ˈdaɪər] *adj.* 可怕的
umpire	[ˈʌmpaɪər] *n.* 仲裁者 *v.* 对…进行仲裁
aspire	[əˈspaɪər] *v.* 渴望，追求，向往
conspire	[kənˈspaɪər] *v.* 密谋，共谋

expire	[ɪkˈspaɪər] *v.* 期满；断气，去世
satire	[ˈsætaɪər] *n.* 讽刺
attire	[əˈtaɪər] *v.* 使穿衣；打扮 *n.* 盛装，服装
lore	[lɔːr] *n.* 知识；特定的知识或传说
implore	[ɪmˈplɔːr] *v.* 哀求，恳求
secure	[səˈkjʊr] *adj.* 安全的；稳固的 *v.* 握紧，关牢；使安全
verdure	[ˈvɜːrdjər] *n.* 葱郁，青翠；生机勃勃
prefigure	[ˌpriːˈfɪgjər] *v.* 预示；预想
disfigure	[dɪsˈfɪgjər] *v.* 损毁…的外形；使变丑
transfigure	[trænsˈfɪgjər] *v.* 美化，改观
brochure	[broʊˈʃʊr] *n.* 小册子，说明书
abjure	[əbˈdʒʊr] *v.* 发誓放弃
perjure	[ˈpɜːrdʒər] *v.* 使作伪证，发假誓
demure	[dɪˈmjʊr] *adj.* 严肃的，矜持的
immure	[ɪˈmjʊr] *v.* 监禁
manure	[məˈnʊr] *n.* 粪肥 *v.* 给…施肥
tenure	[ˈtenjər] *n.* 占有期，任期；终身职位
cynosure	[ˈsɪnəʃʊr] *n.* 注意的焦点
fissure	[ˈfɪʃər] *n.* 裂缝，裂隙
legislature	[ˈledʒɪsleɪtʃər] *n.* 立法机关，立法团体
mature	[məˈtʃʊr] *adj.* 成熟的；深思熟虑的
signature	[ˈsɪgnətʃər] *n.* 签名，署名
stature	[ˈstætʃər] *n.* 身高，身材
fracture	[ˈfræktʃər] *n.* 骨折；折断；裂口
stricture	[ˈstrɪktʃər] *n.* 严厉谴责
expenditure	[ɪkˈspendɪtʃər] *n.* 花费，支出；支出额
forfeiture	[ˈfɔːrfətʃər] *n.* （名誉等）丧失
horticulture	[ˈhɔːrtɪkʌltʃər] *n.* 园艺学
dentures	[ˈdentʃərz] *n.* 假牙
enrapture	[ɪnˈræptʃər] *v.* 使狂喜，使高兴

scripture [ˈskrɪptʃər] *n.* 经文，圣典

rupture [ˈrʌptʃər] *n./v.* 破裂，断裂

overture [ˈoʊvərtʃər] *n.* 前奏曲，序曲

gesture [ˈdʒestʃər] *n.* 姿势，手势；姿态，表示

azure [ˈæʒər] *n.* 天蓝色 *adj.* 蔚蓝的

abase [əˈbeɪs] *v.* 降低…的地位，贬抑，使卑下

lease [liːs] *n.* 租约；租期 *v.* 出租

tease [tiːz] *v.* 逗乐，戏弄；强求，强要 *n.* 逗乐，戏弄

chase [tʃeɪs] *v.* 雕镂；追逐；追捕

blasé [blɑːˈzeɪ] *adj.* 厌倦享乐的，玩厌了的

erase [ɪˈreɪs] *v.* 擦掉，抹去

malaise [məˈleɪz] *n.* 不适，不舒服

braise [breɪz] *v.* 炖，蒸

appraise [əˈpreɪz] *v.* 评价，鉴定

concise [kənˈsaɪs] *adj.* 简洁的

disfranchise [ˌdɪsˈfræntʃaɪz] *v.* 剥夺…的权利，剥夺…的公民权

despise [dɪˈspaɪz] *v.* 鄙视，蔑视

chastise [tʃæˈstaɪz] *v.* 严惩；谴责

guise [ɡaɪz] *n.* 外观，装束；伪装，假装

disguise [dɪsˈɡaɪz] *v.* 假扮；掩饰

bruise [bruːz] *v.* 受伤，擦伤

devise [dɪˈvaɪz] *v.* 发明，设计；遗赠给

supervise [ˈsuːpərvaɪz] *v.* 监督，管理

convulse [kənˈvʌls] *v.* 使剧烈震动；震撼

recompense [ˈrekəmpens] *v.* 报酬，赔偿

dispense [dɪˈspens] *v.* 分配，分发

commonsense [ˈkɑːmənsens] *adj.* 有常识的

rinse [rɪns] *v.* 冲洗掉，漂净

otiose [ˈoʊʃioʊs] *adj.* 不必要的，多余的

foreclose [fɔːrˈkloʊz] *v.* 排除；取消(抵押品的)赎回权

disclose	[dɪsˈkloʊz] v. 揭露
lachrymose	[ˈlækrɪmoʊs] adj. 爱哭的；引人落泪的
diagnose	[ˌdaɪəgˈnoʊs] v. 判断，诊断
noose	[nuːs] n. 绳圈，套索
juxtapose	[ˌdʒʌkstəˈpoʊz] v. 并列，并置
depose	[dɪˈpoʊz] v. 免职；宣誓作证
repose	[rɪˈpoʊz] n./v. 休息，安眠
impose	[ɪmˈpoʊz] v. 征收；强加
superimpose	[ˌsuːpərɪmˈpoʊz] v. 重叠，叠加
oppose	[əˈpoʊz] v. 反对
interpose	[ˌɪntərˈpoʊz] v. 置于…之间；使介入
dispose	[dɪˈspoʊz] v. 使倾向于；处理
transpose	[trænˈspoʊz] v. 颠倒顺序，调换
comatose	[ˈkoʊmətoʊs] adj. 昏迷的
lapse	[læps] n. 失误；(时间等)流逝
relapse	[rɪˈlæps] n. 旧病复发；再度恶化 v. 旧病复发；再度恶化
collapse	[kəˈlæps] v. 坍塌，塌陷；虚脱，晕倒
traipse	[treɪps] v. 漫步，闲荡
glimpse	[ɡlɪmps] v. 瞥见，看一眼 n. 一瞥，一看
rehearse	[rɪˈhɜːrs] v. 排练，预演；详述
hoarse	[hɔːrs] adj. 嘶哑的，粗哑的
immerse	[ɪˈmɜːrs] v. 浸入；沉浸于
intersperse	[ˌɪntərˈspɜːrs] v. 散布，点缀
traverse	[trəˈvɜːrs] v. 横穿，横跨
obverse	[ˈɑːbvɜːrs] n./adj. 正面(的)
perverse	[pərˈvɜːrs] adj. 刚愎自用的，固执的
disburse	[dɪsˈbɜːrs] v. 支付，支出
purse	[pɜːrs] v. 缩拢，皱起 n. 钱包
passe	[pæˈseɪ] adj. 已过盛年的；过时的
impasse	[ˈɪmpæs] n. 僵局；死路

abuse [əˈbjuːz] v. 辱骂；滥用
[əˈbjuːs] n. 辱骂；滥用

defuse [ˌdiːˈfjuːz] v. 拆除(爆破物的)引信，使除去危险性；平息

diffuse [diˈfjuːz] v. 散布，(光等)漫射
[dɪˈfjuːs] adj. 漫射的，散漫的

muse [mjuːz] v. 沉思，冥想

amuse [əˈmjuːz] v. 使愉快，逗某人笑

douse [daʊs] v. 把…浸入水中；熄灭

warehouse [ˈwerhaʊs] n. 仓库，货栈

arouse [əˈraʊz] v. 唤醒；激发

carouse [kəˈraʊz] n. 狂饮寻乐

ruse [ruːz] n. 骗术，计策

peruse [pəˈruːz] v. 细读，精读

obtuse [əbˈtuːs] adj. 愚笨的；钝的

browse [braʊz] v. 吃草；浏览 n. 嫩叶；嫩芽

abate [əˈbeɪt] v. 减轻，减少

reprobate [ˈreprəbeɪt] v. 非难，斥责 adj./n. 堕落的(人)

desiccate [ˈdesɪkeɪt] v. (使)完全干涸，脱水

abdicate [ˈæbdɪkeɪt] v. 退位；放弃

medicate [ˈmedɪkeɪt] v. 用药物医治；加药于

adjudicate [əˈdʒuːdɪkeɪt] v. 充当裁判；判决

delicate [ˈdelɪkət] adj. 娇弱的；雅致的，精美的

supplicate [ˈsʌplɪkeɪt] v. 恳求，祈求

implicate [ˈɪmplɪkeɪt] v. 牵连(于罪行中)；暗示

prevaricate [prɪˈværɪkeɪt] v. 支吾其词，搪塞

extricate [ˈekstrɪkeɪt] v. 摆脱，脱离；拯救，救出

masticate [ˈmæstɪkeɪt] v. 咀嚼；把…磨成浆

prognosticate [prəgˈnɔstɪkeɪt] v. 预言，预示

domesticate [dəˈmestɪkeɪt] v. 驯养，驯化

intoxicate [ɪnˈtɑːksɪkeɪt] v. (使)沉醉，(使)欣喜若狂；(使)喝醉

inculcate	[ɪnˈkʌlkeɪt]	*v.* 谆谆教诲，反复灌输
suffocate	[ˈsʌfəkeɪt]	*v.* (使)窒息，把…闷死
allocate	[ˈæləkeɪt]	*v.* 配给，分配
dislocate	[ˈdɪsloʊkeɪt]	*v.* 使脱臼；把…弄乱
advocate	[ˈædvəkeɪt]	*v.* 提倡，主张，拥护
	[ˈædvəkət]	*n.* 支持者，拥护者
equivocate	[ɪˈkwɪvəkeɪt]	*v.* 模棱两可地说，支吾其词，推诿
demarcate	[ˈdiːmɑːrkeɪt]	*v.* 划分，划界
bifurcate	[ˈbaɪfərkeɪt]	*v.* 分为两支，分叉
confiscate	[ˈkɑːnfɪskeɪt]	*v.* 没收；充公
coruscate	[ˈkɔːrəskeɪt]	*v.* 闪亮
consolidate	[kənˈsɑːlɪdeɪt]	*v.* 巩固；加强；合并
dilapidate	[dɪˈlæpɪdeɪt]	*v.* (使)荒废，(使)毁坏
liquidate	[ˈlɪkwɪdeɪt]	*v.* 清算；清偿
mandate	[ˈmændeɪt]	*n.* 命令，训令
inundate	[ˈɪnʌndeɪt]	*v.* 淹没，泛滥；压倒
nucleate	[ˈnuːklɪeɪt]	*v.* (使)成核 *adj.* 有核的
nauseate	[ˈnɔːzieɪt]	*v.* (使)作呕，(使)厌恶
divagate	[ˈdaɪvəgeɪt]	*v.* 离题；飘泊
variegate	[ˈverɪgeɪt]	*v.* 使多样化，使色彩斑斓
delegate	[ˈdelɪgət]	*n.* 代表
	[ˈdelɪgeɪt]	*v.* 委派…为代表，授权
abnegate	[ˈæbnɪgeɪt]	*v.* 否认，放弃
congregate	[ˈkɑːŋgrɪgeɪt]	*v.* 聚集，集合
aggregate	[ˈægrɪgeɪt]	*v.* 集合；合计
profligate	[ˈprɑːflɪgət]	*adj.* 挥霍的，浪费的 *n.* 恣意挥霍者
abrogate	[ˈæbrəgeɪt]	*v.* 废止，废除
derogate	[ˈderəgeɪt]	*v.* 贬低，诽谤
interrogate	[ɪnˈterəgeɪt]	*v.* 审问，审讯
expurgate	[ˈekspərgeɪt]	*v.* 删除，删节
subjugate	[ˈsʌbdʒugeɪt]	*v.* 征服，镇压

corrugate	[ˈkɔːrəgeɪt] *v.* 起波纹，起皱纹
emaciate	[ɪˈmeɪʃieɪt] *v.* 使瘦弱
denunciate	[dɪˌnʌnsiˈeɪt] *v.* 公开指责，公然抨击，谴责
renunciate	[rɪˈnʌnsieɪt] *v.* 放弃
enunciate	[ɪˈnʌnsieɪt] *v.* 发音；(清楚地)表达
dissociate	[dɪˈsoʊʃieɪt] *v.* 分离，游离，分裂
associate	[əˈsoʊʃiət] *adj.* 联合的 *n.* 合伙人 [əˈsoʊʃieɪt] *v.* 使发生联系，使联合
excruciate	[ɪkˈskruːʃieɪt] *v.* 施酷刑；折磨
ciliate	[ˈsɪlɪɪt] *adj.* 有纤毛的；有睫毛的
conciliate	[kənˈsɪlieɪt] *v.* 安抚；安慰；调和
affiliate	[əˈfɪlieɪt] *v.* 使隶属于；追溯…的来源；联合 [əˈfɪliət] *n.* 成员，附属机构
palliate	[ˈpælieɪt] *v.* 减轻(痛苦)；掩饰(罪行)
calumniate	[kəˈlʌmnieɪt] *v.* 诽谤，中伤
expiate	[ˈekspieɪt] *v.* 补偿
inebriate	[ɪˈniːbrieɪt] *v.* 使…醉 *n.* 酒鬼，酒徒
excoriate	[ˌeksˈkɔːrieɪt] *v.* 剥皮；严厉批评
expropriate	[eksˈproʊprieɪt] *v.* 充公，没收
expatriate	[ˌeksˈpeɪtriət] *v.* 驱逐，流放；移居国外
striate	[ˈstraɪɪt] *v.* 加条纹
ingratiate	[ɪnˈgreɪʃieɪt] *v.* 逢迎，讨好
expatiate	[ɪkˈspeɪʃieɪt] *v.* 细说，详述
potentiate	[pəuˈtenʃɪeɪt] *v.* 加强，强化
differentiate	[ˌdɪfəˈrenʃieɪt] *v.* 辨别，区别
deviate	[ˈdiːvieɪt] *v.* 越轨，偏离
alleviate	[əˈliːvieɪt] *v.* 减轻，缓和
palate	[ˈpælət] *n.* 上腭；口味；爱好
annihilate	[əˈnaɪəleɪt] *v.* 消灭
ventilate	[ˈventɪleɪt] *v.* 使通风
flagellate	[ˈflædʒəleɪt] *v.* 鞭打，鞭笞

oscillate	[ˈɑːsɪleɪt] *v.* 摆动；犹豫
scintillate	[ˈsɪntɪleɪt] *v.* 闪烁；(言谈举止中)焕发才智
collate	[kəˈleɪt] *v.* 对照，核对
percolate	[ˈpɜːrkəleɪt] *v.* 过滤出；渗透
immolate	[ˈɪməleɪt] *v.* 牺牲，献祭
desolate	[ˈdesələt] *adj.* 荒凉的，被遗弃的
perambulate	[pəˈræmbjuleɪt] *v.* 巡视；漫步
ejaculate	[iˈdʒækjuleɪt] *v.* 突然叫出或说出；射出
peculate	[ˈpekjuleɪt] *v.* 挪用(公款)
emasculate	[iˈmæskjuleɪt] *v.* 使柔弱；阉割 *adj.* 柔弱的
matriculate	[məˈtrɪkjuleɪt] *v.* 录取
gesticulate	[dʒeˈstɪkjuleɪt] *v.* 做手势表达
inoculate	[ɪˈnɑːkjuleɪt] *v.* 注射预防针
adulate	[ˈædjuleɪt] *v.* 谄媚，奉承
undulate	[ˈʌndʒəleɪt] *v.* 波动，起伏
coagulate	[koʊˈægjuleɪt] *v.* 使凝结
pullulate	[ˈpʌljʊleɪt] *v.* 繁殖；充满
accumulate	[əˈkjuːmjəleɪt] *v.* 积聚，积累
simulate	[ˈsɪmjuleɪt] *v.* 假装，模仿
dissimulate	[dɪˈsɪmjuleɪt] *v.* 隐藏，掩饰(感情、动机等)
manipulate	[məˈnɪpjuleɪt] *v.* (熟练地)操作，处理
expostulate	[ɪkˈspɑːstʃuleɪt] *v.* (对人或行为的)抗议；告诫
amalgamate	[əˈmælgəmeɪt] *v.* 合并；混合
sublimate	[ˈsʌblɪmeɪt] *v.* (使)升华，净化
acclimate	[ˈækləmeɪt] *v.* (使)服水土；(使)适应
animate	[ˈænɪmət] *adj.* 活的，有生命的 [ˈænɪmeɪt] *v.* 赋予生命
inanimate	[ɪnˈænɪmət] *adj.* 无生命的
inmate	[ˈɪnmeɪt] *n.* 同住者，同居者
emanate	[ˈeməneɪt] *v.* 散发，发出；发源
concatenate	[kənˈkætəneɪt] *v.* 连结；连锁

rejuvenate [rɪˈdʒuːvəneɪt] *v.* 使变得年轻

deracinate [ˌdiːˈræsɪneɪt] *v.* 根除，灭绝

contaminate [kənˈtæmɪneɪt] *v.* 弄脏，污染

effeminate [ɪˈfemɪnət] *adj.* 缺乏勇气的，柔弱的

illuminate [ɪˈluːmɪneɪt] *v.* 阐明，解释；照亮

discriminate [dɪˈskrɪmɪneɪt] *v.* 区别，歧视

incriminate [ɪnˈkrɪmɪneɪt] *v.* 连累，牵连

fulminate [ˈfʊlmɪneɪt] *v.* 猛烈抨击，严厉谴责

abominate [əˈbɑːmɪneɪt] *v.* 痛恨；厌恶

nominate [ˈnɑːmɪneɪt] *v.* 提名；任命，指定

terminate [ˈtɜːrmɪneɪt] *v.* 终止，结束

ruminate [ˈruːmɪneɪt] *v.* 反刍；深思

procrastinate [proʊˈkræstɪneɪt] *v.* 耽搁，拖延

obstinate [ˈɑːbstɪnət] *adj.* 固执的，倔强的

donate [ˈdoʊneɪt] *v.* 捐赠，赠送

neonate [ˈniːoʊneɪt] *n.* 新生儿

detonate [ˈdetəneɪt] *v.* (使)爆炸，引爆

reincarnate [ˌriːɪnˈkɑːrneɪt] *v.* 使转世

ornate [ɔːrˈneɪt] *adj.* 华美的；充满装饰的

inchoate [ɪnˈkoʊət] *adj.* 刚开始的；未充分发展的，不成熟的

anticipate [ænˈtɪsɪpeɪt] *v.* 预先处理；预期，期望

inculpate [ˈɪnkʌlpeɪt] *v.* 控告；归咎于

exculpate [ˈekskʌlpeɪt] *v.* 开脱；申明无罪，证明无罪

spate [speɪt] *n.* 许多，大量；(水流)暴涨，发洪水

calibrate [ˈkælɪbreɪt] *v.* 量…口径；校准

vibrate [ˈvaɪbreɪt] *v.* 振动，摇摆；颤动，震动

lucubrate [ˈluːkjuːbreɪt] *v.* 刻苦攻读，埋头苦干，专心著作

consecrate [ˈkɑːnsɪkreɪt] *v.* 奉献，使神圣

execrate [ˈeksɪkreɪt] *v.* 憎恶；咒骂

carbohydrate [ˌkɑːrboʊˈhaɪdreɪt] *n.* 碳水化合物

aerate [ˈereɪt] *v.* 充气，让空气进入

berate [bɪˈreɪt] *v.* 猛烈责骂

lacerate [ˈlæsəreɪt] *v.* 撕裂；深深伤害

macerate [ˈmæsəreɪt] *v.* 浸软；使消瘦

ulcerate [ˈʌlsəreɪt] *v.* 溃烂

incarcerate [ɪnˈkɑːrsəreɪt] *v.* 把…关进监狱，监禁，禁闭

preponderate [prɪˈpɑːndəreɪt] *v.* 超过，胜过

unregenerate [ˌʌnrɪˈdʒenərət] *adj.* 不悔改的

incinerate [ɪnˈsɪnəreɪt] *v.* 焚化，焚毁

remunerate [rɪˈmjuːnəreɪt] *v.* 酬劳，赔偿

vituperate [vɪˈtjuːpəreɪt] *v.* 谩骂，辱骂

inveterate [ɪnˈvetərət] *adj.* 积习已深的，根深蒂固的

adulterate [əˈdʌltəreɪt] *v.* 掺杂，掺假 *adj.* 掺杂的，掺假的

grate [ɡreɪt] *v.* 吱嘎磨碎；使人烦躁，刺激

emigrate [ˈemɪɡreɪt] *v.* 移居国外(或外地)

pirate [ˈpaɪrət] *n.* 海盗；剽窃者 *v.* 盗印；掠夺

perforate [ˈpɜːrfəreɪt] *v.* 打洞

commemorate [kəˈmeməreɪt] *v.* 纪念(伟人、大事件等)；庆祝

prate [preɪt] *v.* 瞎扯，唠叨

penetrate [ˈpenətreɪt] *v.* 刺穿；渗入；了解

arbitrate [ˈɑːrbɪtreɪt] *v.* 仲裁，公断

sequestrate [ˈsiːkwəstreɪt] *v.* 扣押，没收

illustrate [ˈɪləstreɪt] *v.* 举例说明，用图表等说明；阐明

remonstrate [rɪˈmɑːnstreɪt] *v.* 抗议

accurate [ˈækjərət] *adj.* 精确的，准确的

gyrate [ˈdʒaɪreɪt] *adj.* 旋转的 *v.* 旋转，回旋

sate [seɪt] *v.* 使心满意足，使厌腻

compensate [ˈkɑːmpenseɪt] *v.* 补偿，赔偿

inspissate [ɪnˈspɪseɪt] *v.* (使)浓缩

vegetate [ˈvedʒəteɪt] v. 像植物那样生长；无所事事地生活

felicitate [fəˈlɪsɪteɪt] v. 祝贺，庆祝

excogitate [eksˈkɑːdʒiteɪt] v. 认真想出

cogitate [ˈkɑːdʒɪteɪt] v. 慎重思考，思索

regurgitate [rɪˈɡɜːrdʒɪteɪt] v. 涌回，流回；反胃，反刍

palpitate [ˈpælpɪteɪt] v.（心脏）急速跳动

gravitate [ˈɡrævɪteɪt] v. 被强烈地吸引；受引力作用而运动

potentate [ˈpoʊtnteɪt] n. 统治者，君主

rotate [ˈroʊteɪt] v.（使）旋转，（使）转动；轮流，循环

gestate [ˈdʒesteɪt] v. 怀孕，孕育；构思

intestate [ɪnˈtesteɪt] adj. 未留遗嘱的

instate [ɪnˈsteɪt] v. 任命

apostate [əˈpɑːsteɪt] n. 背教者；变节者

mutate [ˈmjuːteɪt] v. 变异

evacuate [ɪˈvækjueɪt] v. 撤离；疏散

attenuate [əˈtenjueɪt] v. 变薄；变弱 adj. 减弱的

extenuate [ɪkˈstenjueɪt] v. 掩饰（罪行），减轻（罪行等）

elevate [ˈelɪveɪt] v. 举起；提升

cultivate [ˈkʌltɪveɪt] v. 种植；培养（友谊）

captivate [ˈkæptɪveɪt] v. 迷惑，迷住

mete [miːt] v. 给予，分配；测量

accrete [əˈkriːt] v. 逐渐增长；添加生长；连生

excrete [ɪkˈskriːt] v. 排泄，分泌

incite [ɪnˈsaɪt] v. 激发，刺激

extradite [ˈekstrədaɪt] v. 引渡

smite [smaɪt] v. 重击，猛打

ignite [ɪɡˈnaɪt] v. 发光；点燃，燃烧

finite [ˈfaɪnaɪt] adj. 有限的

spite [spaɪt] n. 怨恨，恶意

hypocrite [ˈhɪpəkrɪt] *n.* 伪善者，伪君子

underwrite [ˌʌndər ˈraɪt] *v.* 同意负担…的费用；通过保单承担

requite [rɪ ˈkwaɪt] *v.* 报答；报复

svelte [svelt] *adj.* (女人)体态苗条的

dote [doʊt] *v.* 溺爱；昏聩

mote [moʊt] *n.* 尘埃，微尘

emote [ɪ ˈmoʊt] *v.* 激动地表达感情

demote [ˌdiː ˈmoʊt] *v.* 降级，降职

rote [roʊt] *n.* 死记硬背

lambaste [læm ˈbeɪst] *v.* 痛打；痛骂

chaste [tʃeɪst] *adj.* 贞洁的；朴实的

distaste [dɪs ˈteɪst] *v.* 厌恶 *n.* 厌恶，不喜欢

matte [mæt] *adj.* 无光泽的

palette [ˈpælət] *n.* 调色板，颜料配置

pirouette [ˌpɪru ˈet] *n.* (舞蹈)脚尖着地的旋转

tribute [ˈtrɪbjuːt] *n.* 赞词，颂词；贡物

persecute [ˈpɜːrsɪkjuːt] *v.* 迫害

refute [rɪ ˈfjuːt] *v.* 反驳，驳斥

salute [sə ˈluːt] *v.* 行礼致敬；致意 *n.* 行军礼

dissolute [ˈdɪsəluːt] *adj.* 放荡的，无节制的

mute [mjuːt] *adj.* 沉默的 *v.* 减弱…的声音 *n.* 弱音器

depute [dɪ ˈpjuːt] *v.* 派…为代表或代理

destitute [ˈdestɪtuːt] *adj.* 缺乏的；穷困的

neophyte [ˈniːəfaɪt] *n.* 初学者，新手

cue [kjuː] *v.* 暗示，提示 *n.* 暗示，提示

residue [ˈrezɪduː] *n.* 剩余

endue [ɪn ˈdjuː] *v.* 赋予，授予

queue [kjuː] *v.* 排队 *n.* 长队

ague [ˈeɪgjuː] *n.* 冷颤，发冷

plague [pleɪɡ] *n.* 瘟疫；讨厌的人 *v.* 烦扰
vague [veɪɡ] *adj.* 含糊的，不明确的；模糊的
fatigue [fəˈtiːɡ] *n.* 疲乏，劳累
harangue [həˈræŋ] *n.* 长篇攻击性演说
demagogue [ˈdeməɡɑːɡ] *n.* 蛊惑民心的政客
epilogue [ˈepɪlɔːɡ] *n.* 收场白；尾声
monologue [ˈmɑːnəlɔːɡ] *n.* 独白；长篇演说，长篇大论
prologue [ˈproʊlɔːɡ] *n.* 开场白；序言；序幕
prorogue [prəuˈrəuɡ] *v.* 休会；延期
hue [hjuː] *n.* 色彩，色泽；信仰
slue [sluː] *v.* (使)旋转
revenue [ˈrevənuː] *n.* 收入，收益；税收
opaque [oʊˈpeɪk] *adj.* 不透明的；难懂的
oblique [əˈbliːk] *adj.* 不直接的，不坦率的；斜的
pique [piːk] *n.* (因自尊心受伤害而导致的)不悦，愤怒 *v.* 激怒
burlesque [bɜːrˈlesk] *n.* 讽刺或滑稽的戏剧，滑稽剧
grotesque [ɡroʊˈtesk] *adj.* (外形或方式)怪诞的，古怪的；(艺术等)风格怪异的
brusque [brʌsk] *adj.* 唐突的，鲁莽的
rue [ruː] *n.* 后悔，懊悔
accrue [əˈkruː] *v.* (利息等)增加；积累
ensue [ɪnˈsuː] *v.* 接着发生
concave [kɑːnˈkeɪv] *adj.* 凹的
heave [hiːv] *v.* 用力举
interweave [ˌɪntərˈwiːv] *v.* 交织
peeve [piːv] *v.* 使气恼，怨恨
aggrieve [əˈɡriːv] *v.* 使受委屈，使痛苦
reprieve [rɪˈpriːv] *v.* 缓期执行；暂时解救 *n.* 缓刑，暂缓
naive [naɪˈiːv] *adj.* 天真的，纯朴的
waive [weɪv] *v.* 放弃；推迟
conducive [kənˈduːsɪv] *adj.* 有助于…的，有益的

misperceive	[ˌmɪspər'siːv]	v. 误解
rive	[raɪv]	v. 撕开，分裂
offensive	[ə'fensɪv]	adj. 令人不快的，得罪人的
excursive	[ɪks'kɜːrsɪv]	adj. 离题的
massive	['mæsɪv]	adj. 巨大的，厚重的
passive	['pæsɪv]	adj. 被动的，缺乏活力的
obsessive	[əb'sesɪv]	adj. 强迫性的，急迫的；使人着迷的
missive	['mɪsɪv]	n. 信件，(尤指)公函
abusive	[ə'bjuːsɪv]	adj. 谩骂的，毁谤的；虐待的
illusive	[ɪ'luːsɪv]	adj. 迷惑人的，迷幻的
rebarbative	[rɪ'bɑːrbətɪv]	adj. 令人讨厌的，冒犯人的
interrogative	[ˌɪntə'rɑːgətɪv]	adj. 疑问的；质疑的
palliative	['pæliətɪv]	n. 缓释剂 adj. 减轻的，缓和的
superlative	[suː'pɜːrlətɪv]	adj. 最好的
formative	['fɔːrmətɪv]	adj. 形成的；影响发展的
restorative	[rɪ'stɔːrətɪv]	adj. 恢复健康的
demonstrative	[dɪ'mɑːnstrətɪv]	adj. 证明的，论证的；感情流露的
hortative	['hɔːrtətɪv]	adj. 劝告的；激励的
putative	['pjuːtətɪv]	adj. 公认的，推定的
laxative	['læksətɪv]	adj. (药)通便的 n. 轻泻药
objective	[əb'dʒektɪv]	adj. 客观的 n. 目标
invective	[ɪn'vektɪv]	n. 谩骂，痛骂
deductive	[dɪ'dʌktɪv]	adj. 推论的，演绎的
secretive	['siːkrətɪv]	adj. 守口如瓶的
additive	['ædətɪv]	n. 添加剂
acquisitive	[ə'kwɪzətɪv]	adj. 渴望得到的，贪婪的
disruptive	[dɪs'rʌptɪv]	adj. 制造混乱的
abortive	[ə'bɔːrtɪv]	adj. 无结果的，失败的
sportive	['spɔːrtiv]	adj. 嬉戏的，欢闹的
suggestive	[sə'dʒestɪv]	adj. 暗示的
exhaustive	[ɪg'zɔːstɪv]	adj. 彻底的，无遗漏的

revive [rɪˈvaɪv] *v.* 使苏醒；使再流行

salve [sælv] *n.* 药膏 *v.* 减轻，缓和

delve [delv] *v.* 深入探究，钻研

absolve [əbˈzɑːlv] *v.* 赦免，免除

shove [ʃʌv] *v.* 推挤，猛推

behoove [bɪˈhuːv] *v.* 理应，有必要

groove [ɡruːv] *n.* 沟，槽，辙；(刻出的)字沟；习惯

rove [roʊv] *v.* 流浪，漂泊

grove [ɡroʊv] *n.* 小树林，树丛

nerve [nɜːrv] *n.* 勇气 *v.* 给予力量

verve [vɜːrv] *n.* (艺术作品的)神韵；(指人)生机，活力

swerve [swɜːrv] *v.* 突然改变方向

deluxe [dəˈlʌks] *adj.* 豪华的，华丽的

daze [deɪz] *n.* 迷乱，恍惚 *v.* 使茫然，使眩晕

faze [feɪz] *v.* 打扰，扰乱

gaze [ɡeɪz] *v.* 凝视，注视 *n.* 凝视，注视

maze [meɪz] *n.* 迷宫

wheeze [wiːz] *v.* 喘息；发出呼哧呼哧的声音

squeeze [skwiːz] *v.* 压，挤 *n.* 压榨，紧握

trapeze [træˈpiːz] *n.* 高空秋千，吊架

oxidize [ˈɑːksɪdaɪz] *v.* 氧化，生锈

apologize [əˈpɑːlədʒaɪz] *v.* 道歉；辩解

vandalize [ˈvændəlaɪz] *v.* 肆意破坏

materialize [məˈtɪriəlaɪz] *v.* 赋予形体，使具体化；出现

externalize [ɪkˈstɜːrnəlaɪz] *v.* 使…表面化

demoralize [dɪˈmɔːrəlaɪz] *v.* 使士气低落

neutralize [ˈnuːtrəlaɪz] *v.* 使无效；中和，使中性

decentralize [ˌdiːˈsentrəlaɪz] *v.* 分散，权力下放

vitalize [ˈvaɪtəlaiz] *v.* 赋予生命，使有生气

sterilize [ˈsterəlaɪz] *v.* 使不育；杀菌

fossilize [ˈfɑːsəlaɪz] *v.* 使成为化石；使过时

idolize	[ˈaɪdəlaɪz] v. 将…当作偶像崇拜；极度仰慕，崇拜
victimize	[ˈvɪktɪmaɪz] v. 使受害，欺骗
epitomize	[ɪˈpɪtəmaɪz] v. 概括，摘要
scrutinize	[ˈskruːtənaɪz] v. 详细检查；细读
lionize	[ˈlaɪənaɪz] v. 崇拜，看重
simonize	[ˈsaɪmənaɪz] v. 给…打蜡，把…擦亮
immunize	[ˈɪmjunaɪz] v. (通过接种)使免疫
plagiarize	[ˈpleɪdʒəraɪz] v. 剽窃，抄袭
particularize	[pərˈtɪkjələraɪz] v. 详述，列举
bowdlerize	[ˈbaʊdləraɪz] v. 删除，删改
cauterize	[ˈkɔːtəraɪz] v. (用腐蚀性物质或烙铁)烧灼(表皮组织)以消毒或止血
pulverize	[ˈpʌlvəraɪz] v. 使成粉末，粉碎；彻底击败
vaporize	[ˈveɪpəraɪz] v. (使)蒸发
temporize	[ˈtempəraɪz] v. 拖延；见风使舵
extemporize	[ɪkˈstempəraɪz] v. 即兴演说
idolatrize	[aɪˈdɔlətraɪz] v. 奉为偶像，盲目崇拜
schematize	[ˈskiːmətaɪz] v. 扼要表示
stigmatize	[ˈstɪgmətaɪz] v. 诬蔑，玷污
syncretize	[ˈsɪŋkrətaɪz] v. (使)结合，(使)融和
sanitize	[ˈsænɪtaɪz] v. 使清洁
ooze	[uːz] v. 慢慢地流，渗出；(勇气)逐渐消失
snooze	[snuːz] v. 打盹儿，打瞌睡
paralyze	[ˈpærəlaɪz] v. 使瘫痪；使无效

F

sheaf	[ʃiːf] n. 一捆，一束
loaf	[loʊf] n. 一条(面包) v. 虚度光阴
gaff	[gæf] n. 大鱼钩，鱼叉；【海】斜桁

raff [ræf] *n.* 大量，许多

quaff [kwɑːf] *v.* 痛饮，畅饮

whiff [wɪf] *n.* (风、烟等的)一阵 *v.* 轻吹

miff [mɪf] *n.* 小争吵

tiff [tɪf] *n.* 口角，小争吵

stiff [stɪf] *adj.* 僵硬的，呆板的，严厉的

scoff [skɔːf] *v.* 嘲笑；狼吞虎咽 *n.* 嘲笑；笑柄

doff [dɑːf] *v.* 脱掉(外衣、帽子)

rebuff [rɪˈbʌf] *v.* 断然拒绝

scuff [skʌf] *v.* 拖着脚走

gruff [grʌf] *adj.* 粗鲁的，板着脸孔的；(声音)粗哑的

engulf [ɪnˈgʌlf] *v.* 吞噬

goof [guːf] *v.* 犯错误；闲逛，消磨时间

reproof [rɪˈpruːf] *n.* 责备，斥责

foolproof [ˈfuːlpruːf] *adj.* 极易懂的，十分简单的

disproof [ˌdɪsˈpruːf] *n.* 反证，反驳

G

nag [næg] *v.* 不断叨扰，指责，抱怨

brag [bræg] *v.* 吹嘘

sag [sæg] *v.* 松弛，下垂

wigwag [ˈwɪgwæg] *v.* 摇动，摇摆，摆动

zigzag [ˈzɪgzæg] *n.* 之字形 *adj.* 之字形的 *v.* 弯弯曲曲地行进

rig [rɪg] *v.* (用不正当手段)操纵，垄断

swig [swɪg] *v.* 痛饮

fang [fæŋ] *n.* (蛇的)毒牙

pang [pæŋ] *n.* 一阵剧痛

bracing [ˈbreɪsɪŋ] *adj.* 令人振奋的

bouncing [ˈbaʊnsɪŋ] *adj.* 活泼的；健康的

forbidding	[fər ˈbɪdɪŋ] *adj.* 令人生畏的；(形势)险恶的；令人反感的，讨厌的
overriding	[ˌoʊvər ˈraɪdɪŋ] *adj.* 最主要的，优先的
scalding	[ˈskɔːldɪŋ] *adj./adv.* 滚烫的/地
yielding	[ˈjiːldɪŋ] *adj.* 易弯曲的，柔软的；顺从的，服从的
heartrending	[ˈhɑːrtrendɪŋ] *adj.* 令人心碎的
boding	[ˈboʊdɪŋ] *n.* 凶兆，前兆，预感 *adj.* 凶兆的，先兆的
rewarding	[rɪ ˈwɔːrdɪŋ] *adj.* 有益的，值得的
chaffing	[ˈtʃæfɪŋ] *adj.* 玩笑的，嘲弄的
engaging	[ɪn ˈgeɪdʒɪŋ] *adj.* 迷人的，美丽动人的
ungrudging	[ˌʌn ˈgrʌdʒɪŋ] *adj.* 慷慨的；情愿的
cringing	[ˈkrɪndʒɪŋ] *n./adj.* 谄媚(的)，奉承(的)
scorching	[ˈskɔːrtʃɪŋ] *adj.* 灼热的
perishing	[ˈperɪʃɪŋ] *adj.* 严寒的
ravishing	[ˈrævɪʃɪŋ] *adj.* 令人陶醉的
sneaking	[ˈsniːkɪŋ] *adj.* 鬼鬼祟祟的，私下的
earthshaking	[ˈɜːrθˌʃeɪkɪŋ] *adj.* 极其重大或重要的
taking	[ˈteɪkɪŋ] *adj.* 楚楚动人的，迷人的
painstaking	[ˈpeɪnzteɪkɪŋ] *adj.* 煞费苦心的
rollicking	[ˈrɑːlɪkɪŋ] *adj.* 欢乐的，喧闹的
striking	[ˈstraɪkɪŋ] *adj.* 引人注目的，显著的
cling	[klɪŋ] *v.* 紧紧抓住；坚持
piddling	[ˈpɪdlɪŋ] *adj.* 琐碎的，微不足道的
niggling	[ˈnɪglɪŋ] *adj.* 琐碎的
gangling	[ˈgæŋglɪŋ] *adj.* 瘦长而难看的
inkling	[ˈɪŋklɪŋ] *n.* 暗示；略知，模糊概念
enthralling	[ɪn ˈθrɔːlɪŋ] *adj.* 迷人的，吸引人的
underling	[ˈʌndərlɪŋ] *n.* 部下，下属，手下
bristling	[ˈbrɪslɪŋ] *adj.* 竖立的

unsettling [ʌnˈsetlɪŋ] *adj.* 使人不安的，扰乱的
blooming [ˈbluːmɪŋ] *adj.* 开着花的；旺盛的
unassuming [ˌʌnəˈsuːmɪŋ] *adj.* 不摆架子的，不装腔作势的，谦逊的
overweening [ˌoʊvərˈwiːnɪŋ] *adj.* 自负的，过于自信的
unthreatening [ʌnˈθretənɪŋ] *adj.* 不危险的
enlightening [ɪnˈlaɪtnɪŋ] *adj.* 有启迪作用的；使人领悟的
ravening [ˈrævənɪŋ] *adj.* 狼吞虎咽的；贪婪的
cunning [ˈkʌnɪŋ] *adj.* 狡猾的，奸诈的；灵巧的，精巧的 *n.* 狡猾，奸诈
grasping [ˈgræspɪŋ] *adj.* 贪心的，贪婪的
bearing [ˈberɪŋ] *n.* 关系，意义；方位
overbearing [ˌoʊvərˈberɪŋ] *adj.* 专横的，独断的
endearing [ɪnˈdɪrɪŋ] *adj.* 讨人喜欢的
seafaring [ˈsiːferɪŋ] *adj.* 航海的，跟航海有关的
bewildering [bɪˈwɪldərɪŋ] *adj.* 令人困惑的；令人费解的
rendering [ˈrendərɪŋ] *n.* 表演；翻译
hankering [ˈhæŋkərɪŋ] *n.* 渴望，向往
sweltering [ˈsweltərɪŋ] *adj.* 酷热的
smattering [ˈsmætərɪŋ] *n.* 略知；少数
retiring [rɪˈtaɪərɪŋ] *adj.* 过隐居生活的，不善社交的
boring [ˈbɔːrɪŋ] *adj.* 无趣的，乏味的
earring [ˈɪrɪŋ] *n.* 耳环，耳饰
jarring [ˈdʒɑːrɪŋ] *adj.* 声音刺耳的
sparring [ˈspɑːrɪŋ] *n.* 拳击，争斗
alluring [əˈlʊrɪŋ] *adj.* 吸引人的，迷人的
pressing [ˈpresɪŋ] *adj.* 紧迫的，迫切的；恳切要求的
prepossessing [ˌpriːpəˈzesɪŋ] *adj.* 给人好感的
unprepossessing [ˌʌnˌpriːpəˈzesɪŋ] *adj.* 不吸引人的
riveting [ˈrɪvɪtɪŋ] *adj.* 非常精彩的，引人入胜的
vaunting [ˈvɔːltɪŋ] *adj.* 吹嘘的，傲慢的

sting	[stɪŋ] *v.* 刺痛；叮螫 *n.* 螫刺
lasting	[ˈlæstɪŋ] *adj.* 持久的，永久的
everlasting	[ˌevərˈlæstɪŋ] *adj.* 永恒的，永久的；无休止的
jesting	[ˈdʒestɪŋ] *adj.* 滑稽的；爱开玩笑的
misgiving	[ˌmɪsˈɡɪvɪŋ] *n.* 疑虑
gnawing	[ˈnɔːɪŋ] *n.* 啃，咬 *adj.* 痛苦的，折磨人的
glowing	[ˈɡloʊɪŋ] *adj.* 热情赞扬的
harrowing	[ˈhæroʊɪŋ] *adj.* 悲痛的，难受的
swing	[swɪŋ] *v.* 摇摆；旋转 *n.* 秋千
upswing	[ˈʌpswɪŋ] *n.* 上升，增长；进步，改进
underlying	[ˌʌndərˈlaɪɪŋ] *adj.* 在下面的；根本的；潜在的
vying	[ˈvaɪɪŋ] *adj.* 竞争的
headlong	[ˈhedlɔːŋ] *adj./adv.* 轻率的/地，迅猛的/地
throng	[θrɑːŋ] *n.* 一大群 *v.* 拥挤
prong	[prɔːŋ] *v.* 刺，贯穿 *n.* 叉子，尖齿；齿状物
hangdog	[ˈhæŋdɑːɡ] *adj.* 忧愁的；低贱的
underdog	[ˈʌndərdɑːɡ] *n.* 居于下风者；受欺负者，受欺压者
agog	[əˈɡɑːɡ] *adj.* 兴奋的，有强烈兴趣的
jog	[dʒɑːɡ] *v.* 慢跑
log	[lɔːɡ] *n.* 日志，记录；一段木头 *v.* 记录
catalog	[ˈkætəlɔːɡ] *n.* 目录；系列
slog	[slɑːɡ] *v.* 猛击；苦干
jug	[dʒʌɡ] *v.* 用陶罐等炖；关押
lug	[lʌɡ] *v.* 拖，费力拉 *n.* 拖，拉
slug	[slʌɡ] *v.* 猛击，拳击

H

leach	[liːtʃ] *v.* 过滤
impeach	[ɪmˈpiːtʃ] *v.* 控告；怀疑；弹劾

preach	[priːtʃ] *v.* 布道，讲道
overreach	[ˌoʊvər ˈriːtʃ] *v.* 做事过头
stomach	[ˈstʌmək] *v.* 吃得下；容忍
poach	[poʊtʃ] *v.* 偷猎，窃取
detach	[dɪ ˈtætʃ] *v.* 使分离，使分开，拆卸
attach	[ə ˈtætʃ] *v.* 系上，贴上，附上
beseech	[bɪ ˈsiːtʃ] *v.* 恳求
squelch	[skweltʃ] *v.* 压制，镇压
gulch	[gʌltʃ] *n.* 深谷，峡谷
blanch	[blæntʃ] *v.* 使变白；使(脸色)变苍白
clench	[klentʃ] *v.* 握紧；咬紧(牙关等)
drench	[drentʃ] *v.* 使湿透
retrench	[rɪ ˈtrentʃ] *v.* 节省，紧缩开支
wrench	[rentʃ] *v.* 猛扭 *n.* 扳钳，扳手
stench	[stentʃ] *n.* 臭气，恶臭
quench	[kwentʃ] *v.* 扑灭，熄灭；解(渴)，止(渴)
inch	[ɪntʃ] *v.* 慢慢前进，慢慢移动
clinch	[klɪntʃ] *v.* 钉牢；彻底解决
flinch	[flɪntʃ] *v.* 畏缩，退缩
pinch	[pɪntʃ] *v.* 捏，掐 *n.* 一撮，少量
staunch	[stɔːntʃ] *adj.* 坚定的，忠诚的
munch	[mʌntʃ] *v.* 用力咀嚼，出声咀嚼
punch	[pʌntʃ] *v.* 以拳猛击；打孔
monarch	[ˈmɑːnərk] *n.* 君主，帝王
parch	[pɑːrtʃ] *v.* 烘烤；烤焦
perch	[pɜːrtʃ] *v.* (鸟等)栖息
smirch	[sməːrtʃ] *v.* 弄脏 *n.* 污点
scorch	[skɔːrtʃ] *v.* 烤焦，烧焦
lurch	[lɜːrtʃ] *n.* 突然的倾斜 *v.* 蹒跚而行
latch	[lætʃ] *n.* 门闩 *v.* 用门闩闩牢
snatch	[snætʃ] *v.* 强夺，攫取 *n.* 强夺，攫取

patch	[pætʃ] *n.* 补丁；一小片(土地)
dispatch	[dɪˈspætʃ] *v.* 派遣；迅速处理；匆匆吃完 *n.* 迅速
etch	[etʃ] *v.* 蚀刻；铭记
retch	[retʃ] *v.* 作呕，恶心
stretch	[stretʃ] *v.* 延伸；伸展
snitch	[snɪtʃ] *v.* 告密；偷
stitch	[stɪtʃ] *n.* (缝纫时的)一针 *v.* 缝合
scotch	[skɑːtʃ] *v.* 镇压，扑灭
slouch	[slaʊtʃ] *n.* 没精打采的样子 *v.* 没精打采地坐(站、走)
pouch	[paʊtʃ] *n.* 小袋 *v.* 使成袋状；将(某物)装入袋内
crouch	[kraʊtʃ] *v.* 蹲伏，弯腰
grouch	[ɡraʊtʃ] *n.* 牢骚，不满；好抱怨的人
retouch	[ˌriːˈtʌtʃ] *v.* 修描(照片)；润色
vouch	[vaʊtʃ] *v.* 担保，保证
inveigh	[ɪnˈveɪ] *v.* 痛骂，猛烈抨击
bough	[baʊ] *n.* 大树枝
plough	[plaʊ] *n.* 犁 *v.* 犁地
monograph	[ˈmɑːnəɡræf] *n.* 专题论文
abash	[əˈbæʃ] *v.* 使羞愧，使尴尬
dash	[dæʃ] *v.* 猛撞，猛砸，击碎；使受挫，挫败；使羞愧，使窘迫
balderdash	[ˈbɔːldərdæʃ] *n.* 胡言乱语，废话
hash	[hæʃ] *n.* 杂乱，混乱；杂烩菜
clash	[klæʃ] *v.* 冲突，撞击
mash	[mæʃ] *v.* 捣成糊状
thrash	[θræʃ] *v.* 鞭打
sash	[sæʃ] *n.* 肩带
refresh	[rɪˈfreʃ] *v.* 消除…的疲劳，使精神振作
snobbish	[ˈsnɑːbɪʃ] *adj.* 势利眼的

furbish	[ˈfɜːrbɪʃ] *v.* 磨光，刷新
refurbish	[ˌriːˈfɜːrbɪʃ] *v.* 刷新，擦亮
outlandish	[aʊtˈlændɪʃ] *adj.* 古怪的
modish	[ˈmoʊdɪʃ] *adj.* 时髦的
offish	[ˈɔːfɪʃ] *adj.* 冷淡的
huffish	[ˈhʌfɪʃ] *adj.* 不高兴的，发怒的；傲慢的
waggish	[ˈwæɡɪʃ] *adj.* 诙谐的，滑稽的
rakish	[ˈreɪkɪʃ] *adj.* 潇洒的；放荡的
brackish	[ˈbrækɪʃ] *adj.* 微咸的；难吃的
peckish	[ˈpekɪʃ] *adj.* 饿的；急躁的
mawkish	[ˈmɔːkɪʃ] *adj.* 自作多情的，过度伤感的；淡而无味的，(味道上)令人作呕的
ticklish	[ˈtɪklɪʃ] *adj.* 怕痒的；易怒的
abolish	[əˈbɑːlɪʃ] *v.* 废止，废除(法律、制度、习俗等)
mulish	[ˈmjuːlɪʃ] *adj.* 骡一样的，执拗的
squeamish	[ˈskwiːmɪʃ] *adj.* 易受惊的；易恶心的
famish	[ˈfæmɪʃ] *v.* 使饥饿
blemish	[ˈblemɪʃ] *v.* 损害；玷污 *n.* 瑕疵，缺点
skirmish	[ˈskɜːrmɪʃ] *n.* 小规模战斗，小冲突
garnish	[ˈɡɑːrnɪʃ] *v.* 装饰
burnish	[ˈbɜːrnɪʃ] *v.* 擦亮，磨光
picayunish	[ˌpɪkəˈjuːnɪʃ] *adj.* 微不足道的，不值钱的
snappish	[ˈsnæpɪʃ] *adj.* 脾气暴躁的
foppish	[ˈfɑːpɪʃ] *adj.* (似)纨绔子弟的；浮华的，俗丽的
waspish	[ˈwɑːspɪʃ] *adj.* 易怒的；尖刻的
perish	[ˈperɪʃ] *v.* 死，暴卒
impoverish	[ɪmˈpɑːvərɪʃ] *v.* 使贫穷
brattish	[ˈbrætɪʃ] *adj.* (指小孩)讨厌的，被宠坏的，无礼的
pettish	[ˈpetɪʃ] *adj.* 易怒的，闹情绪的
skittish	[ˈskɪtɪʃ] *adj.* 轻浮的，活泼的

loutish [ˈlaʊtɪʃ] *adj.* 粗鲁的

anguish [ˈæŋɡwɪʃ] *n.* 极大的痛苦

languish [ˈlæŋɡwɪʃ] *v.* 衰弱，憔悴

extinguish [ɪkˈstɪŋɡwɪʃ] *v.* 使…熄灭；使…不复存在

vanquish [ˈvæŋkwɪʃ] *v.* 征服，击溃

ravish [ˈrævɪʃ] *v.* 使着迷；强夺

welsh [welʃ] *v.* 欠债不还；失信

josh [dʒɑːʃ] *v.*（无恶意地）戏弄，戏耍

slosh [slɑːʃ] *v.* 溅，泼 *n.* 泥泞

ambush [ˈæmbʊʃ] *n.* 埋伏；伏击 *v.* 埋伏

hush [hʌʃ] *n.* 肃静，安静 *v.*（使）安静下来

flush [flʌʃ] *v.* 脸红；奔流；冲洗 *n.* 激动；脸红

plush [plʌʃ] *adj.* 豪华的

aftermath [ˈæftərmæθ] *n.* 后果，余波

polymath [ˈpɑːlimæθ] *n.* 博学者

oath [oʊθ] *n.* 誓言；咒骂，诅咒

wrath [ræθ] *n.* 愤怒，愤慨

pith [pɪθ] *n.* 精髓，要点

stealth [stelθ] *n.* 秘密行动

filth [fɪlθ] *n.* 污物；猥亵的东西

smooth [smuːð] *v.* 使平坦，使光滑；消除 *adj.* 光滑的；平稳的

wroth [rɔːθ] *adj.* 暴怒的，非常愤怒的

mirth [mɜːrθ] *n.* 欢乐，欢笑

uncouth [ʌnˈkuːθ] *adj.* 粗野的，笨拙的

I

potpourri [ˌpoʊpʊˈriː] *n.* 混杂物，杂烩

illuminati [ɪˌluːmɪˈnɑːti] *n.* 先觉者，先知

ennui [ɑːnˈwiː] *n.* 倦怠；无聊 *v.* 使无聊

K

leak	[liːk] *v.* 泄漏 *n.* 泄漏；漏出量；裂缝，漏洞
bleak	[bliːk] *adj.* 寒冷的；阴沉的；阴郁的，暗淡的
peak	[piːk] *v.* 变得憔悴，消瘦
wreak	[riːk] *v.* 发泄，报复；发泄怒火
tweak	[twiːk] *v.* 扭，拧，揪；调节，微调
flak	[flæk] *n.* 高射炮；抨击
croak	[kroʊk] *n.* 蛙鸣声 *v.* 发牢骚，抱怨
soak	[soʊk] *v.* 浸泡，渗透
slack	[slæk] *adj.* 懈怠的，不活跃的；（绳）松弛的 *v.* 懈怠，偷懒
knack	[næk] *n.* 特殊能力；窍门
rack	[ræk] *v.* 使痛苦不堪，使受折磨
crack	[kræk] *n.* 爆裂声；裂缝 *v.* 裂开；破解
track	[træk] *n.* 轨迹，踪迹；道路，路径；轨道 *v.* 跟踪，追踪
quack	[kwæk] *n.* 冒牌医生，庸医 *adj.* 庸医的
peck	[pek] *v.* 啄食；轻啄
speck	[spek] *n.* 斑点；少量
slick	[slɪk] *adj.* 熟练的；圆滑的；光滑的
gimmick	[ˈɡɪmɪk] *n.* 吸引人的花招，噱头
goldbrick	[ˈɡoʊldbrɪk] *v.* 逃避责任，偷懒
dock	[dɑːk] *v.* 剪短(尾巴等)；扣去(薪水、津贴等)
deadlock	[ˈdedlɑːk] *n.* 相持不下，僵局
interlock	[ˌɪntərˈlɑːk] *v.* 互锁，连结
mock	[mɑːk] *v.* 嘲笑；(为嘲笑而)模仿
sock	[sɑːk] *v.* 重击，痛打
stock	[stɑːk] *v.* 储备 *adj.* 常用的 *n.* 存货
buck	[bʌk] *v.* 反抗，抵制 *n.* 雄鹿；雄兔；〈美俚〉元，钱
chuck	[tʃʌk] *v.* 丢弃，抛弃；解雇；辞职

muck	[mʌk] *n.* 堆肥，粪肥 *v.* 施肥；捣乱
meek	[miːk] *adj.* 温顺的，顺从的
peek	[piːk] *v.* 偷看
reek	[riːk] *v.* 发臭味；冒烟
shriek	[ʃriːk] *v.* 尖叫
trek	[trek] *v.* 艰苦跋涉
ilk	[ɪlk] *n.* 类型，种类
bilk	[bɪlk] *v.* 躲债；骗取
milk	[mɪlk] *v.* 榨取
caulk	[kɔːk] *v.* 填塞(缝隙)使不漏水
dank	[dæŋk] *adj.* 阴湿的，透水的
lank	[læŋk] *adj.* 细长的；长、直且柔软的
plank	[plæŋk] *n.* 厚木板；要点 *v.* 铺板
spank	[spæŋk] *v.* 掌掴，拍打(在屁股上)
prank	[præŋk] *n.* 恶作剧，玩笑
swank	[swæŋk] *v.* 夸耀，炫耀
yank	[jæŋk] *v.* 猛拉，拽
slink	[slɪŋk] *v.* 溜走，潜逃
wink	[wɪŋk] *v.* 使眼色，眨眼示意 *n.* 眨眼，眼色
hoodwink	[ˈhʊdwɪŋk] *v.* 蒙混，欺骗
debunk	[ˌdiːˈbʌŋk] *v.* 揭穿真相，暴露
funk	[fʌŋk] *n.* 怯懦，恐惧；懦夫
flunk	[flʌŋk] *v.* (考试)不及格
chipmunk	[ˈtʃɪpmʌŋk] *n.* 花栗鼠(像松鼠的美洲小动物)
crook	[krʊk] *v.* 使弯曲 *n.* 钩状物
debark	[dɪˈbɑːrk] *v.* 下船，下飞机，下车；卸载(客、货)
lark	[lɑːrk] *v.* 玩乐，嬉耍 *n.* 玩乐
spark	[spɑːrk] *n.* 火花，火星
jerk	[dʒɜːrk] *v.* 猛拉 *n.* 猛拉
perk	[pɜːrk] *v.* 恢复，振作；打扮；竖起
berserk	[bərˈzɜːrk] *adj.* 狂怒的，狂暴的

irk [ɜːrk] *v.* 使苦恼，使厌烦

shirk [ʃɜːrk] *v.* 逃避，回避

smirk [smɜːrk] *v.* 假笑，得意地笑

quirk [kwɜːrk] *n.* 奇事；怪癖

lurk [lɜːrk] *v.* 潜伏，埋伏

brisk [brɪsk] *adj.* 敏捷的，活泼的；清新健康的

asterisk [ˈæstərɪsk] *n.* 星号

frisk [frɪsk] *n.* 欢跃，蹦跳 *v.* 欢跃，嬉戏

tusk [tʌsk] *n.* (象等的)长牙

hawk [hɔːk] *n.* 隼，鹰

L

verbal [ˈvɜːrbl] *adj.* 口头的；言语的

pontifical [pɑːnˈtɪfɪkl] *adj.* 教皇的；自负的；武断的

polemical [pəˈlemɪkl] *adj.* 引起争论的，好辩的

ecumenical [ˌiːkjuːˈmenɪkl] *adj.* 世界范围的，普遍的

canonical [kəˈnɑːnɪkl] *adj.* 符合规定的；经典的

empirical [ɪmˈpɪrɪkl] *adj.* 经验的，实证的

metrical [ˈmetrɪkl] *adj.* 测量的；韵律的

elliptical [ɪˈlɪptɪkl] *adj.* 椭圆的；晦涩的；省略的

vertical [ˈvɜːrtɪkl] *adj.* 垂直的，直立的

nautical [ˈnɔːtɪkl] *adj.* 船员的，船舶的，航海的

lexical [ˈleksɪkl] *adj.* 词汇的；词典的

reciprocal [rɪˈsɪprəkl] *adj.* 相互的，互惠的

univocal [juːˈnɪvəkl] *adj.* 单一意思的

fiscal [ˈfɪskl] *adj.* 国库的；财政的

medal [ˈmedl] *n.* 奖牌，勋章

pedal [ˈpedl] *n.* 踏板，脚蹬 *v.* 骑自行车

scandal [ˈskændl] *n.* 丑闻；流言飞语，诽谤

caudal [ˈkɔːdl] *adj.* 尾部的，像尾部的

congeal [kən ˈdʒiːl] *v.* 凝结，凝固

heal [hiːl] *v.* 治愈

piecemeal [ˈpiːsmiːl] *adj.* 一件一件的，零碎的

lineal [ˈlɪniəl] *adj.* 直系的，嫡系的

anneal [ə ˈniːl] *v.* 使(金属、玻璃等)退火；使加强，使变硬

appeal [ə ˈpiːl] *v.* 恳求；有吸引力；上诉

boreal [ˈboʊriəl] *adj.* 北方的，北风的

corporeal [kɔːr ˈpɔːriəl] *adj.* 肉体的，身体的；物质的

empyreal [ˌempaɪ ˈriːəl] *adj.* 天空的

centrifugal [ˌsentrɪ ˈfjuːgl] *adj.* 离心的

apocryphal [ə ˈpɑːkrɪfl] *adj.* 假冒的，虚假的

marshal [ˈmɑːrʃl] *v.* 整理，安排，排列

judicial [dʒu ˈdɪʃl] *adj.* 法庭的，法官的

artificial [ˌɑːrtɪ ˈfɪʃl] *adj.* 人造的，假的

crucial [ˈkruːʃl] *adj.* 决定性的

cordial [ˈkɔːrdʒəl] *adj.* 热诚的 *n.* 兴奋剂

parochial [pə ˈroʊkiəl] *adj.* 教区的；地方性的，狭小的

filial [ˈfɪliəl] *adj.* 子女的

marsupial [mɑːr ˈsuːpiəl] *n./adj.* 有袋动物(的)

aerial [ˈeriəl] *adj.* 空中的，空气的

immemorial [ˌɪmə ˈmɔːriəl] *adj.* 太古的，极古的

piscatorial [ˌpɪskə ˈtɔːriəl] *adj.* 捕鱼的，渔业的

pictorial [pɪk ˈtɔːriəl] *adj.* 绘画的；用图片的

sartorial [sɑːr ˈtɔːriəl] *adj.* 裁缝的，缝制的

burial [ˈberiəl] *n.* 埋葬，埋藏

palatial [pə ˈleɪʃl] *adj.* 宫殿般的；宏伟的

substantial [səb ˈstænʃl] *adj.* 坚固的，结实的；实质的

confidential [ˌkɑːnfɪ ˈdenʃl] *adj.* 机密的

providential [ˌprɑːvɪ ˈdenʃl] *adj.* 幸运的；适时的

torrential [tə ˈrenʃl] *adj.* 奔流的，洪流的，湍急的

consequential	[ˌkɑːnsəˈkwenʃl] *adj.* 傲慢的，自尊自大的
martial	[ˈmɑːrʃl] *adj.* 战争的，军事的
subcelestial	[ˌsʌbsəˈlestʃl] *adj.* 世俗的，尘世的
jovial	[ˈdʒoʊviəl] *adj.* 愉快的
fluvial	[ˈfluːviəl] *adj.* 河流的，生长在河中的
thermal	[ˈθɜːrml] *adj.* 热的，热量的；温暖的 *n.* 上升的暖气流
renal	[ˈriːnl] *adj.* 肾脏的，肾的
nominal	[ˈnɑːmɪnl] *adj.* 名义上的，有名无实的
terminal	[ˈtɜːrmɪnl] *adj.* 末端的 *n.* 终点，末端
fractional	[ˈfrækʃənl] *adj.* 微小的，极少的，微不足道的
devotional	[dɪˈvoʊʃənl] *adj.* 献身的，虔诚的
exceptional	[ɪkˈsepʃənl] *adj.* 特别(好)的
atonal	[eɪˈtoʊnl] *adj.* (音乐)无调的
infernal	[ɪnˈfɜːrnl] *adj.* 地狱的；可恶的
fraternal	[frəˈtɜːrnl] *adj.* 兄弟的，兄弟般的
eternal	[ɪˈtɜːrnl] *adj.* 永久的，永恒的
vernal	[ˈvɜːrnl] *adj.* 春季的；春季般的，青春的
illiberal	[ɪˈlɪbərəl] *adj.* 偏执的，思想狭隘的
visceral	[ˈvɪsərəl] *adj.* 内心深处的；内脏的
feral	[ˈferəl] *adj.* 凶猛的，野性的
lateral	[ˈlætərəl] *adj.* 侧面的
unilateral	[ˌjuːnɪˈlætrəl] *adj.* 单方面的
integral	[ˈɪntɪɡrəl] *adj.* 构成整体所必需的；完整的
pastoral	[ˈpæstərəl] *adj.* 田园生活的；宁静的
mistral	[ˈmɪstrəl] *n.* 寒冷且干燥的强风
rural	[ˈrʊrəl] *adj.* 乡村的
nasal	[ˈneɪzl] *adj.* 鼻的；有鼻音的
fatal	[ˈfeɪtl] *adj.* 致命的；灾难性的
natal	[ˈneɪtl] *adj.* 出生的，诞生时的
petal	[ˈpetl] *n.* 花瓣

centripetal [sen'trɪpɪtl] *adj.* 向心的

horizontal [ˌhɔːrə'zɑːntl] *adj.* 水平的

teetotal [ˌtiː'toʊtl] *adj.* 滴酒不沾的；完全的，全部的

immortal [ɪ'mɔːrtl] *adj.* 不朽的，流芳百世的

pedestal ['pedɪstl] *n.* (柱石或雕像的)基座

rebuttal [rɪ'bʌtl] *n.* 反驳，反证

brutal ['bruːtl] *adj.* 残忍的，野蛮的；冷酷的

lingual ['lɪŋgwəl] *adj.* 舌的；语言的

casual ['kæʒuəl] *adj.* 偶然的；非正式的，随便的

perpetual [pər'petʃuəl] *adj.* 持续的，不间断的；永久的

virtual ['vɜːrtʃuəl] *adj.* 实质上的，实际上的

upheaval [ʌp'hiːvl] *n.* 动乱，剧变

medieval [ˌmedi'iːvl] *adj.* 中世纪的，中古的

coeval [koʊ'iːvl] *adj.* 同时代的

libel ['laɪbl] *n.* (文字)诽谤，中伤 *v.* 诽谤，中伤

peel [piːl] *v.* 削去…的皮；剥落 *n.* 外皮

reel [riːl] *n.* 卷轴；旋转 *v.* 卷…于轴上

genteel [dʒen'tiːl] *adj.* 有教养的，彬彬有礼的；冒充上流的，附庸风雅的

spiel [spiːl] *n.* 滔滔不绝的讲话

sentinel ['sentɪnl] *n.* 哨兵，岗哨

kennel ['kenl] *n.* 狗舍，狗窝

kernel ['kɜːrnl] *n.* 果仁；核心

impel [ɪm'pel] *v.* 推进；驱使

expel [ɪk'spel] *v.* 排出；开除

wastrel ['weɪstrəl] *n.* 挥霍无度的人

easel ['iːzl] *n.* 黑板架，画架

chisel ['tʃɪzl] *n.* 凿子 *v.* 凿

morsel ['mɔːrsl] *n.* (食物的)一小口，一小块；小量，一点

gavel ['gævl] *n.* (法官所用的)槌，小木槌

ravel [ˈrævl] v. 使纠缠，纠结；拆开，拆散
gravel [ˈgrævl] n. 碎石，砂砾
unravel [ʌnˈrævl] v. 拆开，拆散；解开
dishevel [dɪˈʃevl] v. 使蓬乱，使(头发)凌乱
drivel [ˈdrɪvl] v. 胡说 n. 糊涂话
grovel [ˈgrɑːvl] v. 摇尾乞怜，奴颜婢膝；匍匐
marvel [ˈmɑːrvl] v. 对…感到惊异 n. 奇迹
ail [eɪl] v. 生病
quail [kweɪl] v. 畏缩，发抖，恐惧
nil [nɪl] n. 无，零
despoil [dɪˈspɔɪl] v. 夺取，抢夺
embroil [ɪmˈbrɔɪl] v. 使混乱，使卷入纠纷
soil [sɔɪl] v. 弄脏，污辱
assoil [əˈsɔɪl] v. 赦免，释放；补偿
toil [tɔɪl] v. 苦干，辛苦劳作 n. 辛苦，辛劳
peril [ˈperəl] n. 危险
imperil [ɪmˈperəl] v. 使陷于危险，危及
daredevil [ˈderdevl] adj. 胆大的，冒失的 n. 胆大的人，冒失的人
anvil [ˈænvɪl] n. 铁砧
blackball [ˈblækbɔːl] v. 投票反对；排斥
recall [rɪˈkɔːl] v. 回想，回忆起；收回 n. 唤回
windfall [ˈwɪndfɔːl] n. 被风吹落的果实；意外的收获，意料之外
pall [pɔːl] v. 令人发腻，失去吸引力
enthrall [ɪnˈθrɔːl] v. 迷惑，迷住
install [ɪnˈstɔːl] v. 安装，装置；使就职
squall [skwɔːl] n. 短暂、突然且猛烈的风暴；短暂的骚动
stonewall [ˈstoʊnˈwɔːl] v. 拖延议事；设置障碍
pell-mell [ˌpelˈmel] adv. 混乱地

spell [spel] *n.* 连续的一段时间

quell [kwel] *v.* 制止，镇压

farewell [ˌferˈwel] *interj.* 再会，再见 *n.* 辞行，告别

swell [swel] *v.* 肿胀，增强

grill [grɪl] *v.* 烤；拷问 *n.* 烤架

instill [ɪnˈstɪl] *v.* 滴注；逐渐灌输

swill [swɪl] *v.* 冲洗；痛饮

poll [poʊl] *n.* 民意调查；投票选举

droll [droʊl] *adj.* 古怪的，好笑的

troll [troʊl] *v.* 用曳绳钓(鱼)；拖钓；兴高采烈地唱

stroll [stroʊl] *v.* 漫步，闲逛

toll [toʊl] *n.* 通行费；代价，损失 *v.* (缓慢而有规律地)敲

cull [kʌl] *v.* 挑选，精选 *n.* 剔除的东西

hull [hʌl] *n.* 外壳；船身 *v.* 剥去外壳

mull [mʌl] *v.* 思考，思索 *n.* 混乱

gambol [ˈgæmbl] *n.* 雀跃；嬉戏 *v.* 雀跃；耍闹

protocol [ˈproʊtəkɔːl] *n.* 外交礼节；协议，草案

menthol [ˈmenθɔːl] *n.* 薄荷醇

pool [puːl] *n.* 资源的集合；可共享的物资

whirlpool [ˈwɜːrlpuːl] *n.* 旋涡

drool [druːl] *v.* 流口水；胡说

snarl [snɑːrl] *v.* 纠缠，混乱；咆哮，怒骂 *n.* 纠缠，混乱；怒吼声，咆哮声

swirl [swɜːrl] *v.* 旋转 *n.* 旋涡

churl [tʃɜːrl] *n.* 粗鄙之人

overhaul [ˈoʊvərhɔːl] *v.* 彻底检查；大修

maul [mɔːl] *v.* 打伤，伤害

resourceful [rɪˈsɔːrsfl] *adj.* 机智的

vengeful [ˈvendʒfl] *adj.* 渴望复仇的，复仇心重的

doleful [ˈdoʊlfl] *adj.* 悲哀的，忧郁的

soulful [ˈsoʊlfl] *adj.* 充满感情的，深情的
fitful [ˈfɪtfl] *adj.* 间歇的，不规则的
annul [əˈnʌl] *v.* 宣告无效；取消
befoul [bɪˈfaʊl] *v.* 弄脏，诽谤
consul [ˈkɑːnsl] *n.* 领事
bawl [bɔːl] *v.* 大叫，大喊
scrawl [skrɔːl] *v.* 潦草地写，乱涂
drawl [drɔːl] *v.* 慢吞吞地说 *n.* 慢吞吞的说话方式
scowl [skaʊl] *n.* 怒容 *v.* 生气地皱眉；怒视
growl [graʊl] *v.* （动物）咆哮，吼叫；（雷等）轰鸣
prowl [praʊl] *v.* 潜行，悄悄踱步 *n.* 四处觅食；徘徊
yowl [jaʊl] *v.* 嚎叫，恸哭
sibyl [ˈsɪbl] *n.* 女预言家，女先知

M

quondam [ˈkwɔndæm] *adj.* 原来的，以前的
beam [biːm] *n.* （房屋等的）大梁；光线
gleam [gliːm] *n.* 微光，闪光 *v.* 发微光，闪烁
seam [siːm] *n.* 缝，接缝
flimflam [ˈflɪmflæm] *n.* 欺骗；胡言乱语
diagram [ˈdaɪəgræm] *n.* 图解，图表
epigram [ˈepɪgræm] *n.* 讽刺短诗，警句
anthem [ˈænθəm] *n.* 圣歌；赞美诗；国歌
acclaim [əˈkleɪm] *v.* 欢呼，称赞
declaim [dɪˈkleɪm] *v.* 高谈阔论
proclaim [prəˈkleɪm] *v.* 宣告，公布；显示，表明
disclaim [dɪsˈkleɪm] *v.* 放弃权利；拒绝承认
exclaim [ɪkˈskleɪm] *v.* 惊叫，呼喊
dim [dɪm] *v.* 使暗淡，使模糊 *adj.* 昏暗的，暗淡的
whim [wɪm] *n.* 一时的兴致，怪念头

skim	[skɪm] *v.* 从液体表面撇去；浏览，略读
trim	[trɪm] *v.* 修剪 *adj.* 井井有条的
verbatim	[vɜːrˈbeɪtɪm] *adj.* 逐字的，(完全)照字面的
fathom	[ˈfæðəm] *n.* 英寻 *v.* 彻底了解，弄清真相
idiom	[ˈɪdiəm] *n.* 方言，土语；术语；特有用语；风格，特色
venom	[ˈvenəm] *n.* 毒液；毒物；恶意
boom	[buːm] *n.* 繁荣 *v.* 发出隆隆声
groom	[gruːm] *n.* 马夫；新郎
zoom	[zuːm] *v.* 急速上升，猛增
ransom	[ˈrænsəm] *n.* 赎金；赎身 *v.* 赎回
unbosom	[ʌnˈbʊzəm] *v.* 倾诉，吐露
blossom	[ˈblɑːsəm] *n.* 花 *v.* (植物)开花
phantom	[ˈfæntəm] *n.* 鬼怪，幽灵；幻影，幻象
buxom	[ˈbʌksəm] *adj.* 体态丰满的
firearm	[ˈfaɪərɑːrm] *n.* (便携式)枪支
charm	[tʃɑːrm] *n.* 魅力；咒语，咒符 *v.* 吸引，迷住
lukewarm	[ˌluːkˈwɔːrm] *adj.* 微温的，不冷不热的
ostracism	[ˈɑːstrəsɪzəm] *n.* 放逐，排斥
atheism	[ˈeɪθiɪzəm] *n.* 无神论，不信神
neologism	[niˈɑːlədʒɪzəm] *n.* 新字，新词
sophism	[ˈsɔfɪzəm] *n.* 诡辩；诡辩法(术)
vandalism	[ˈvændəlɪzəm] *n.* (对公物等的)恶意破坏
parallelism	[ˈpærəlelɪzəm] *n.* 平行，类似
mechanism	[ˈmekənɪzəm] *n.* 结构，机制
cosmopolitanism	[ˌkɑːzməˈpɑːlɪtənɪzəm] *n.* 世界性，世界主义
egoism	[ˈegoʊɪzəm] *n.* 利己主义
jingoism	[ˈdʒɪŋgoʊɪzəm] *n.* 沙文主义，侵略主义
mesmerism	[ˈmezmərɪzəm] *n.* 催眠术，催眠引导法
narcissism	[ˈnɑːrsɪsɪzəm] *n.* 自恋，自爱
dogmatism	[ˈdɔːgmətɪzəm] *n.* 教条主义，武断

patriotism [ˈpeɪtriətɪzəm] *n.* 爱国主义，爱国心

despotism [ˈdespətɪzəm] *n.* 专政；暴政

cronyism [ˈkroʊniɪzəm] *n.* 任人唯亲；对好朋友的偏袒

modicum [ˈmɔːdɪkəm] *n.* 少量

gum [ɡʌm] *n.* 树胶，树脂；橡皮糖，口香糖

odium [ˈoʊdiəm] *n.* 憎恶，反感

podium [ˈpoʊdiəm] *n.* 讲坛，(乐队的)指挥台

premium [ˈpriːmiəm] *n.* 保险费；奖金

pandemonium [ˌpændəˈmoʊniəm] *n.* 喧嚣，大混乱

delirium [dɪˈlɪriəm] *n.* 精神错乱

pendulum [ˈpendʒələm] *n.* 摆，钟摆

conundrum [kəˈnʌndrəm] *n.* 谜语；难题

forum [ˈfɔːrəm] *n.* 辩论的场所，论坛

tantrum [ˈtæntrəm] *n.* 发脾气，发怒

nostrum [ˈnɑːstrəm] *n.* 家传秘方，江湖药；万灵丹；妙策

desideratum [dɪˌzɪdəˈreɪtəm] *n.* 必需品

substratum [ˌsʌbˈstreɪtəm] *n.* 基础；地基

dictum [ˈdɪktəm] *n.* 格言；声明

momentum [moʊˈmentəm] *n.* 推进力，势头

N

ban [bæn] *n.* 禁令 *v.* 禁止，取缔

pecan [pɪˈkɑːn] *n.* 山核桃

scan [skæn] *v.* 审视，细看；浏览，扫描；标出格律

lean [liːn] *v.* 倾斜；斜靠 *adj.* 瘦的

glean [ɡliːn] *v.* 拾(落穗)；收集(材料等)

mean [miːn] *adj.* 吝啬的

protean [ˈproʊtiən] *adj.* 变化多端的，多变的

procrustean [ˌproʊˈkrʌstiən] *adj.* 强求一致的

wean	[wiːn] *v.* (孩子)断奶; 戒掉
pagan	[ˈpeɪgən] *n.* 没有宗教信仰的人; 异教徒
quotidian	[kwoʊˈtɪdiən] *adj.* 每日的; 平凡的
plebeian	[pləˈbiːən] *n.* 平民 *adj.* 平民的; 平庸的, 粗俗的
stygian	[ˈstɪdʒiən] *adj.* 阴暗的, 阴森森的
civilian	[səˈvɪliən] *n.* 百姓, 平民
draconian	[drəˈkoʊniən] *adj.* 严厉的, 严酷的
thespian	[ˈθespiən] *adj.* 戏剧的
stentorian	[stenˈtɔːriən] *adj.* 声音洪亮的
moan	[moʊn] *n.* 呻吟; 抱怨 *v.* 呻吟; 抱怨
groan	[groʊn] *v.* 呻吟, 叹息 *n.* 呻吟, 叹息
pan	[pæn] *v.* 〈口〉严厉批评
gargantuan	[gɑːrˈgæntʃuən] *adj.* 巨大的, 庞大的
wan	[wɑːn] *adj.* 虚弱的; 病态的
den	[den] *n.* 兽穴, 窝
deaden	[ˈdedn] *v.* 减弱, 缓和
sadden	[ˈsædn] *v.* 使悲伤, 使难过
unbidden	[ʌnˈbɪdn] *adj.* 未经邀请的
sodden	[ˈsɑːdn] *adj.* 浸透了的
embolden	[ɪmˈboʊldən] *v.* 鼓励
beholden	[bɪˈhoʊldən] *adj.* 因受恩惠而心存感激的, 感谢的; 欠人情的
sheen	[ʃiːn] *n.* 光辉, 光泽
spleen	[spliːn] *n.* 怒气
careen	[kəˈriːn] *v.* (船)倾斜; 使倾斜
preen	[priːn] *v.* (鸟用嘴)整理羽毛; (人)打扮修饰
roughen	[ˈrʌfn] *v.* (使)变粗糙
ashen	[ˈæʃn] *adj.* 灰色的, 苍白的
mien	[miːn] *n.* 风采; 态度
ken	[ken] *n.* 视野; 知识范围
liken	[ˈlaɪkən] *v.* 把…比作

betoken	[bɪˈtoʊkən] *v.* 预示，表示
hearken	[ˈhɑːrkən] *v.* 倾听
sullen	[ˈsʌlən] *adj.* 忧郁的
acumen	[ˈækjəmən] *n.* 敏锐，精明
lumen	[ˈluːmen] *n.* 流明(光通量单位)
misshapen	[ˌmɪsˈʃeɪpən] *adj.* 畸形的，奇形怪状的
ripen	[ˈraɪpən] *v.* 使成熟
loosen	[ˈluːsn] *v.* 变松，松开
coarsen	[ˈkɔːrsn] *v.* (使)变粗糙
straiten	[ˈstreɪtn] *v.* 使为难；使变窄
verboten	[vəːrˈboʊtn] *adj.* 禁止的，严禁的
fasten	[ˈfæsn] *v.* 使固定
unfasten	[ʌnˈfæsn] *v.* 解开
hasten	[ˈheɪsn] *v.* 加速，加快，促进
chasten	[ˈtʃeɪsn] *v.* (通过惩罚而使坏习惯等)改正；磨炼
glisten	[ˈglɪsn] *v.* 闪烁，闪耀
fatten	[ˈfætn] *v.* 长胖，变肥；使…肥沃；装满
flatten	[ˈflætn] *v.* (使)变平；彻底打败，击倒
hardbitten	[ˌhɑːrdˈbɪtn] *adj.* 不屈的，顽强的
rotten	[ˈrɑːtn] *adj.* 腐烂的；极坏的
tauten	[ˈtɔːtn] *v.* (使)拉紧，(使)绷紧
craven	[ˈkreɪvn] *adj.* 懦弱的，畏缩的
enliven	[ɪnˈlaɪvn] *v.* 使…更活跃或更愉快
riven	[ˈrɪvn] *adj.* 撕开的，分裂的
oven	[ˈʌvn] *n.* 烤箱，烤炉，灶
sloven	[ˈslʌvn] *n.* 不修边幅的人
yen	[jen] *v.* 渴望
cozen	[ˈkʌzn] *v.* 欺骗，哄骗
arraign	[əˈreɪn] *v.* 传讯；指责
condign	[kənˈdaɪn] *adj.* 罪有应得的；适宜的

realign [ˌriːəˈlaɪn] *v.* 重新排列
ensign [ˈensən] *n.* 舰旗(船上表示所属国家的旗帜)
ordain [ɔːrˈdeɪn] *v.* 任命(神职); 颁发命令
bargain [ˈbɑːrgən] *n.* 交易; 特价商品 *v.* 讨价还价
plain [pleɪn] *adj.* 简单的; 清楚的; 不漂亮的, 不好看的 *n.* 平原
drain [dreɪn] *v.* 排水; 喝光
sprain [spreɪn] *v.* 扭伤
restrain [rɪˈstreɪn] *v.* 克制, 抑制
contain [kənˈteɪn] *v.* 包含, 含有; 控制; 阻止, 遏制
pertain [pərˈteɪn] *v.* 属于; 关于
stain [steɪn] *v.* 玷污; 染色
distain [dɪsˈteɪn] *v.* 贬损, 伤害名誉
vain [veɪn] *adj.* 自负的; 徒劳的
bin [bɪn] *n.* 大箱子
kin [kɪn] *n.* 亲属
penicillin [ˌpenɪˈsɪlɪn] *n.* 青霉素
rejoin [ˌriːˈdʒɔɪn] *v.* 回答, 答辩
enjoin [ɪnˈdʒɔɪn] *v.* 命令, 吩咐
conjoin [kənˈdʒɔɪn] *v.* 使结合
purloin [pɜːrˈlɔɪn] *v.* 偷窃
spin [spɪn] *v.* 旋转; 纺纱 *n.* 旋转
grin [grɪn] *v.* 露齿而笑; (因痛苦、愤恨等)龇牙咧嘴
damn [dæm] *v.* (严厉地)批评, 谴责 *adj.* 该死的
condemn [kənˈdem] *v.* 谴责; 判刑
limn [lɪm] *v.* 描写; 画
hymn [hɪm] *n.* 赞美诗
con [kɑːn] *n.* 反对论 *v.* 欺骗
beacon [ˈbiːkən] *n.* 烽火; 灯塔
icon [ˈaɪkɑːn] *n.* 圣像; 偶像
lexicon [ˈleksɪkən] *n.* 词典

chameleon [kəˈmiːliən] n. 变色龙，蜥蜴；善变之人
jargon [ˈdʒɑːrgən] n. 胡言乱语；行话
suspicion [səˈspɪʃn] n. 怀疑，嫌疑
bullion [ˈbʊliən] n. 金条，银条
carrion [ˈkæriən] n. 腐肉
evasion [ɪˈveɪʒn] n. 躲避，借口
cohesion [koʊˈhiːʒn] n. 内聚力；凝聚力
lesion [ˈliːʒn] n. 损害，损伤
incision [ɪnˈsɪʒn] n. 切口；切割
collision [kəˈlɪʒn] n. 碰撞，冲突
prevision [priˈviʒən] n. 预知，先见
compulsion [kəmˈpʌlʃn] n. 强迫；(难以抗拒的)冲动
propulsion [prəˈpʌlʃn] n. 推进力
repulsion [rɪˈpʌlʃn] n. 厌恶，反感；排斥力
expulsion [ɪkˈspʌlʃn] n. 驱逐，逐出
revulsion [rɪˈvʌlʃn] n. 厌恶，憎恶；剧变
mansion [ˈmænʃn] n. 公寓；大厦
pretension [prɪˈtenʃn] n. 自负，骄傲；要求，主张
aspersion [əˈspɜːrʒn] n. 诽谤，中伤
aversion [əˈvɜːrʒn] n. 厌恶，反感
reversion [rɪˈvɜːrʒn] n. 恢复，复原；逆转
cession [ˈseʃn] n. 割让，转让
concession [kənˈseʃn] n. 让步
procession [prəˈseʃn] n. 行列；列队行进
digression [daɪˈgreʃn] n. 离题，题外话
depression [dɪˈpreʃn] n. 抑郁，消沉
transgression [trænzˈgreʃn] n. 违法，犯罪
obsession [əbˈseʃn] n. 入迷，着迷；固执的念头
scission [ˈsɪʒən] n. 切断，分离，断开
remission [rɪˈmɪʃn] n. 宽恕，豁免
intermission [ˌɪntərˈmɪʃn] n. 暂停，间歇

rescission [rɪˈsɪʒn] n. 撤销，废除
repercussion [ˌriːpərˈkʌʃn] n. 反响；反应，影响；回声
delusion [dɪˈluːʒn] n. 欺骗；幻想
incubation [ˌɪŋkjuˈbeɪʃn] n. 孵卵期；潜伏期
imprecation [ˌɪmprɪˈkeɪʃn] n. 诅咒
ratification [ˌrætɪfɪˈkeɪʃn] n. 正式批准
gratification [ˌɡrætɪfɪˈkeɪʃn] n. 满足，喜悦
certification [ˌsɜːrtɪfɪˈkeɪʃn] n. 证明
mortification [ˌmɔːrtɪfɪˈkeɪʃn] n. 耻辱，屈辱
justification [ˌdʒʌstɪfɪˈkeɪʃn] n. 正当的理由；辩护
vindication [ˌvɪndɪˈkeɪʃn] n. 证明无罪，辩护
unification [ˌjuːnɪfɪˈkeɪʃn] n. 统一，一致
dedication [ˌdedɪˈkeɪʃn] n. 奉献，献身
vocation [voʊˈkeɪʃn] n. 天职，神召；职业，行业；（对特定职业的）禀性，才能
avocation [ˌævoʊˈkeɪʃn] n. 副业；嗜好
depredation [ˌdeprəˈdeɪʃn] n. 劫掠，蹂躏
negation [nɪˈɡeɪʃn] n. 否定，否认
abnegation [ˌæbnɪˈɡeɪʃn] n. 放弃；自我牺牲
dissociation [dɪˌsoʊʃiˈeɪʃn] n. 分离，脱离关系
retaliation [rɪˌtæliˈeɪʃn] n. 报复
affiliation [əˌfɪliˈeɪʃn] n. 联系，联合
emaciation [ɪˌmeɪsiˈeɪʃn] n. 消瘦，憔悴，衰弱
spoliation [ˌspəuliˈeiʃən] n. 抢劫，掠夺
constellation [ˌkɑːnstəˈleɪʃn] n. 星座；星群
escalation [ˌeskəˈleɪʃn] n. 逐步上升，逐步扩大
jubilation [ˌdʒuːbɪˈleɪʃn] n. 欢腾，欢庆
strangulation [ˌstræŋɡjuˈleɪʃn] n. 扼杀，勒死
coagulation [koʊˌæɡjuˈleɪʃn] n. 凝结
stipulation [ˌstɪpjuˈleɪʃn] n. 规定，约定
exclamation [ˌekskləˈmeɪʃn] n. 惊叹词；惊呼

animation [ˌænɪˈmeɪʃn] n. 兴奋，活跃
inflammation [ˌɪnfləˈmeɪʃn] n. 发炎；炎症
summation [sʌˈmeɪʃn] n. 总结，概要；总数，合计
automation [ˌɔːtəˈmeɪʃn] n. 自动装置
ratiocination [ˌreɪʃioʊsɪˈneɪʃn] n. 推理，推论
hallucination [həˌluːsɪˈneɪʃn] n. 幻觉
machination [ˌmæʃɪˈneɪʃn] n. 阴谋
culmination [ˌkʌlmɪˈneɪʃn] n. 顶点；高潮
coronation [ˌkɔːrəˈneɪʃn] n. 加冕礼
detonation [ˌdetəˈneɪʃn] n. 爆炸，爆炸声
extirpation [ˌekstərˈpeɪʃn] n. 消灭，根除
ration [ˈræʃn] n. 配给 v. 定量配给
inspiration [ˌɪnspəˈreɪʃn] n. 启示，灵感
delectation [ˌdiːlekˈteɪʃn] n. 享受，愉快
citation [saɪˈteɪʃn] n. 引证；引文；传票
augmentation [ˌɔːgmenˈteɪʃn] n. 增加
fermentation [ˌfɜːrmenˈteɪʃn] n. 发酵
presentation [ˌpriːzenˈteɪʃn] n. 介绍，描述
misrepresentation [ˌmɪsˌreprɪzenˈteɪʃn] n. 误传，不实的陈述
meditation [ˌmedɪˈteɪʃn] n. 沉思，冥想
irritation [ˌɪrɪˈteɪʃn] n. 愤怒，恼怒
exaltation [ˌegzɔːlˈteɪʃn] n. (成功带来的)得意，高兴
salutation [ˌsæljuˈteɪʃn] n. 招呼，致意，致敬
reputation [ˌrepjuˈteɪʃn] n. 名声
imputation [ˌɪmpjuˈteɪʃn] n. 归咎，归罪
potation [pəuˈteɪʃn] n. 喝，饮；饮料，酒
dissertation [ˌdɪsərˈteɪʃn] n. 专题论文
gustation [gʌˈsteɪʃn] n. 品尝；味觉
deprivation [ˌdeprɪˈveɪʃn] n. 剥夺；丧失
privation [praɪˈveɪʃn] n. 匮乏，贫困
derivation [ˌderɪˈveɪʃn] n. 发展，起源；词源

characterization	[ˌkærəktəraɪˈzeɪʃn] *n.* 描绘，刻画
authorization	[ˌɔːθərəˈzeɪʃn] *n.* 授权，认可
rarefaction	[ˌreriˈfækʃn] *n.* 稀薄
refraction	[rɪˈfrækʃn] *n.* 折射
infraction	[ɪnˈfrækʃn] *n.* 违反，违犯
detraction	[dɪˈtrækʃn] *n.* 贬低，诽谤
objection	[əbˈdʒekʃn] *n.* 厌恶，反对
interjection	[ˌɪntərˈdʒekʃn] *n.* 插入语；感叹词
predilection	[ˌpredlˈekʃn] *n.* 偏爱，嗜好
recollection	[ˌrekəˈlekʃn] *n.* 记忆力；往事
projection	[prəˈdʒekʃn] *n.* 突起物，隆起物；设计，规划；发射，投射
insurrection	[ˌɪnsəˈrekʃn] *n.* 造反，叛乱
malediction	[ˌmælɪˈdɪkʃən] *n.* 诅咒
valediction	[ˌvælɪˈdɪkʃn] *n.* 告别演说，告别辞
jurisdiction	[ˌdʒʊrɪsˈdɪkʃn] *n.* 司法权，审判权，裁判权
dereliction	[ˌderəˈlɪkʃn] *n.* 遗弃；玩忽职守的
affliction	[əˈflɪkʃn] *n.* 折磨，痛苦；痛苦的原因；灾害
friction	[ˈfrɪkʃn] *n.* 摩擦；矛盾，冲突
junction	[ˈdʒʌŋkʃn] *n.* 交叉路口；连接
malfunction	[ˌmælˈfʌŋkʃn] *v.* 发生故障，失灵 *n.* 故障
disjunction	[dɪsˈdʒʌŋkʃn] *n.* 分离，分裂
compunction	[kəmˈpʌŋkʃn] *n.* 懊悔；良心不安
induction	[ɪnˈdʌkʃn] *n.* 就职；归纳
obstruction	[əbˈstrʌkʃn] *n.* 阻碍(物)，妨碍
rendition	[renˈdɪʃn] *n.* 表演，演唱
demolition	[ˌdeməˈlɪʃn] *n.* 破坏，毁坏
volition	[voʊˈlɪʃn] *n.* 意志，决断力
munition	[mjuːˈnɪʃn] *n.* 军火，军需品
parturition	[ˌpɑːrtjʊˈrɪʃn] *n.* 生产，分娩
decomposition	[ˌdiːkɑːmpəˈzɪʃn] *n.* 分解，腐烂；崩溃

presupposition	[ˌpriːsʌpəˈzɪʃn]	*n.* 预想，臆测
partition	[pɑːrˈtɪʃn]	*n.* 隔开；隔墙
fruition	[fruˈɪʃn]	*n.* 实现，完成
abstention	[əbˈstenʃn]	*n.* 戒除；弃权
subvention	[səbˈvenʃn]	*n.* 补助金，津贴
retention	[rɪˈtenʃn]	*n.* 保留，保持
caption	[ˈkæpʃn]	*n.* 标题
deception	[dɪˈsepʃn]	*n.* 欺骗，诡计
subreption	[səbˈrepʃən]	*n.* 隐瞒真相，歪曲事实
gumption	[ˈɡʌmpʃn]	*n.* 进取心，魄力；精明强干
presumption	[prɪˈzʌmpʃn]	*n.* 放肆，傲慢；假定
self-assertion	[ˌselfəˈsɜːrʃən]	*n.* 自作主张
digestion	[daɪˈdʒestʃən]	*n.* 消化，吸收
ingestion	[ɪnˈdʒestʃən]	*n.* 摄取，吸收
prosecution	[ˌprɑːsɪˈkjuːʃn]	*n.* 起诉，检举；进行，经营
locution	[ləˈkjuːʃn]	*n.* 语言风格；惯用语
elocution	[ˌeləˈkjuːʃn]	*n.* 演说术
destitution	[ˌdestɪˈtuːʃn]	*n.* 缺乏，穷困
beckon	[ˈbekən]	*v.* 召唤，示意
reckon	[ˈrekən]	*v.* 推断，估计；猜想，设想
felon	[ˈfelən]	*n.* 重罪犯
melon	[ˈmelən]	*n.* 甜瓜
salmon	[ˈsæmən]	*n.* 大马哈鱼；鲜肉
summon	[ˈsʌmən]	*v.* 传唤；召集
sermon	[ˈsɜːrmən]	*n.* 布道；说教，训诫
canon	[ˈkænən]	*n.* 经典，真作
buffoon	[bəˈfuːn]	*n.* 丑角；愚蠢的人
typhoon	[taɪˈfuːn]	*n.* 台风
lampoon	[læmˈpuːn]	*n.* 讽刺文章 *v.* 讽刺
croon	[kruːn]	*v.* 低声歌唱
monsoon	[ˌmɑːnˈsuːn]	*n.* 季风

cartoon [kɑːrˈtuːn] *n.* 漫画

environ [ɪnˈvaɪrən] *v.* 包围，围绕

apron [ˈeɪprən] *n.* 围裙

liaison [liˈeɪzɑːn] *n.* 密切的联系；暧昧的关系

unison [ˈjuːnɪsn] *n.* 齐奏，齐唱；一致，协调

jettison [ˈdʒetɪsn] *v.* (船等)向外抛弃(货物) *n.* 抛弃的货物；抛弃货物

arson [ˈɑːrsn] *n.* 纵火(罪)，放火(罪)

wanton [ˈwɑːntən] *adj.* 无节制的，肆无忌惮的；嬉戏的，淘气的

halcyon [ˈhælsiən] *adj.* 平静的；愉快的；繁荣的

canyon [ˈkænjən] *n.* 峡谷

barn [bɑːrn] *n.* 谷仓

discern [dɪˈsɜːrn] *v.* 识别，看出

slattern [ˈslætərn] *adj.* 不整洁的 *n.* 邋遢的女人

stubborn [ˈstʌbərn] *adj.* 固执的；难以改变的

suborn [səˈbɔːrn] *v.* 收买，贿赂

horn [hɔːrn] *n.* 角；喇叭

greenhorn [ˈgriːnhɔːrn] *n.* 初学者；容易受骗的人

timeworn [ˈtaɪmwɔːrn] *adj.* 陈旧的，陈腐的

careworn [ˈkerwɔːrn] *adj.* 忧心忡忡的，饱经忧患的

adjourn [əˈdʒɜːrn] *v.* (使)延期，(使)推迟；(使)休会

mourn [mɔːrn] *v.* 悲痛，哀伤；哀悼

taciturn [ˈtæsɪtɜːrn] *adj.* 沉默寡言的

stun [stʌn] *v.* 使震惊，打晕

pawn [pɔːn] *v.* 典当，抵押 *n.* 典当，抵押；被利用的小人物

drawn [drɔːn] *adj.* 憔悴的

full-blown [ˌfʊlˈbloʊn] *adj.* 成熟的；（花）盛开的；全面的，完善的

O

limbo	[ˈlɪmboʊ] *n.* 不稳定的状态，中间状态
credo	[ˈkriːdoʊ] *n.* 信条
crescendo	[krəˈʃendoʊ] *n.* (音乐)渐强；高潮
innuendo	[ˌɪnjuˈendoʊ] *n.* 含沙射影，暗讽
to-do	[təˈduː] *n.* 喧闹，骚乱
cameo	[ˈkæmioʊ] *n.* 刻有浮雕的宝石；生动刻画；(演员)出演
vertigo	[ˈvɜːrtɪgoʊ] *n.* 眩晕，晕头转向
embargo	[ɪmˈbɑːrgoʊ] *n.* 禁港令，封运令
cargo	[ˈkɑːrgoʊ] *n.* (船、飞机等装载的)货物
forgo	[fɔːrˈgoʊ] *v.* 放弃，抛弃
poncho	[ˈpɑːntʃoʊ] *n.* 斗篷；雨披
imbroglio	[ɪmˈbroʊlioʊ] *n.* 纠纷，纠葛，纠缠不清
cello	[ˈtʃeloʊ] *n.* 大提琴
boo	[buː] *v.* 发出嘘声 *int.* (表示不满、轻蔑等)嘘
taboo	[təˈbuː] *adj.* 忌讳的 *n.* 禁忌
hoodoo	[ˈhuːduː] *n.* 厄运；招来不幸的人
ballyhoo	[ˈbælihuː] *n.* 喧闹，呐喊 *v.* 大肆宣传，大吹大擂
kangaroo	[ˌkæŋgəˈruː] *n.* 袋鼠
woo	[wuː] *v.* 求爱，求婚；恳求，争取
tempo	[ˈtempoʊ] *n.* (音乐的)速度；(动作、生活的)步调，节奏
tyro	[ˈtaɪroʊ] *n.* 新手
lasso	[ˈlæsoʊ] *n.* (捕捉牛、马用的)套索
veto	[ˈviːtoʊ] *n.* 否决，禁止；否决权
manifesto	[ˌmænɪˈfestoʊ] *n.* 宣言，声明
motto	[ˈmɑːtoʊ] *n.* 座右铭；格言，箴言

P

reap	[riːp] *v.* 收割，收获
lap	[læp] *v.* 舔食
kidnap	[ˈkɪdnæp] *v.* 绑架
peep	[piːp] *n./v.* 瞥见，偷看；初现
creep	[kriːp] *v.* 匍匐前进；悄悄地移动，蹑手蹑脚地走
seep	[siːp] *v.* (液体等)渗漏
steep	[stiːp] *adj.* 陡峭的；过高的 *v.* 浸泡，浸透
sidestep	[ˈsaɪdstep] *v.* 横跨一步躲避；回避
worship	[ˈwɜːrʃɪp] *n.* 崇拜，敬仰 *v.* 崇拜，敬仰
nip	[nɪp] *v.* 小口啜饮
snip	[snɪp] *v.* 剪断 *n.* 剪；碎片
drip	[drɪp] *v.* (使)滴下
sip	[sɪp] *v.* 啜饮 *n.* 小口喝，抿；一小口的量
gulp	[ɡʌlp] *v.* 吞食，咽下；抵制，忍住
pulp	[pʌlp] *n.* 果肉；纸浆
decamp	[dɪˈkæmp] *v.* (士兵)离营；匆忙秘密地离开
scamp	[skæmp] *v.* 草率地做 *n.* 流氓；顽皮的家伙
damp	[dæmp] *v.* 减弱，抑制 *adj.* 潮湿的
cramp	[kræmp] *n.* 铁箍，夹子 *v.* 把…箍紧
tramp	[træmp] *v.* 重步走
tamp	[tæmp] *v.* 捣实，夯实
swamp	[swɑːmp] *n.* 沼泽 *v.* 使陷入困境；淹没
limp	[lɪmp] *v.* 跛行 *adj.* 软弱的，无力的；柔软的
crimp	[krɪmp] *v.* 使起皱，使(头发)卷曲；抵制，束缚
scrimp	[skrɪmp] *v.* 节省，精打细算
bump	[bʌmp] *v.* 碰撞 *n.* 碰撞声
thump	[θʌmp] *v.* 重击，捶击
lump	[lʌmp] *n.* 块；肿块 *v.* 形成块状
slump	[slʌmp] *v.* 大幅度下降；暴跌

wallop	[ˈwɑːləp] *n.* 重击，猛击 *v.* 重击，猛打
hoop	[huːp] *n.*（桶的）箍，铁环
whoop	[huːp] *n.* 高喊，欢呼
droop	[druːp] *v.* 低垂；萎靡
stoop	[stuːp] *v.* 弯腰，俯身；屈尊
swoop	[swuːp] *v.* 猛扑；攫取
backdrop	[ˈbækdrɑːp] *n.*（事情的）背景；背景幕布
prop	[prɑːp] *n.* 支撑物，支柱 *v.* 支持
carp	[kɑːrp] *n.* 鲤鱼 *v.* 吹毛求疵
harp	[hɑːrp] *n.* 竖琴 *v.* 弹竖琴；喋喋不休地说或写
chirp	[tʃɜːrp] *v.*（鸟或虫）唧唧叫
slurp	[slɜːrp] *v.* 出声地吃或喝 *n.* 啜食，啜食声
clasp	[klæsp] *n.* 钩子，扣子；紧握
rasp	[ræsp] *v.* 发出刺耳的声音；锉，刮削
coup	[kuː] *n.* 妙计，成功之举

R

bazaar	[bəˈzɑːr] *n.* 集市，市场
bar	[bɑːr] *v.* 禁止，阻挡 *n.* 条，棒
debar	[dɪˈbɑːr] *v.* 阻止
vicar	[ˈvɪkər] *n.* 教区牧师
scar	[skɑːr] *n.* 伤痕，伤疤
shear	[ʃɪr] *v.* 剪（羊毛），剪发
blear	[blir] *v.* 使模糊 *adj.* 模糊的
smear	[smɪr] *v.* 弄脏，玷污 *n.* 污迹，污点
spear	[spɪr] *n.* 矛；嫩枝 *v.* 用矛刺
sear	[sɪr] *v.* 烧焦
tear	[ter] *v.* 撕裂
swear	[swer] *v.* 诅咒
forswear	[fɔːrˈswer] *v.* 誓绝，发誓放弃

char [tʃɑːr] *v.* 烧焦；把…烧成炭

jar [dʒɑːr] *v.* 震动，摇晃；冲突，抵触；震惊；发出刺耳声 *n.* 广口坛子

verisimilar [ˌverɪˈsɪmɪlə] *adj.* 好像真实的，逼真的；可能的

oracular [əˈrækjələr] *adj.* 神谕的；玄妙难懂的

spectacular [spekˈtækjələr] *adj.* 壮观的，引人入胜的

ocular [ˈɑːkjələr] *adj.* 眼睛的；视觉的

circular [ˈsɜːrkjələr] *adj.* 圆形的；循环的

crepuscular [krɪˈpʌskjələr] *adj.* 朦胧的，微明的

uproar [ˈʌprɔːr] *n.* 喧嚣，吵闹；骚动，骚乱

jabber [ˈdʒæbər] *v.* 快而含糊地说

slobber [ˈslɑːbər] *n.* 口水 *v.* 流口水；情不自禁地说

cumber [ˈkʌmbər] *v.* 拖累，妨碍

lumber [ˈlʌmbər] *v.* 跌跌撞撞地走，笨拙地走 *n.* 杂物；木材

plumber [ˈplʌmər] *n.* 管子工，铅管工

slumber [ˈslʌmbər] *v.* 睡眠，安睡 *n.* 睡眠

sober [ˈsoʊbər] *adj.* 清醒的；严肃的，认真的

ulcer [ˈʌlsər] *n.* 溃疡；腐烂物

shudder [ˈʃʌdər] *v.* 战栗，发抖 *n.* 战栗，发抖

rudder [ˈrʌdər] *n.* 船舵；领导者

boulder [ˈboʊldər] *n.* 巨砾

meander [miˈændər] *v.* 蜿蜒而流；漫步

gander [ˈgændər] *n.* 雄鹅；笨人，傻瓜 *v.* 闲逛

slander [ˈslændər] *v.* 诽谤，诋毁 *n.* 诽谤，中伤

pander [ˈpændər] *v.* 怂恿，迎合(不良欲望)

lavender [ˈlævəndər] *n.* 薰衣草 *adj.* 淡紫色的

remainder [rɪˈmeɪndər] *n.* 剩余物

cinder [ˈsɪndər] *n.* 余烬，煤渣

hinder [ˈhɪndər] *v.* 阻碍，妨碍

reminder [rɪˈmaɪndər] *n.* 提醒物，纪念品

rejoinder [rɪˈdʒɔɪndər] *n.* 回答

tinder [ˈtɪndər] *n.* 火绒，火种

ponder [ˈpɑːndər] *v.* 仔细考虑，衡量

maunder [ˈmɔːndər] *v.* 胡扯；游荡

plunder [ˈplʌndər] *v.* 抢劫，掠夺

sunder [ˈsʌndər] *v.* 分裂，分离

sheer [ʃɪr] *adj.* 完全的；陡峭的；极薄的

jeer [dʒɪr] *v.* 嘲笑

leer [lɪr] *v.* 斜视，送秋波

mutineer [ˌmjuːtəˈnɪr] *n.* 反叛者，背叛者

sneer [snɪr] *v.* 嘲笑，鄙视

peer [pɪr] *n.* 同等之人，同辈

profiteer [ˌprɑːfəˈtɪr] *n.* 奸商，牟取暴利者

steer [stɪr] *v.* 掌舵，驾驶 *n.* 公牛，食用牛

queer [kwɪr] *adj.* 奇怪的，反常的

coffer [ˈkɔːfər] *n.* 保险柜，保险箱

proffer [ˈprɑːfər] *v.* 奉献，贡献；提议，建议 *n.* 赠送，献出

buffer [ˈbʌfər] *v.* 缓冲，减轻

pilfer [ˈpɪlfər] *v.* 偷窃

confer [kənˈfɜːr] *v.* 商议，商谈；授予，赋予

transfer [trænsˈfɜːr] *v.* 转移，传递；转让；调任，调动

badger [ˈbædʒər] *n.* 獾 *v.* 烦扰，纠缠不休

swagger [ˈswæɡər] *v.* 大摇大摆地走

harbinger [ˈhɑːrbɪndʒər] *n.* 先驱，先兆

linger [ˈlɪŋɡər] *v.* 逗留；继续存留；徘徊

forger [ˈfɔːrdʒər] *n.* 伪造者；打铁匠

archer [ˈɑːrtʃər] *n.* (运动或战争中的)弓箭手，射手

voucher [ˈvaʊtʃər] *n.* 证件；收据；凭证；代金券

lexicographer [ˌleksɪˈkɑːɡrəfər] *n.* 词典编纂者

encipher [ɪnˈsaɪfər] *v.* 译成密码

gusher	[ˈɡʌʃər] *n.* 滔滔不绝的说话者；喷油井
blather	[ˈblæðər] *v.* 喋喋不休地胡说，唠叨
dither	[ˈdɪðər] *v.* 慌张；犹豫不决 *n.* 紧张；慌乱
wither	[ˈwɪðər] *v.* 干枯，枯萎
pother	[ˈpɔðə] *n.* 喧扰，骚动 *v.* 烦恼
chandelier	[ˌʃændəˈlɪr] *n.* 枝形吊灯(烛台)
bicker	[ˈbɪkər] *v.* 争吵，口角
dicker	[ˈdɪkər] *v.* 讨价还价
flicker	[ˈflɪkər] *v.* 闪烁，摇曳
snicker	[ˈsnɪkər] *v./n.* 窃笑，暗笑
hanker	[ˈhæŋkər] *v.* 渴望，追求
hunker	[ˈhʌŋkər] *v.* 蹲下；顽固地坚持
potboiler	[ˈpɑːtbɔɪlər] *n.* 粗制滥造的文艺作品
stickler	[ˈstɪklər] *n.* 坚持细节之人
sampler	[ˈsæmplər] *n.* 刺绣样品；样品检查员
howler	[ˈhaʊlər] *n.* 嚎叫的人或动物；滑稽可笑的错误
hammer	[ˈhæmər] *n.* 锤子，槌 *v.* 锤击，锤打
stammer	[ˈstæmər] *v.* 口吃，结巴地说
glimmer	[ˈɡlɪmər] *v.* 发微光 *n.* 摇曳的微光
simmer	[ˈsɪmər] *v.* 炖，慢煮 *n.* 即将沸腾的状态，即将发作
informer	[ɪnˈfɔːrmər] *n.* 告发者，告密者
mariner	[ˈmærɪnər] *n.* 水手，海员
petitioner	[pəˈtɪʃənər] *n.* 请愿人
garner	[ˈɡɑːrnər] *v.* 把…储入谷仓；收藏，积累；获得
caper	[ˈkeɪpər] *n.* 雀跃，跳跃 *v.* 雀跃
scamper	[ˈskæmpər] *v.* 奔跑，蹦蹦跳跳
pamper	[ˈpæmpər] *v.* 纵容，过分关怀
tamper	[ˈtæmpər] *v.* 干预，损害；篡改
temper	[ˈtempər] *v.* 锻炼；调和，使缓和 *n.* 脾气，性情
whimper	[ˈwɪmpər] *v.* 啜泣，呜咽

simper [ˈsɪmpər] *v.* 假笑，傻笑

interloper [ˈɪntərloupər] *n.* 闯入者

dapper [ˈdæpər] *adj.* 整洁漂亮的；动作敏捷的

chipper [ˈtʃɪpər] *adj.* 爽朗的，活泼的

kipper [ˈkɪpər] *v.* 腌制，熏制

whisper [ˈwɪspər] *v.* 耳语，低语

pauper [ˈpɔːpər] *n.* 贫民；乞丐

teeter [ˈtiːtər] *v.* 摇摇欲坠；步履蹒跚；踌躇

odometer [oʊˈdɑːmɪtər] *n.* (汽车)里程表

loiter [ˈlɔɪtər] *v.* 闲逛，游荡；慢慢前行；消磨时光，虚度光阴

reconnoiter [ˌrekəˈnɔɪtər] *v.* 侦察，勘察

alter [ˈɔːltər] *v.* 改变，更改

shelter [ˈʃeltər] *n.* 避难所，遮蔽 *v.* 庇护，保护

filter [ˈfɪltər] *n.* 过滤材料，(尤指)滤纸 *v.* 过滤

carpenter [ˈkɑːrpəntər] *n.* 木匠

inter [ɪnˈtɜːr] *v.* 埋葬

disinter [ˌdɪsɪnˈtɜːr] *v.* 挖出，掘出

saunter [ˈsɔːntər] *n./v.* 闲逛，漫步

barter [ˈbɑːrtər] *v.* 易货贸易

deserter [dɪˈzɜːrtər] *n.* 背弃者；逃兵

plaster [ˈplæstər] *n.* 灰泥，石膏 *v.* 抹灰泥

disaster [dɪˈzæstər] *n.* 灾难，灾祸，不幸

pester [ˈpestər] *v.* 纠缠，烦扰

barrister [ˈbærɪstər] *n.* 出庭律师；律师

pollster [ˈpoʊlstər] *n.* 民意调查员

poster [ˈpoʊstər] *n.* 海报，招贴画

filibuster [ˈfɪlɪbʌstər] *v.* 妨碍议事，阻挠议案通过 *n.* 阻挠议事的人或行动

luster [ˈlʌstər] *n.* 光辉；光泽 *v.* 使有光泽；使有光彩，给…增光；发光

cluster	[ˈklʌstər] *n.* 串，簇，群 *v.* 群集，丛生
lackluster	[ˈlæklʌstər] *adj.* 无光泽的；呆滞的
muster	[ˈmʌstər] *v.* 召集，聚集
scatter	[ˈskætər] *v.* 散开，驱散
spatter	[ˈspætər] *v.* 洒，溅
tatter	[ˈtætər] *n.* 碎片 *v.* 撕碎
enfetter	[ɪnˈfetər] *v.* 给…上脚镣；束缚，使受制于
embitter	[ɪmˈbɪtər] *v.* 使痛苦，使难受
glitter	[ˈɡlɪtər] *v.* 闪烁，闪耀 *n.* 灿烂的光华；诱惑力，魅力
totter	[ˈtɑːtər] *v.* 摇摇欲坠；步履蹒跚
utter	[ˈʌtər] *adj.* 完全的 *v.* 发出(声音)，说(话)
scutter	[ˈskʌtər] *v.* 疾走，急跑
gutter	[ˈɡʌtər] *n.* 水槽；街沟
flutter	[ˈflʌtər] *v.* 拍翅
mutter	[ˈmʌtər] *v.* 咕哝，嘀咕
stutter	[ˈstʌtər] *v.* 口吃，结巴 *n.* 口吃
palaver	[pəˈlɑːvər] *n.* 空谈 *v.* 空谈；奉承
waver	[ˈweɪvər] *v.* 摇摆；踌躇
sever	[ˈsevər] *v.* 断绝，分离
sliver	[ˈslɪvər] *n.* 薄长条 *v.* 裂成细片
outmaneuver	[ˌaʊtməˈnuːvər] *v.* 以策略制胜
cower	[ˈkaʊər] *v.* 畏缩，蜷缩
glower	[ˈɡlaʊər] *v.* 怒目而视
empower	[ɪmˈpaʊər] *v.* 授权，准许
bricklayer	[ˈbrɪkleɪər] *n.* 砖匠
naysayer	[ˈneɪseɪər] *n.* 怀疑者，否定者
foyer	[ˈfɔɪər] *n.* 门厅，休息室
lair	[ler] *n.* 窝，巢穴；躲藏处
flair	[fler] *n.* 天赋，本领，天资

debonair	[ˌdebəˈner] *adj.* 美丽的；温文尔雅的
nadir	[ˈneɪdɪr] *n.* 最低点
stir	[stɜːr] *v.* 刺激
elixir	[ɪˈlɪksər] *n.* 万能药，长生不老药
belabor	[bɪˈleɪbər] *v.* 过分冗长地说；痛打
rigor	[ˈrɪgər] *n.* 严厉，严格，苛刻；严密，精确
squalor	[ˈskwɑːlər] *n.* 肮脏，污秽
glamor	[ˈglæmər] *v.* 迷惑 *n.* 魔法，魔力；迷人的美，魅力
tremor	[ˈtremər] *n.* 颤动；颤抖，战栗
humor	[ˈhjuːmər] *v.* 纵容，迁就
boor	[bʊr] *n.* 粗野的人；农民
stupor	[ˈstuːpər] *n.* 昏迷，恍惚
furor	[ˈfjʊrɔːr] *n.* 喧闹，轰动；盛怒
scissor	[ˈsɪzər] *n.* 剪刀
gladiator	[ˈglædieɪtər] *n.* 角斗士，与野兽搏斗者
curator	[kjʊˈreɪtər] *n.* (博物馆等)馆长
dictator	[ˈdɪkteɪtər] *n.* 独裁者
malefactor	[ˈmælɪfæktər] *n.* 罪犯，作恶者
hector	[ˈhektər] *v.* 欺凌，威吓
projector	[prəˈdʒektər] *n.* 电影放映机，幻灯机
traitor	[ˈtreɪtər] *n.* 卖国贼，叛徒
progenitor	[proʊˈdʒenɪtər] *n.* 祖先
mentor	[ˈmentɔːr] *n.* 导师
tutor	[ˈtuːtər] *n.* 助教；导师，辅导教师；监护人 *v.* 辅导，指导
languor	[ˈlæŋgər] *n.* 无精打采，衰弱无力
razor	[ˈreɪzər] *n.* 剃刀，刮胡刀
incur	[ɪnˈkɜːr] *v.* 招惹
hauteur	[hɔːˈtɜːr] *n.* 傲慢
slur	[slɜːr] *v.* 含糊不清地讲

murmur	[ˈmɜːrmər] *v.* 柔声地说；抱怨
dour	[ˈdaʊər] *adj.* 严厉的，阴郁的；倔强的
demeanour	[dɪˈmiːnər] *n.* 举止，行为
downpour	[ˈdaʊnpɔːr] *n.* 倾盆大雨
sour	[ˈsaʊər] *adj.* 酸的
spur	[spɜːr] *v.* 刺激，激励；用马刺刺马
zephyr	[ˈzefər] *n.* 和风；西风
martyr	[ˈmɑːrtər] *n.* 烈士，殉道者

S

specifics	[spəˈsɪfɪks] *n.* 细小问题，细节
ethics	[ˈeθɪks] *n.* 伦理学；道德规范
mnemonics	[nɪˈmɑːnɪks] *n.* 记忆法，记忆术
logistics	[ləˈdʒɪstɪks] *n.* 后勤学；后勤
linguistics	[lɪŋˈɡwɪstɪks] *n.* 语言学
proceeds	[ˈproʊsiːdz] *n.* 收入；实收款项
rapids	[ˈræpɪdz] *n.* 急流，湍流
mores	[ˈmɔːreɪz] *n.* 习俗，惯例
minutes	[ˈmɪnɪts] *n.* 会议记录
belongings	[bɪˈlɔːŋɪŋz] *n.* 所有物，财产
epidermis	[ˌepɪˈdɜːrmɪs] *n.* 表皮，外皮
debris	[dəˈbriː] *n.* 碎片，残骸
hubris	[ˈhjuːbrɪs] *n.* 傲慢，目中无人
oasis	[oʊˈeɪsɪs] *n.* 绿洲
nemesis	[ˈneməsɪs] *n.* 报应
genesis	[ˈdʒenəsɪs] *n.* 创始，起源
osmosis	[ɑːzˈmoʊsɪs] *n.* 渗透；潜移默化
prognosis	[prɑːɡˈnoʊsɪs] *n.*【医】(对病情的)预断，预后
neurosis	[nʊˈroʊsɪs] *n.* 神经官能症
synopsis	[sɪˈnɑːpsɪs] *n.* 摘要，概要

catharsis	[kə'θɑːrsɪs] *n.* 宣泄；净化
remains	[rɪ'meɪnz] *n.* 残余，遗迹
chaos	['keɪɑːs] *n.* 混乱
kudos	['kuːdɑːs] *n.* 声誉，名声
cosmos	['kɑːzmoʊs] *n.* 宇宙
amass	[ə'mæs] *v.* 积聚
encompass	[ɪn'kʌmpəs] *v.* 包围，围绕
crass	[kræs] *adj.* 愚钝的；粗糙的
embarrass	[ɪm'bærəs] *v.* 使局促不安，使窘迫
canvass	['kænvəs] *v.* 细查；拉选票
recess	['riːses] *n.* 壁凹；休假
confess	[kən'fes] *v.* 承认，供认
largess	[lɑːr'dʒes] *n.* 赠送，赏赐；赠款，赏赐物
guileless	['gaɪlləs] *adj.* 厚道的，老实的
pitiless	['pɪtiləs] *adj.* 无情的，冷酷的，无同情心的
restless	['restləs] *adj.* 焦躁不安的，静不下来的
gutless	['gʌtləs] *adj.* 没有勇气的，怯懦的
restiveness	['restɪvnəs] *n.* 倔强，难以驾驭
positiveness	['pɑːzətɪvnəs] *n.* 肯定，确信
stinginess	['stɪndʒinəs] *n.* 小气
pithiness	['piθinəs] *n.* 简洁
leisureliness	['liːʒərlinəs] *n.* 悠然，从容
harness	['hɑːrnɪs] *n.* 马具，挽具 *v.* 束以马具；利用，控制
ruthlessness	['ruːθləsnəs] *n.* 无情，冷酷，残忍
judiciousness	[dʒu'dɪʃəsnəs] *n.* 明智
gregariousness	[grɪ'geriəsnəs] *n.* (动物)群居；合群，爱交友
unscrupulousness	[ʌn'skruːpjələsnəs] *n.* 狂妄，不择手段
caress	[kə'res] *n.* 爱抚，抚摸 *v.* 爱抚，抚摸
redress	[rɪ'dres] *n.* 矫正，修正
regress	[rɪ'gres] *v.* 倒退，复归，逆行

digress [daɪˈgres] *v.* 离题
ingress [ˈɪngres] *n.* 进入
compress [kəmˈpres] *v.* 压缩；压紧
oppress [əˈpres] *v.* 压迫，压制
distress [dɪˈstres] *n.* 痛苦，悲痛
mattress [ˈmætrəs] *n.* 床垫
duress [duˈres] *n.* 胁迫
obsess [əbˈses] *v.* 迷住；使…困扰，使…烦扰
assess [əˈses] *v.* 评定，核定；估计，估价
prowess [ˈpraʊəs] *n.* 勇敢；非凡的才能
bliss [blɪs] *n.* 狂喜，极乐；福气，天赐的福
double-cross [ˌdʌblˈkrɔːs] *v.* 欺骗，出卖
gross [groʊs] *adj.* 总的；粗野的 *n.* 全部，总额
engross [ɪnˈgroʊs] *v.* 全神贯注于
toss [tɑːs] *v.* 投，掷；使摇动，使颠簸
fuss [ˈfʌs] *n.* 大惊小怪
muniments [ˈmjuːnɪmənts] *n.* 契据
incubus [ˈɪŋkjʊbəs] *n.* 梦魇；沉重的负担
locus [ˈloʊkəs] *n.* 地点，所在地
caucus [ˈkɔːkəs] *n.* 政党高层会议
bogus [ˈboʊgəs] *adj.* 伪造的，假的
ruckus [ˈrʌkəs] *n.* 喧闹，骚动
nonplus [ˌnɑːnˈplʌs] *v.* 使困惑 *n.* 迷惑，困惑
surplus [ˈsɜːrpləs] *adj.* 过剩的，剩余的；盈余的
animus [ˈænɪməs] *n.* 敌意，憎恨
terminus [ˈtɜːrmɪnəs] *n.*（火车、汽车的）终点站
onus [ˈoʊnəs] *n.* 义务，负担
tremendous [trəˈmendəs] *adj.* 恐慌的，可怕的；巨大的，惊人的
stupendous [stuːˈpendəs] *adj.* 巨大的，惊人的
horrendous [hɔːˈrendəs] *adj.* 可怕的，令人恐惧的

simultaneous [ˌsaɪml ˈteɪniəs] *adj.* 同时发生的

spontaneous [spɑːn ˈteɪniəs] *adj.* 自发的；自然的

ligneous [ˈlɪgniəs] *adj.* 木质的，木头般的

gaseous [ˈgæsiəs] *adj.* 气体的，气态的

osseous [ˈɑːsiəs] *adj.* 骨的，多骨的

piteous [ˈpɪtiəs] *adj.* 可怜的

bounteous [ˈbaʊntiəs] *adj.* 慷慨的；丰富的

contumacious [ˌkɑːntu ˈmeɪʃəs] *adj.* 违抗的，不服从的

pertinacious [ˌpɜːrtn ˈeɪʃəs] *adj.* 固执的，坚决的；坚持的

capacious [kə ˈpeɪʃəs] *adj.* 容量大的，宽敞的

rapacious [rə ˈpeɪʃəs] *adj.* 掠夺的；贪婪的

spacious [ˈspeɪʃəs] *adj.* 广阔的，宽敞的

gracious [ˈgreɪʃəs] *adj.* 大方的，和善的；奢华的；优美的，雅致的

voracious [və ˈreɪʃəs] *adj.* 狼吞虎咽的，贪吃的；贪婪的，贪得无厌的

mendacious [men ˈdeɪʃəs] *adj.* 不真实的，虚假的；习惯性说谎的

sequacious [si ˈkweiʃəs] *adj.* 盲从的

vivacious [vɪ ˈveɪʃəs] *adj.* 活泼的，有生气的，快活的

ferocious [fə ˈroʊʃəs] *adj.* 凶猛的，残暴的

atrocious [ə ˈtroʊʃəs] *adj.* 残忍的，凶恶的

precocious [prɪ ˈkoʊʃəs] *adj.* 早熟的

luscious [ˈlʌʃəs] *adj.* 美味的；肉感的

invidious [ɪn ˈvɪdiəs] *adj.* 惹人反感的，导致伤害和仇恨的，招人嫉妒的

punctilious [pʌŋk ˈtɪliəs] *adj.* 一丝不苟的

abstemious [əb ˈstiːmiəs] *adj.* 有节制的，节俭的

vicarious [vaɪ ˈkeriəs] *adj.* 替代的，代理的

nefarious [nɪ ˈferiəs] *adj.* 极恶毒的，邪恶的

multifarious [ˌmʌltɪ ˈferiəs] *adj.* 多种的，各式各样的

hilarious [hɪˈleriəs] *adj.* 欢闹的；引起大笑的

uproarious [ʌpˈrɔːriəs] *adj.* 骚动的；喧嚣的；令人捧腹大笑的

industrious [ɪnˈdʌstriəs] *adj.* 勤劳的，勤勉的

illustrious [ɪˈlʌstriəs] *adj.* 著名的，显赫的

luxurious [lʌgˈʒʊriəs] *adj.* 奢侈的，豪华的

rambunctious [ræmˈbʌŋkʃəs] *adj.* 骚乱的，喧闹的

expeditious [ˌekspəˈdɪʃəs] *adj.* 迅速的，敏捷的

factitious [fækˈtɪʃəs] *adj.* 人为的，不真实的

adventitious [ˌædvenˈtɪʃəs] *adj.* 偶然的

sententious [senˈtenʃəs] *adj.* 说教的；简要的

abstentious [əbˈstenʃəs] *adj.* 有节制的

licentious [laɪˈsenʃəs] *adj.* 放荡的，纵欲的；放肆的

bumptious [ˈbʌmpʃəs] *adj.* 傲慢的，自夸的

scrumptious [ˈskrʌmpʃəs] *adj.* 可口的，美味的

pervious [ˈpɜːrviəs] *adj.* 可渗透的，可通过的

noxious [ˈnɑːkʃəs] *adj.* 有害的，有毒的

obnoxious [əbˈnɑːkʃəs] *adj.* 令人极不愉快的，可憎的

libelous [ˈlaɪbələs] *adj.* 诽谤的

parlous [ˈpɑːrləs] *adj.* 靠不住的，危险的

fabulous [ˈfæbjələs] *adj.* 难以置信的；寓言的

pendulous [ˈpendʒələs] *adj.* 下垂的

tremulous [ˈtremjələs] *adj.* 颤动的；胆怯的，怯懦的

pusillanimous [ˌpjuːsɪˈlænɪməs] *adj.* 胆小的

unanimous [juˈnænɪməs] *adj.* 全体一致的

diaphanous [daɪˈæfənəs] *adj.* (布)精致的；半透明的

ravenous [ˈrævənəs] *adj.* 饥饿的；贪婪的

villainous [ˈvɪlənəs] *adj.* 邪恶的，恶毒的

vicissitudinous [ˌvɪsɪsɪˈtjuːdɪnəs] *adj.* 有变化的，变迁的

oleaginous [ˌoʊliˈædʒɪnəs] *adj.* 油腻的；圆滑的，满口恭维的

coterminous	[koʊ ˈtɜːrmɪnəs] *adj.* 毗连的，有共同边界的
numinous	[ˈnuːmɪnəs] *adj.* 超自然的，神的
mutinous	[ˈmjuːtənəs] *adj.* 叛变的；反抗的
poisonous	[ˈpɔɪzənəs] *adj.* 有毒的；有害的
acarpous	[ei ˈkɑːpəs] *adj.* 不结果实的
scabrous	[ˈskeɪbrəs] *adj.* 粗糙的
odoriferous	[ˌoʊdə ˈrɪfərəs] *adj.* 有气味的
obstreperous	[əb ˈstrepərəs] *adj.* 吵闹的；难管束的
prosperous	[ˈprɑːspərəs] *adj.* 繁荣的，兴旺的
preposterous	[prɪ ˈpɑːstərəs] *adj.* 荒谬的
dolorous	[ˈdoʊlərəs] *adj.* 悲哀的，忧伤的
canorous	[kə ˈnoʊrəs] *adj.* 音调优美的，有旋律的
vaporous	[ˈveɪpərəs] *adj.* 空想的；多蒸汽的
herbivorous	[ɜːr ˈbɪvərəs] *adj.* 食草的
omnivorous	[ɑːm ˈnɪvərəs] *adj.* 杂食的；兴趣杂的
monstrous	[ˈmɑːnstrəs] *adj.* 巨大的；丑陋的，外表可怕的
lustrous	[ˈlʌstrəs] *adj.* 有光泽的
infelicitous	[ˌɪnfɪ ˈlɪsɪtəs] *adj.* 不幸的；不妥当的
duplicitous	[duː ˈplɪsɪtəs] *adj.* 两面派的，奸诈的；双重的
felicitous	[fə ˈlɪsɪtəs] *adj.* (话语等)适当的，得体的
necessitous	[nɪ ˈsesɪtəs] *adj.* 贫困的；紧迫的
portentous	[pɔːr ˈtentəs] *adj.* 凶兆的
riotous	[ˈraɪətəs] *adj.* 暴乱的，狂乱的
vacuous	[ˈvækjuəs] *adj.* 空虚的，发呆的
conspicuous	[kən ˈspɪkjuəs] *adj.* 显著的，显而易见的
contiguous	[kən ˈtɪgjuəs] *adj.* 接壤的；接近的
exiguous	[eg ˈzɪgjuəs] *adj.* 太少的，不足的
mellifluous	[me ˈlɪfluəs] *adj.* (音乐等)柔美流畅的
tempestuous	[tem ˈpestʃuəs] *adj.* 狂暴的
grievous	[ˈgriːvəs] *adj.* 痛苦的，悲伤的；极严重的
rumpus	[ˈrʌmpəs] *n.* 喧闹，骚乱
consensus	[kən ˈsensəs] *n.* 意见一致

status [ˈsteɪtəs] *n.* 身份，地位
impetus [ˈɪmpɪtəs] *n.* 推动力；刺激

T

combat [ˈkɑːmbæt] *n./v.* 搏斗，战斗
acrobat [ˈækrəbæt] *n.* 特技演员，杂技演员
offbeat [ˌɑːfˈbiːt] *adj.* 不规则的，不平常的
browbeat [ˈbraʊbiːt] *v.* 欺侮；吓唬
feat [fiːt] *n.* 功绩，壮举
pleat [pliːt] *n.* (衣服上的)褶
retreat [rɪˈtriːt] *n.* 撤退；隐居处 *v.* 撤退
entreat [ɪnˈtriːt] *v.* 恳求
fiat [ˈfiːæt] *n.* 法令，政令
mat [mæt] *n.* 垫子，席子 *v.* (使)缠结；铺席于…上
turncoat [ˈtɜːrnkoʊt] *n.* 背叛者，变节者
moat [moʊt] *n.* 壕沟；护城河
spat [spæt] *n.* 口角，小争论
brat [bræt] *n.* 孩子；顽童
autocrat [ˈɔːtəkræt] *n.* 独裁者
habitat [ˈhæbɪtæt] *n.* 自然环境，栖息地
squat [skwɑːt] *v.* 蹲下 *adj.* 矮胖的
artifact [ˈɑːrtɪfækt] *n.* 人工制品
pact [pækt] *n.* 协定，条约
impact [ˈɪmpækt] *n.* 冲击，影响
compact [ˈkɑːmpækt] *adj.* 坚实的；简洁的 *n.* 合同，协议
tract [trækt] *n.* 传单；大片土地
disaffect [ˌdɪsəˈfekt] *v.* 使不满；使疏远
abject [ˈæbdʒekt] *adj.* 极可怜的；卑下的
deflect [dɪˈflekt] *v.* 偏离，转向
suspect [səˈspekt] *v.* 怀疑
[ˈsʌspekt] *n.* 嫌疑犯 *adj.* 可疑的

erect [ɪˈrekt] *adj.* 竖立的，笔直的

verdict [ˈvɜːrdɪkt] *n.* 裁定，裁决

district [ˈdɪstrɪkt] *n.* 地区；行政区；区域

evict [ɪˈvɪkt] *v.* (依法)驱逐

convict [kənˈvɪkt] *v.* 定罪
[ˈkɑːnvɪkt] *n.* 罪犯

adjunct [ˈædʒʌŋkt] *n.* 附加物，附件

deduct [dɪˈdʌkt] *v.* 减去，扣除；演绎

induct [ɪnˈdʌkt] *v.* 使就职；使入伍

construct [kənˈstrʌkt] *v.* 建造，构造

dulcet [ˈdʌlsɪt] *adj.* 美妙的，悦耳的

lancet [ˈlænsɪt] *n.* 柳叶刀

cadet [kəˈdet] *n.* 军校或警官学校的学生

fleet [fliːt] *adj.* 快速的 *v.* 消磨，疾驰；飞逝，掠过

buffet [ˈbʌfɪt] *v.* 反复敲打；连续打击

gadget [ˈgædʒɪt] *n.* 小工具，小机械

budget [ˈbʌdʒɪt] *n.* 预算 *v.* 做预算，安排开支

beget [bɪˈget] *v.* 产生，引起

prophet [ˈprɑːfit] *n.* 先知，预言者

epithet [ˈepɪθet] *n.* (贬低人的)短语或形容词；绰号，称号

whet [wet] *v.* 磨快；刺激

skyrocket [ˈskaɪrɑːkɪt] *v.* 突升，猛涨

trinket [ˈtrɪŋkɪt] *n.* 小装饰品，(尤指)不值钱的珠宝；琐事

musket [ˈmʌskɪt] *n.* 旧式步枪，毛瑟枪

goblet [ˈgɑːblət] *n.* 高脚酒杯

bracelet [ˈbreɪslət] *n.* 手镯，臂镯

omelet [ˈɑːmlət] *n.* 煎蛋卷

eaglet [ˈiːglət] *n.* 小鹰

pullet [ˈpʊlɪt] *n.* 小母鸡

violet [ˈvaɪələt] *adj.* 紫罗兰色的 *n.* 紫罗兰

outlet [ˈaʊtlet] *n.* 出口

plummet [ˈplʌmɪt] *v.* 垂直或突然落下

gourmet [ˈɡʊrmeɪ] *v.* 美食家

offset [ˈɑːfset] *v.* 补偿，抵消

backset [ˈbækset] *n.* 倒退，逆流

onset [ˈɑːnset] *n.* 开始，发作；攻击，袭击

cosset [ˈkɑːsɪt] *v.* 宠爱，溺爱

outset [ˈaʊtset] *n.* 开始，开头

minuet [ˌmɪnjuˈet] *n.* 小步舞

bouquet [buˈkeɪ] *n.* 花束；芳香

daft [dæft] *adj.* 傻的，愚蠢的

cleft [kleft] *n.* 裂缝 *adj.* 劈开的

spendthrift [ˈspendθrɪft] *adj./n.* 挥金如土的(人)

sift [sɪft] *v.* 筛选，过滤

yacht [jɑːt] *n.* 帆船，游艇

sleight [slaɪt] *n.* 巧妙手法；诡计；灵巧

slight [slaɪt] *adj.* 轻微的，微小的 *v.* 怠慢，冷落 *n.* 冒犯他人的行为、言语等

upright [ˈʌpraɪt] *adj.* 垂直的，直立的；正直的，诚实的

oversight [ˈoʊvərsaɪt] *n.* 疏忽，失察，勘漏

airtight [ˈertaɪt] *adj.* 密闭的，不透气的

onslaught [ˈɑːnslɔːt] *n.* 猛攻，猛袭

drought [draʊt] *n.* 干旱，旱灾；干旱期

wrought [rɔːt] *adj.* 做成的，形成的；精制的

bait [beɪt] *n.* 诱饵 *v.* 逗弄；激怒

plait [plæt] *n.* 发辫 *v.* 编成辫

distrait [dɪˈstre] *adj.* 心不在焉的

deficit [ˈdefɪsɪt] *n.* 不足额；赤字

licit [ˈlɪsɪt] *adj.* 合法的

implicit [ɪmˈplɪsɪt] *adj.* 含蓄的，暗示的

pundit [ˈpʌndɪt] n. 权威人士，专家
plaudit [ˈplɔːdɪt] v. 喝彩，赞扬
albeit [ˌɔːlˈbiːɪt] conj. 虽然，尽管
deceit [dɪˈsiːt] n. 欺骗，欺诈，诡计
conceit [kənˈsiːt] n. 自负，自大
surfeit [ˈsɜːrfɪt] n. 饮食过量，过度 v. 使过量
whit [wɪt] n. 一点儿，少量
skit [skɪt] n. 幽默讽刺短剧；讽刺文章
flit [flɪt] v. 掠过，迅速飞过
split [splɪt] v. 破裂，裂开 n. 裂开，裂口
slit [slɪt] v. 撕裂 n. 裂缝
submit [səbˈmɪt] v. 屈服；提交，呈递
emit [iˈmɪt] v. 发出(光、热、声音等)
remit [rɪˈmɪt] v. 免除；宽恕；汇款
commit [kəˈmɪt] v. 托付；承诺；犯罪
knit [nɪt] v. 编织；密接，紧密相连
adroit [əˈdrɔɪt] adj. 熟练的，灵巧的
pulpit [ˈpʌlpɪt] n. 讲道坛
inherit [ɪnˈherɪt] v. 继承
merit [ˈmerɪt] v. 值得 n. 价值；长处
grit [ɡrɪt] n. 沙粒；决心，勇气 v. 下定决心，咬紧牙关
culprit [ˈkʌlprɪt] n. 罪犯
writ [rɪt] n. 令状；书面命令
posit [ˈpɑːzɪt] v. 断定，认定
deposit [dɪˈpɑːzɪt] v. 存放；使沉积
acquit [əˈkwɪt] v. 宣告无罪；脱卸义务和责任；还清(债务)
bruit [bruːt] v. 散布(谣言)
recruit [rɪˈkruːt] n. 新兵；新成员 v. 征募，招募
outwit [ˌaʊtˈwɪt] v. 以机智胜过

exalt [ɪɡˈzɔːlt] v. 赞扬，歌颂
pelt [pelt] v. 扔 n. 毛皮
tilt [tɪlt] v. (使)倾斜 n. 倾斜；斜坡
colt [koʊlt] n. 小雄马；新手
jolt [dʒoʊlt] v. (使)颠簸 n. 震动，摇晃
revolt [rɪˈvoʊlt] v. 反叛，造反；反感，厌恶
assault [əˈsɔːlt] n. 突袭；猛袭
vault [vɔːlt] n. 拱顶；地窖
cult [kʌlt] n. 异教，教派；狂热的崇拜
occult [əˈkʌlt] adj. 秘密的，不公开的
tumult [ˈtuːmʌlt] n. 喧哗，吵闹；骚动，骚乱
exult [ɪɡˈzʌlt] v. 欢腾，喜悦
decant [dɪˈkænt] v. 轻轻倒出
recant [rɪˈkænt] v. 撤回(声明)，放弃(信仰)
mendicant [ˈmendɪkənt] adj. 行乞的 n. 乞丐
applicant [ˈæplɪkənt] n. 申请人
lubricant [ˈluːbrɪkənt] n. 润滑剂
confidant [ˈkɑːnfɪdænt] n. 心腹朋友，知己，密友
miscreant [ˈmɪskriənt] n. 恶棍，歹徒
bouffant [buːˈfɑːnt] adj. 蓬松的；鼓胀的
chant [tʃænt] n. 圣歌 v. 歌唱，吟诵
enchant [ɪnˈtʃænt] v. 使陶醉；施魔法于
disenchant [ˌdɪsɪnˈtʃænt] v. 使不抱幻想，使清醒
insouciant [ɪnˈsuːsiənt] adj. 漫不经心的
implant [ɪmˈplænt] v. 植入，插入；灌输
slant [slænt] v. 倾斜 n. 斜面；观点
stimulant [ˈstɪmjələnt] n. 兴奋剂，刺激物
covenant [ˈkʌvənənt] n. 契约 v. 立书保证
indignant [ɪnˈdɪɡnənt] adj. 愤慨的，愤愤不平的
dominant [ˈdɑːmɪnənt] adj. 支配的；占优势的
consonant [ˈkɑːnsənənt] adj. 协调的，一致的

rant [rænt] *v.* 大声责骂；咆哮

protuberant [proʊˈtuːbərənt] *adj.* 突出的，隆起的

preponderant [prɪˈpɑːndərənt] *adj.* 占优势的，突出的，压倒性的

grant [grænt] *v.* 同意给予；授予

fragrant [ˈfreɪgrənt] *adj.* 芳香的

vagrant [ˈveɪgrənt] *adj.* 流浪的，漂泊的；*n.* 流浪者，漂泊者

aspirant [əˈspaɪərənt] *n.* 有抱负者

ignorant [ˈɪgnərənt] *adj.* 无知的，愚昧的

arrant [ˈærənt] *adj.* 完全的，彻底的；极坏的，臭名昭著的

complaisant [kəmˈpleɪzənt] *adj.* 顺从的；讨好的

versant [ˈvəːrsənt] *adj.* 精通的 *n.* 山坡；斜坡

puissant [ˈpjuːsənt] *adj.* 强大的，有权力的

recusant [rəˈkjuːzənt] *n.* 拒绝服从的人

incogitant [ɪnˈkɑːdʒɪtənt] *adj.* 未经思考的，考虑不周的

exultant [ɪgˈzʌltənt] *adj.* 非常高兴的，欢跃的，狂喜的

unrepentant [ˌʌnrɪˈpentənt] *adj.* 顽固不化的，不后悔的

piquant [ˈpiːkənt] *adj.* 辛辣的，开胃的；刺激的

truant [ˈtruːənt] *adj.* 逃避责任的 *n.* 逃学者；逃避者，玩忽职守者

clairvoyant [klerˈvɔɪənt] *adj.* 透视的，有洞察力的

recumbent [rɪˈkʌmbənt] *adj.* 斜靠的；休息的

maleficent [məˈlefɪsənt] *adj.* 有害的；作恶的，犯罪的

nascent [ˈnæsnt] *adj.* 初生的，萌芽的

renascent [rɪˈnæsnt] *adj.* 再生的，复活的，新生的

convalescent [ˌkɑːnvəˈlesnt] *adj./n.* 康复中的(病人)

adolescent [ˌædəˈlesnt] *adj.* 青春期的 *n.* 青少年

strident [ˈstraɪdnt] *adj.* 尖锐的，刺耳的

resident [ˈrezɪdənt] *n.* 居民 *adj.* 定居的，常驻的

resplendent	[rɪˈsplendənt] *adj.* 华丽的，光辉的
pendent	[ˈpendənt] *adj.* 吊着的，悬挂的
correspondent	[ˌkɔːrəˈspɑːndənt] *adj.* 符合的，一致的 *n.* 记者，通讯员
ardent	[ˈɑːrdnt] *adj.* 热心的，热烈的
exigent	[ˈeksɪdʒənt] *adj.* 迫切的，紧急的
refulgent	[rɪˈfʌldʒənt] *adj.* 辉煌的，灿烂的
effulgent	[ɪˈfʌldʒənt] *adj.* 灿烂的，光辉的
plangent	[ˈplændʒənt] *adj.* 轰鸣的；凄凉的
detergent	[dɪˈtɜːrdʒənt] *n.* 清洁剂
convergent	[kənˈvɜːrdʒənt] *adj.* 会聚的
insufficient	[ˌɪnsəˈfɪʃnt] *adj.* 不足的
sufficient	[səˈfɪʃnt] *adj.* 足够的
omniscient	[ɑːmˈnɪsiənt] *adj.* 无所不知的，博识的
obedient	[əˈbiːdiənt] *adj.* 服从的，顺从的
inexpedient	[ˌɪnɪkˈspiːdiənt] *adj.* 不适当的，不明智的
orient	[ˈɔːrient] *adj.* 上升的 *v.* 确定方向；使熟悉情况
sentient	[ˈsentiənt] *adj.* 有感觉能力的；意识到的
relent	[rɪˈlent] *v.* 变温和，变宽厚；减弱
pestilent	[ˈpestɪlənt] *adj.* 致命的；有害的
redolent	[ˈredələnt] *adj.* 芬芳的，芳香的
somnolent	[ˈsɑːmnələnt] *adj.* 想睡的；催眠的
virulent	[ˈvɪrələnt] *adj.* 剧毒的；恶毒的
flatulent	[ˈflætʃələnt] *adj.* 自负的，浮夸的
sacrament	[ˈsækrəmənt] *n.* 圣礼，圣事
cement	[sɪˈment] *n.* 水泥；黏合剂 *v.* 黏合，巩固
commencement	[kəˈmensmənt] *n.* 开始；毕业典礼
rapprochement	[ˌræprɑːʃˈmɑːn] *n.* 友好，友善关系的建立
clement	[ˈklemənt] *adj.* 仁慈的；温和的
inclement	[ɪnˈklemənt] *adj.* (天气)严酷的；严厉的
increment	[ˈɪŋkrəmənt] *n.* 增加

pigment	[ˈpɪɡmənt] *n.* 天然色素；粉状颜料
blandishment	[ˈblændɪʃmənt] *n.* 奉承，讨好
presentiment	[prɪˈzentɪmənt] *n.* 预感
sentiment	[ˈsentɪmənt] *n.* 多愁善感；思想感情
foment	[foʊˈment] *v.* 煽动
moment	[ˈmoʊmənt] *n.* 瞬间；重要时刻
garment	[ˈɡɑːrmənt] *n.* 衣服
torment	[ˈtɔːrment] *n.* 折磨，痛苦
ointment	[ˈɔɪntmənt] *n.* 油膏，软膏
resentment	[rɪˈzentmənt] *n.* 愤恨，怨恨
vestment	[ˈvestmənt] *n.* 官服，礼服；法衣，祭袍
emolument	[ɪˈmɑːljumənt] *n.* 报酬，薪水
immanent	[ˈɪmənənt] *adj.* 内在的，固有的；普遍存在的，无所不在的
prominent	[ˈprɑːmɪnənt] *adj.* 显著的；著名的
abstinent	[ˈæbstɪnənt] *adj.* 饮食有度的，有节制的，禁欲的
repent	[rɪˈpent] *v.* 懊悔，后悔
rent	[rent] *n.* 裂缝；(意见)分歧
indifferent	[ɪnˈdɪfrənt] *adj.* 不感兴趣的，漠不关心的
adherent	[ədˈhɪrənt] *n.* 拥护者，信徒
abhorrent	[əbˈhɔːrənt] *adj.* 可恨的，讨厌的
torrent	[ˈtɑːrənt] *n.* 洪流，急流
omnipresent	[ˌɑːmnɪˈpreznt] *adj.* 无处不在的
consent	[kənˈsent] *v.* 同意，允许
assent	[əˈsent] *v.* 同意，赞成
latent	[ˈleɪtnt] *adj.* 潜在的，潜伏的
patent	[ˈpeɪtnt] *adj.* 显而易见的 *n.* 专利权(证书)
impenitent	[ɪmˈpenɪtənt] *adj.* 不知悔悟的
intermittent	[ˌɪntərˈmɪtənt] *adj.* 断断续续的；间歇的
subsequent	[ˈsʌbsɪkwənt] *adj.* 随后的，后来的，连续的

delinquent [dɪˈlɪŋkwənt] *adj.* 玩忽职守的

magniloquent [mæɡˈnɪloʊkwənt] *adj.* 夸张的

incongruent [ɪnˈkɑːŋɡruənt] *adj.* 不协调的，不和谐的，不合适的

advent [ˈædvent] *n.* 到来，来临

dint [dɪnt] *v.* 击出凹痕

feint [feɪnt] *n.* 佯攻，佯击 *v.* 佯攻；伪装

mint [mɪnt] *n.* 大量；造币厂

appoint [əˈpɔɪnt] *v.* 任命，指定；约定

imprint [ɪmˈprɪnt] *v.* 盖印，刻印

sprint [sprɪnt] *v.* 短距离全速奔跑

squint [skwɪnt] *v.* 斜视

upfront [ˌʌpˈfrʌnt] *adj.* 坦率的

gaunt [ɡɔːnt] *adj.* 憔悴的，瘦削的

jaunt [dʒɔːnt] *v.* 短途旅游 *n.* 短途旅行

blunt [blʌnt] *adj.* 钝的；直率的 *v.* 使迟钝

stunt [stʌnt] *v.* 阻碍(成长) *n.* 特技，绝技

bigot [ˈbɪɡət] *n.* (宗教、政治等的)顽固盲从者；偏执的人

riot [ˈraɪət] *v.* 暴动，闹事

patriot [ˈpeɪtriət] *n.* 爱国者，爱国主义者

jot [dʒɑːt] *v.* 草草记下

lot [lɑːt] *n.* 签；命运 *v.* 抽签；划分

clot [klɑːt] *n.* 凝块 *v.* 使凝结成块

pilot [ˈpaɪlət] *n.* 飞行员；领航员

ballot [ˈbælət] *n./v.* 投票

slot [slɑːt] *n.* 狭槽

crackpot [ˈkrækpɑːt] *n.* 怪人，疯子；狂想家

besot [bɪˈsɑːt] *v.* 使沉醉，使糊涂

pivot [ˈpɪvət] *n.* 枢轴，中心 *v.* 旋转

apt [æpt] *adj.* 易于…的；恰当的

adapt	[əˈdæpt] *v.* 使适应；修改
rapt	[ræpt] *adj.* 入迷的，全神贯注的
precept	[ˈpriːsept] *n.* 箴言，格言；规则
intercept	[ˌɪntərˈsept] *v.* 拦截，阻止
receipt	[rɪˈsiːt] *n.* 收到，接到；发票，收据
conscript	[kənˈskrɪpt] *v.* 征兵，征召(某人)入伍
unkempt	[ˌʌnˈkempt] *adj.* 蓬乱的，未梳理的；不整洁的，乱糟糟的
prompt	[prɑːmpt] *v.* 促进，激起 *adj.* 敏捷的，迅速的
excerpt	[ˈeksɜːrpt] *n.* 摘录，选录，节录
abrupt	[əˈbrʌpt] *adj.* 突然的，意外的；唐突的
erupt	[ɪˈrʌpt] *v.* 爆发；喷出
interrupt	[ˌɪntəˈrʌpt] *v.* 暂时中止；打断，打扰
corrupt	[kəˈrʌpt] *adj.* 腐败的，堕落的；（语言、版本等)讹误的，走样的 *v.* 使腐败，使堕落
tart	[tɑːrt] *adj.* 酸的；尖酸的
alert	[əˈlɜːrt] *adj.* 警惕的，机警的 *n.* 警报
desert	[dɪˈzɜːrt] *v.* 遗弃，离弃
assert	[əˈsɜːrt] *v.* 断言，主张
avert	[əˈvɜːrt] *v.* 避免，防止；转移
advert	[ˈædvɜːrt] *v.* 注意，留意；提及
animadvert	[ˌænəmædˈvət] *v.* 苛责，非难
covert	[ˈkoʊvɜːrt] *adj.* 秘密的，隐蔽的
controvert	[ˈkɑːntrəvɜːrt] *v.* 反驳，驳斥
extrovert	[ˈekstrəvɜːrt] *n.* 性格外向者
pervert	[pərˈvɜːrt] *v.* 使堕落；滥用；歪曲
skirt	[skɜːrt] *v.* 绕过，回避
escort	[ɪˈskɔːrt] *v.* 护送 [ˈeskɔːrt] *n.* 护送者
rapport	[ræˈpɔːr] *n.* 融洽，和谐
sport	[spɔːrt] *v.* 炫耀，卖弄

disport [dɪˈspɔːrt] *v.* 玩耍，嬉戏
spoilsport [ˈspɔɪlspɔːrt] *n.* 使人扫兴的人
retort [rɪˈtɔːrt] *v.* 反驳
contort [kənˈtɔːrt] *v.* 歪曲；扭曲
extort [ɪkˈstɔːrt] *v.* 勒索，敲诈
cavort [kəˈvɔːrt] *v.* 腾跃，欢跃
spurt [spɜːrt] *n.* (液体等的)喷出，迸发
bombast [ˈbɑːmbæst] *n.* 高调，夸大之辞
forecast [ˈfɔːrkæst] *v.* 预报，预测 *n.* 预测
encomiast [enˈkoʊmɪæst] *n.* 赞美者
iconoclast [aɪˈkɑːnəklæst] *n.* 攻击传统观念或风俗的人
mast [mæst] *n.* 船桅，桅杆
boast [boʊst] *v.* 自夸 *n.* 自夸
molest [məˈlest] *v.* 骚扰，困扰
tempest [ˈtempɪst] *n.* 暴风雨；骚动
arrest [əˈrest] *v.* 逮捕；阻止，制止
wrest [rest] *v.* 扭，拧；夺取，费力取得
contest [kənˈtest] *v.* 竞争；质疑
vest [vest] *v.* 授予，赋予
zest [zest] *n.* 刺激性；兴趣，热心
gist [dʒɪst] *n.* 要点，要旨
cardiologist [ˌkɑːrdiˈɑːlədʒɪst] *n.* 心脏病专家
list [lɪst] *v.* 倾斜 *n.* 倾斜
pluralist [ˈplʊrəlɪst] *n.* 兼任数个宗教职位者，兼职者
extremist [ɪkˈstriːmɪst] *n.* 极端主义者
protagonist [prəˈtægənɪst] *n.* 倡导者，拥护者
foist [fɔɪst] *v.* 偷偷插入；(以欺骗的方式)强加
hoist [hɔɪst] *v.* 提起，升起
podiatrist [pəˈdaɪətrɪst] *n.* 足病医生
wrist [rɪst] *n.* 腕，腕关节
desist [dɪˈzɪst] *v.* 停止，中止
narcissist [nɑːrˈsɪsɪst] *n.* 自恋狂，自恋者

numismatist	[nuːˈmɪzmətɪst] *n.* 钱币学家，钱币收藏家
egotist	[ˈegətɪst] *n.* 自私自利者；自我主义者
ventriloquist	[venˈtrɪləkwɪst] *n.* 口技表演者，腹语表演者
accost	[əˈkɔːst] *v.* 搭话
nethermost	[ˈneðəmoʊst] *adj.* 最低的，最下面的
cloudburst	[ˈklaʊdbɜːrst] *n.* 大暴雨
bust	[bʌst] *n.* 半身(雕)像
disgust	[dɪsˈgʌst] *n.* 反感，厌恶
august	[ɔːˈgʌst] *adj.* 威严的，令人敬畏的
lust	[lʌst] *n.* 强烈的欲望
thrust	[θrʌst] *v.* 猛力推；刺，戳
entrust	[ɪnˈtrʌst] *v.* 委托；托付
butt	[bʌt] *v.* 用头抵撞，顶撞 *n.* 粗大的一端；烟蒂
smut	[smʌt] *n.* 污迹；黑穗病 *v.* 弄脏
roundabout	[ˈraʊndəbaʊt] *adj.* 绕道的，迂回的
lout	[laʊt] *n.* 蠢人，笨蛋
spout	[spaʊt] *v.* 喷出；滔滔不绝地讲
rout	[raʊt] *n.* 溃败
strut	[strʌt] *v.* 趾高气扬地走 *n.* 支柱
pretext	[ˈpriːtekst] *n.* 借口

U

plateau	[plæˈtoʊ] *n.* 高原；平稳时期

W

guffaw	[gəˈfɔː] *n.* 哄笑，粗声大笑 *v.* 哄笑
thaw	[θɔː] *v.* 解冻，融化
gnaw	[nɔː] *v.* 啃，咬；腐蚀，侵蚀
curfew	[ˈkɜːrfjuː] *n.* 宵禁

hew	[hjuː] *v.* 砍伐；遵守
preview	[ˈpriːvjuː] *n.* 预演，预展 *v.* 预演，预先查看
askew	[əˈskjuː] *adj./adv.* 歪斜的(地)
slew	[sluː] *v.* (使)旋转 *n.* 大量
spew	[spjuː] *v.* 呕吐；大量喷出
brew	[bruː] *v.* 酿酒；沏(茶)，煮(咖啡)；酝酿，即将发生
strew	[struː] *v.* 撒满，散播
cow	[kaʊ] *n.* 母牛 *v.* 威胁
sideshow	[ˈsaɪdʃoʊ] *n.* 杂耍，穿插表演
overflow	[ˌoʊvərˈfloʊ] *v.* 溢出；充满
glow	[ɡloʊ] *v.* 发光，发热；(脸)发红 *n.* 发光；兴高采烈
callow	[ˈkæloʊ] *adj.* (鸟)未生羽毛的；(人)未成熟的
wallow	[ˈwɑːloʊ] *v.* 打滚；沉迷 *n.* 打滚
swallow	[ˈswɑːloʊ] *v.* 吞下，咽下；忍受
bellow	[ˈbeloʊ] *v.* 咆哮；吼叫
minnow	[ˈmɪnoʊ] *n.* 鲤科，小鱼
winnow	[ˈwɪnoʊ] *v.* 扬，簸(谷物)，除去
highbrow	[ˈhaɪbraʊ] *n.* 自以为文化修养很高的人
overthrow	[ˌoʊvərˈθroʊ] *v.* 推翻；终止 [ˈoʊvərθroʊ] *n.* 推翻；终止
harrow	[ˈhæroʊ] *n.* 耙 *v.* 耙地；使痛苦
marrow	[ˈmæroʊ] *n.* 骨髓；精华，精髓
burrow	[ˈbɜːroʊ] *v.* 挖掘，钻进，翻寻 *n.* 地洞
avow	[əˈvaʊ] *v.* 承认；公开宣称
disavow	[ˌdɪsəˈvaʊ] *v.* 否认，否定，抵赖

X

hoax	[hoʊks] *n.* 骗局，恶作剧 *v.* 欺骗

wax	[wæks] *n.* 蜡 *v.* 给…上蜡；增大；(月亮)渐满
vertex	[ˈvɜːrteks] *n.* (三角形等的)顶角；顶点，最高点
affix	[əˈfɪks] *v.* 黏上，贴上；(尤指在末尾)添上 [ˈæfɪks] *n.* 词缀
prolix	[ˈproʊlɪks] *adj.* 说话啰嗦的，冗长的
phoenix	[ˈfiːnɪks] *n.* 凤凰，长生鸟
orthodox	[ˈɔːrθədɑːks] *adj.* 正统的
outfox	[ˌaʊtˈfɑːks] *v.* 以机智胜过
flux	[flʌks] *n.* 不断的变动，变迁，动荡不安
influx	[ˈɪnflʌks] *n.* 注入，涌入

Y

flay	[fleɪ] *v.* 剥皮；抢夺，掠夺；严厉指责
allay	[əˈleɪ] *v.* 减轻，缓和
slay	[sleɪ] *v.* 杀戮，杀死
waylay	[weɪˈleɪ] *v.* 埋伏，伏击
dismay	[dɪsˈmeɪ] *n.* 沮丧，气馁 *v.* 使气馁
bray	[breɪ] *v.* 大声而刺耳地发出(叫唤或声音)
defray	[dɪˈfreɪ] *v.* 支付，支出
foray	[ˈfɔːreɪ] *v.* 突袭，偷袭；劫掠，掠夺 *n.* 突袭
array	[əˈreɪ] *v.* 部署 *n.* 陈列
stray	[streɪ] *v.* 偏离，迷路 *adj.* 迷路的；零落的
hearsay	[ˈhɪrseɪ] *n.* 谣传，道听途说
naysay	[ˈneɪseɪ] *v.* 拒绝，否认，反对
headway	[ˈhedweɪ] *n.* 进步，进展
gangway	[ˈgæŋweɪ] *n.* (上下船的)跳板；样板；舷梯
sway	[sweɪ] *v.* 摇动，摇摆；影响 *n.* 摇摆
gabby	[ˈgæbi] *adj.* 饶舌的，多嘴的
shabby	[ˈʃæbi] *adj.* 破旧的；卑鄙的
stubby	[ˈstʌbi] *adj.* 短粗的

namby-pamby [ˌnæmbɪˈpæmbɪ] *adj.* 乏味的；懦弱的 *n.* 懦弱的人

candidacy [ˈkændɪdəsi] *n.* 候选人资格

fallacy [ˈfæləsi] *n.* 错误，谬论

contumacy [ˈkɑːntuməsi] *n.* 抗命，不服从

aristocracy [ˌærɪˈstɑːkrəsi] *n.* 贵族；贵族政府，贵族统治

gerontocracy [ˌdʒerənˈtɑːkrəsi] *n.* 老人统治的政府

autocracy [ɔːˈtɑːkrəsi] *n.* 独裁政府

confederacy [kənˈfedərəsi] *n.* 联盟，同盟

prophecy [ˈprɑːfəsi] *n.* 预言

redundancy [rɪˈdʌndənsi] *n.* 多余，累赘；(因劳动力过剩而造成的)裁员；人浮于事

dormancy [ˈdɔːrmənsi] *n.* 休眠状态

poignancy [ˈpɔɪnjənsi] *n.* 辛辣，尖锐

discrepancy [dɪsˈkrepənsi] *n.* 差异，矛盾

vibrancy [ˈvaɪbrənsi] *n.* 生机勃勃，活泼

vagrancy [ˈveɪgrənsi] *n.* 漂泊，流浪

inconstancy [ɪnˈkɑːnstənsi] *n.* (指人)反复无常

decency [ˈdiːsnsi] *n.* 正派，端庄体面

emergency [iˈmɜːrdʒənsi] *n.* 紧急情况，不测事件，非常时刻

leniency [ˈliːniənsi] *n.* 宽厚，仁慈

insolvency [ɪnˈsɑːlvənsi] *n.* 无力偿还；破产

saucy [ˈsɔːsi] *adj.* 粗鲁的；俏皮的；漂亮的

heady [ˈhedi] *adj.* 任性的；鲁莽的

ready [ˈredi] *adj.* 敏捷的，迅速的

shoddy [ˈʃɑːdi] *adj.* 劣质的，假冒的

muddy [ˈmʌdi] *adj.* 多泥的，泥泞的；浑浊的，不清的

ruddy [ˈrʌdi] *adj.* (脸色)红润的，红的

tragedy [ˈtrædʒədi] *n.* 惨剧，惨事，灾难

perfidy [ˈpɜːrfədi] *n.* 不忠，背叛

subsidy [ˈsʌbsədi] *n.* 补助金

moldy [ˈmoʊldi] *adj.* 发霉的

windy [ˈwɪndi] *adj.* 有风的；冗长的；夸夸其谈的

embody [ɪmˈbɑːdi] *v.* 使具体化，体现

moody [ˈmuːdi] *adj.* 喜怒无常的；抑郁的

hardy [ˈhɑːrdi] *adj.* 耐寒的；强壮的；大胆的，勇敢的

jeopardy [ˈdʒepərdi] *n.* 危险

sturdy [ˈstɜːrdi] *adj.* （身体）强健的；结实的

understudy [ˈʌndərstʌdi] *n.* 预备演员，替角 *v.* 充当…的替角

dowdy [ˈdaʊdi] *adj.* 不整洁的，过旧的

jockey [ˈdʒɑːki] *n.* 骑师 *v.* 谋取

volley [ˈvɑːli] *n.* 齐发，群射 *v.* 齐发，群射；截击

parley [ˈpɑːrli] *n.* 和谈；会谈 *v.* 和谈，会谈

prey [preɪ] *n.* 被捕食的动物；受害者

purvey [pərˈveɪ] *v.* （大量）供给，供应

stupefy [ˈstuːpɪfaɪ] *v.* 使茫然，使惊讶

putrefy [ˈpjuːtrɪfaɪ] *v.* 使腐烂

liquefy [ˈlɪkwɪfaɪ] *v.* （使）液化，（使）溶解

huffy [ˈhʌfi] *adj.* 愤怒的，恼怒的

scruffy [ˈskrʌfi] *adj.* 肮脏的，不洁的

stuffy [ˈstʌfi] *adj.* 通风不好的，闷热的

pacify [ˈpæsɪfaɪ] *v.* 使安静，抚慰

solidify [səˈlɪdɪfaɪ] *v.* 巩固，（使）凝固，（使）团结

mollify [ˈmɑːlɪfaɪ] *v.* 安慰，安抚

nullify [ˈnʌlɪfaɪ] *v.* 使无效；抵消

amplify [ˈæmplɪfaɪ] *v.* 放大；详述

signify [ˈsɪgnɪfaɪ] *v.* 表示；有重要性

indemnify [ɪnˈdemnɪfaɪ] *v.* 赔偿，偿付

glorify [ˈglɔːrɪfaɪ] *v.* 吹捧，美化

petrify [ˈpetrɪfaɪ] v. (使)石化；(使)吓呆
purify [ˈpjʊrɪfaɪ] v. 使纯净，净化
intensify [ɪnˈtensɪfaɪ] v. 使加剧
fructify [ˈfrʌktɪfaɪ] v. (使)结果实；(使)成功
stultify [ˈstʌltɪfaɪ] v. 使显得愚蠢；使变得无用或无效
testify [ˈtestɪfaɪ] v. 见证，证实
stagy [ˈsteɪdʒi] *adj.* 不自然的，做作的
edgy [ˈedʒi] *adj.* 急躁的，易怒的；尖利的，(刀口)锐利的
elegy [ˈelədʒi] n. 哀歌，挽歌
draggy [ˈdrægi] *adj.* 拖拉的，极为讨厌的
soggy [ˈsɑːgi] *adj.* 湿透的
muggy [ˈmʌgi] *adj.* (天气)闷热而潮湿的
tangy [ˈtæŋi] *adj.* 气味刺激的，扑鼻的
dingy [ˈdɪndʒi] *adj.* 肮脏的，昏暗的
pedagogy [ˈpedəgɑːdʒi] n. 教育学，教学法
analogy [əˈnælədʒi] n. 相似；类比
pharmacology [ˌfɑːrməˈkɑːlədʒi] n. 药理学，药物学；药理
pathology [pəˈθɑːlədʒi] n. 病理学
philology [fɪˈlɑːlədʒi] n. 语文学，语文研究
etymology [ˌetɪˈmɑːlədʒi] n. 语源学
astrology [əˈstrɑːlədʒi] n. 占星术；占星学
neurology [nʊˈrɑːlədʒi] n. 神经学
eulogy [ˈjuːlədʒi] n. 颂词，颂文
lethargy [ˈleθərdʒi] n. 昏睡；呆滞，懒散
peachy [ˈpiːtʃi] *adj.* 极好的，漂亮的
splashy [ˈsplæʃi] *adj.* 容易溅开的；炫耀显眼的
mushy [ˈmʌʃi] *adj.* 糊状的；感伤的，多情的
pushy [ˈpʊʃi] *adj.* 有进取心的，爱出风头的，固执己见的

frothy [ˈfrɔːθi] *adj.* 起泡的；空洞的
earthy [ˈɜːrθi] *adj.* 粗俗的，土气的
swarthy [ˈswɔːrði] *adj.*（皮肤等）黝黑的
peaky [ˈpiːki] *adj.* 消瘦的，虚弱的
wacky [ˈwæki] *adj.*（行为等）古怪的，乖僻的
sticky [ˈstɪki] *adj.* 湿热的；闷热的
cheeky [ˈtʃiːki] *adj.* 无礼的，厚颜无耻的
sulky [ˈsʌlki] *adj.* 生气的
cranky [ˈkræŋki] *adj.* 怪癖的；不稳的
funky [fʌŋki] *adj.* 有霉臭味的，有恶臭的
perky [ˈpɜːrki] *adj.* 得意洋洋的；活泼的
gawky [ˈgɔːki] *adj.* 迟钝的，笨拙的
spindly [ˈspɪndli] *adj.* 细长的，纤弱的
timely [ˈtaɪmli] *adj.* 适时的，及时的
comely [ˈkʌmli] *adj.* 动人的，美丽的
homely [ˈhoʊmli] *adj.* 朴素的；不漂亮的
contumely [ˈkɑːntumili] *n.* 无礼，傲慢
philately [fɪˈlætəli] *n.* 集邮
scraggly [ˈskrægli] *adj.* 凹凸不平的；散乱的
gangly [ˈgæŋgli] *adj.* 身材瘦长难看的
ugly [ˈʌgli] *adj.* 难看的；令人不快的
harshly [ˈhɑːrʃli] *adv.* 严酷地，无情地
unearthly [ʌnˈɜːrθli] *adj.* 奇异的
readily [ˈredɪli] *adv.* 乐意地；容易地
wily [ˈwaɪli] *adj.* 诡计多端的，狡猾的
dally [ˈdæli] *v.* 闲荡，嬉戏
dillydally [ˈdɪlidæli] *v.* 磨蹭，浪费时间
shilly-shally [ˈʃɪliʃæli] *v.* 犹豫不决；虚度时光
proverbially [prəˈvɜːrbiəli] *adv.* 人皆尽知地
tally [ˈtæli] *v.*（使）一致，符合
jolly [ˈdʒɑːli] *adj.* 欢乐的，快乐的

bully	[ˈbʊli] *v.* 威胁，以强欺弱 *n.* 欺凌弱小者
monopoly	[məˈnɑːpəli] *n.* 垄断；专利权
gingerly	[ˈdʒɪndʒərli] *adj./adv.* 小心的（地）；谨慎的（地）
miserly	[ˈmaɪzərli] *adj.* 吝啬的
sly	[slaɪ] *adj.* 狡猾的，狡诈的
measly	[ˈmiːzli] *adj.* 患麻疹的；少得可怜的，微不足道的
grisly	[ˈgrɪzli] *adj.* 恐怖的，可怕的
inadvertently	[ˌɪnədˈvɜːrtəntli] *adv.* 不小心地，疏忽地
seamy	[ˈsiːmi] *adj.* 丑恶的，污秽的
blasphemy	[ˈblæsfəmi] *n.* 亵渎(神明)
clammy	[ˈklæmi] *adj.* 湿冷的，发粘的
yummy	[ˈjʌmi] *adj.* 美味的，可口的
gloomy	[ˈgluːmi] *adj.* 阴暗的；没有希望的；阴郁的，忧郁的
smarmy	[ˈsmɑːrmi] *adj.* 虚情假意的
miscellany	[ˈmɪsəleɪni] *n.* 混合物
progeny	[ˈprɑːdʒəni] *n.* 后代，子孙
satiny	[ˈsætni] *adj.* 光滑的，柔软的
tyranny	[ˈtɪrəni] *n.* 暴政，专制统治；暴行
bonny	[ˈbɑːni] *adj.* 健美的，漂亮的
phony	[ˈfəuni] *adj.* 假的，欺骗的
cacophony	[kəˈkɑːfəni] *n.* 刺耳的声音
ceremony	[ˈserəmoʊni] *n.* 典礼，仪式
testimony	[ˈtestɪmoʊni] *n.* 证据，证词
puny	[ˈpjuːni] *adj.* 弱小的，孱弱的
coy	[kɔɪ] *adj.* 腼腆的，忸怩作态的
decoy	[ˈdiːkɔɪ] *v.* 诱骗
killjoy	[ˈkɪldʒɔɪ] *n.* 令人扫兴的人
cloy	[klɔɪ] *v.* (吃甜食)生腻，吃腻

ploy [plɔɪ] *n.* 花招，策略

annoy [əˈnɔɪ] *v.* 惹恼；打搅，骚扰

toy [tɔɪ] *v.* 不认真地对待，玩弄

buoy [ˈbuːi] *n.* 浮标；救生圈 *v.* 支持，鼓励

convoy [ˈkɑːnvɔɪ] *v.* 护航，护送

jumpy [ˈdʒʌmpi] *adj.* 紧张不安的，心惊肉跳的

frumpy [ˈfrʌmpɪ] *adj.* 邋遢的；老式的，过时的

grumpy [ˈgrʌmpi] *adj.* 脾气暴躁的

canopy [ˈkænəpi] *n.* 蚊帐；华盖

snappy [ˈsnæpi] *adj.* 生气勃勃的；漂亮的，时髦的

floppy [ˈflɑːpi] *adj.* 松软的；软弱的

sloppy [ˈslɑːpi] *adj.* 邋遢的，粗心的

raspy [ˈræspi] *adj.* 刺耳的；易怒的

espy [eˈspaɪ] *v.* 突然看到；望见

wispy [ˈwɪspi] *adj.* 纤细的；脆弱的；一缕缕的

quandary [ˈkwɑːndəri] *n.* 困惑，进退两难，窘境

bleary [ˈblɪri] *adj.* 视线模糊的，朦胧的；精疲力尽的

dreary [ˈdrɪri] *adj.* 沉闷的，乏味的

weary [ˈwɪri] *adj.* 疲劳的，疲倦的；令人厌烦的，令人厌倦的 *v.* (使)厌烦，(使)疲倦

vagary [ˈveɪgəri] *n.* 奇想，异想天开

subsidiary [səbˈsɪdieri] *adj.* 辅助的；次要的

auxiliary [ɔːgˈzɪliəri] *adj.* 辅助的，附加的，补充的

ancillary [ˈænsəleri] *adj.* 辅助的 *n.* 助手

canary [kəˈneri] *n.* 金丝雀；女歌星

plenary [ˈpliːnəri] *adj.* 全体出席的；完全的，绝对的，无限的

interdisciplinary [ˌɪntərˈdɪsəplɪneri] *adj.* 跨学科的

luminary [ˈluːmɪneri] *n.* 杰出人物，名人

discretionary [dɪˈskreʃəneri] *adj.* 自由决定的

stationary [ˈsteɪʃəneri] *adj.* 静止的，不动的

hoary	[ˈhɔːri] *adj.* (头发)灰白的；古老的
itinerary	[aɪˈtɪnəreri] *n.* 旅行路线
emissary	[ˈemɪseri] *n.* 密使，特使
votary	[ˈvoʊtəri] *n.* 崇拜者，热心支持者
statuary	[ˈstætʃueri] *n.* 雕像；雕塑艺术
husbandry	[ˈhʌzbəndri] *n.* (广义上的)农业
sundry	[ˈsʌndri] *adj.* 各式各样的，各种的
sorcery	[ˈsɔːrsəri] *n.* 巫术，魔术
leery	[ˈlɪri] *adj.* 谨防的，怀疑的
peery	[ˈpɪrɪ] *adj.* 窥视的；好奇的；怀疑的
puffery	[ˈpʌfəri] *n.* 极力称赞，夸大广告，吹捧
skullduggery	[skʌlˈdʌgəri] *n.* 欺骗，使诈
forgery	[ˈfɔːrdʒəri] *n.* 伪造(物)
treachery	[ˈtretʃəri] *n.* 背叛
cutlery	[ˈkʌtləri] *n.* (刀、叉、匙等)餐具
chicanery	[ʃɪˈkeɪnəri] *n.* 欺骗，欺诈
ornery	[ˈɔːrnəri] *adj.* 顽固的，爱争吵的
trumpery	[ˈtrʌmpəri] *adj.* 中看不中用的
slippery	[ˈslɪpəri] *adj.* 滑的；狡猾的
effrontery	[ɪˈfrʌntəri] *n.* 厚颜无耻；放肆
lottery	[ˈlɑːtəri] *n.* 抽彩给奖法
query	[ˈkwɪri] *v.* 质疑，疑问，询问 *n.* 问题，疑问
wiry	[ˈwaɪəri] *adj.* 瘦而结实的
cavalry	[ˈkævlri] *n.* 骑兵部队，装甲部队
compulsory	[kəmˈpʌlsəri] *adj.* 强制性的，必须做的
accessory	[əkˈsesəri] *adj.* 附属的，次要的
promissory	[ˈprɑːmɪsəri] *adj.* 允诺的，约定的
aleatory	[ˈelɪəːtərɪ] *adj.* 侥幸的，偶然的
supererogatory	[ˌsjuːprəˈrɔgətɔːri] *adj.* 职责以外的；多余的
purgatory	[ˈpɜːrgətɔːri] *n.* 炼狱
nugatory	[ˈnuːgətɔːri] *adj.* 无价值的，琐碎的

oratory	[ˈɔːrətɔːri] *n.* 演讲术
gustatory	[ˈɡʌstətəri] *adj.* 味觉的，品尝的
olfactory	[ɑːlˈfæktəri] *adj.* 嗅觉的
refectory	[rɪˈfektri] *n.* (学院等的)餐厅，食堂
valedictory	[ˌvælɪˈdɪktəri] *adj.* 告别的，离别的
inventory	[ˈɪnvəntɔːri] *n.* 详细目录；存货清单
peremptory	[pəˈremptəri] *adj.* 不容反抗的；专横的
statutory	[ˈstætjutɔːri] *adj.* 法定的；依照法令的
pry	[praɪ] *v.* 刺探；撬开 *n.* 撬杠，杠杆
harry	[ˈhæri] *v.* 掠夺；袭扰；折磨
parry	[ˈpæri] *v.* 挡开，避开(武器、问题等)
tarry	[ˈtæri] *v.* 耽搁
scurry	[ˈskɜːri] *v.* 急跑，疾行
infantry	[ˈɪnfəntri] *n.* 步兵
sentry	[ˈsentri] *n.* 哨兵，步兵
zealotry	[ˈzelətri] *n.* 狂热
pastry	[ˈpeɪstri] *n.* 糕点，点心
fury	[ˈfɜːri] *n.* 狂怒，狂暴；激烈，猛烈；狂怒的人；(希腊神话中的)复仇女神
augury	[ˈɔːɡjʊri] *n.* 占卜术；预兆
perjury	[ˈpɜːrdʒəri] *n.* 伪证，假誓
penury	[ˈpenjəri] *n.* 贫穷；吝啬
wry	[raɪ] *adj.* 扭曲的，歪曲的；嘲弄的，讽刺的
awry	[əˈraɪ] *adj.* 扭曲的，走样的
ecstasy	[ˈekstəsi] *n.* 狂喜；出神，入迷
heresy	[ˈherəsi] *n.* 异端邪说
folksy	[ˈfoʊksi] *adj.* 亲切的，友好的
cosy(cozy)	[ˈkoʊzi] *adj.* 温暖而舒适的
choosy	[ˈtʃuːzi] *adj.* 挑三拣四的，挑剔的
flossy	[ˈflɑːsi] *adj.* 华丽的，时髦的；丝棉般的，柔软的
jealousy	[ˈdʒeləsi] *n.* 嫉妒

treaty	[ˈtriːti] *n.* 条约；协议
entreaty	[ɪnˈtriːti] *n.* 恳求，哀求
gaiety	[ˈgeɪəti] *n.* 欢乐，快活
persnickety	[pərˈsnɪkəti] *adj.* 势利的；爱挑剔的
entirety	[ɪnˈtaɪərəti] *n.* 整体，全面
velvety	[ˈvelvəti] *adj.* 天鹅绒般柔软光滑的；醇和的，可口的
crafty	[ˈkræfti] *adj.* 狡诈的；灵巧的
nifty	[ˈnɪfti] *adj.* 极好的，极妙的
flighty	[ˈflaɪti] *adj.* 轻浮的；反复无常的
mighty	[ˈmaɪti] *adj.* 强有力的，强大的；巨大的
acerbity	[əˈsɜːrbəti] *n.* 涩，酸，刻薄
mendacity	[menˈdæsəti] *n.* 不诚实
voracity	[vəˈræsəti] *n.* 贪食；贪婪
multiplicity	[ˌmʌltɪˈplɪsəti] *n.* 多样性
infelicity	[ˌɪnfɪˈlɪsɪti] *n.* 不幸；不恰当的事物
complicity	[kəmˈplɪsəti] *n.* 合谋，串通
inelasticity	[ˌɪnɪlæˈstɪsəti] *n.* 无弹性，无伸缩性
velocity	[vəˈlɑːsəti] *n.* 速率，速度；迅速，快速
frigidity	[frɪˈdʒɪdəti] *n.* 寒冷；冷淡
cupidity	[kjuːˈpɪdəti] *n.* 贪婪
fecundity	[fɪˈkʌndəti] *n.* 多产，丰饶；繁殖力，生殖力
crudity	[ˈkruːdəti] *n.* 粗糙，生硬
municipality	[mjuːˌnɪsɪˈpæləti] *n.* 自治市；市政当局（指城市行政区及管理者）
liberality	[ˌlɪbəˈræləti] *n.* 慷慨；心胸开阔
impermeability	[ɪmˌpɜːrmiəˈbɪləti] *n.* 不渗透性
liability	[ˌlaɪəˈbɪləti] *n.* 责任；债务
tractability	[ˌtræktəˈbɪləti] *n.* 温顺
excitability	[ɪkˌsaɪtəˈbɪləti] *n.* 易兴奋，易激动
accountability	[əˌkaʊntəˈbɪləti] *n.* 有责任

debility	[dɪˈbɪləti] *n.* 衰弱，虚弱
incorrigibility	[ɪnˌkɔrɪdʒəˈbɪləti] *n.* 无可救药
intangibility	[ɪnˌtændʒəˈbɪləti] *n.* 无形
fallibility	[ˌfæləˈbɪləti] *n.* 易出错，不可靠
mobility	[moʊˈbɪləti] *n.* 可动性，流动性
virility	[vəˈrɪləti] *n.* 男子气概；刚强有力
motility	[moʊˈtɪləti] *n.* 运动性
futility	[fjuːˈtɪləti] *n.* 无用，无益
tranquility	[træŋˈkwɪləti] *n.* 宁静，安静
sedulity	[siˈdjuːliti] *n.* 勤奋，勤勉
garrulity	[gəˈruːləti] *n.* 唠叨，饶舌
amity	[ˈæməti] *n.* （人们或国家之间的）友好关系
enormity	[ɪˈnɔːrməti] *n.* 极恶；暴行；巨大
anonymity	[ˌænəˈnɪməti] *n.* 无名，匿名
sanity	[ˈsænəti] *n.* 头脑清楚，精神健全
insanity	[ɪnˈsænəti] *n.* 疯狂；愚昧
dignity	[ˈdɪgnəti] *n.* 尊严，尊贵
indignity	[ɪnˈdɪgnəti] *n.* 侮辱，轻蔑；侮辱性的行为
vicinity	[vəˈsɪnəti] *n.* 附近，邻近
concinnity	[kənˈsɪnɪti] *n.* 优美；雅致；协调
immunity	[ɪˈmjuːnəti] *n.* 免疫力；豁免
charity	[ˈtʃærəti] *n.* 慈善；施舍
familiarity	[fəˌmɪliˈærəti] *n.* 熟悉；亲近，亲密；不拘礼仪
clarity	[ˈklærəti] *n.* 清楚，明晰
parity	[ˈpærəti] *n.* （水平、地位、数量等的）同等，相等
disparity	[dɪˈspærəti] *n.* 不同，差异
celebrity	[səˈlebrəti] *n.* 名声；名人
celerity	[sɪˈlerəti] *n.* 快速，迅速
temerity	[təˈmerəti] *n.* 鲁莽，大胆
prosperity	[prɑːˈsperəti] *n.* 繁荣；幸运
austerity	[ɔːˈsterəti] *n.* 朴素，艰苦

dexterity [dek'sterəti] *n.* 纯熟，灵巧

integrity [ɪn'tegrəti] *n.* 正直，诚实；完整

superiority [suːˌpɪri'ɔːrəti] *n.* 优越(感)

immensity [ɪ'mensəti] *n.* 巨大的事物；巨大，广大，无限

virtuosity [ˌvɜːrtʃu'ɑːsəti] *n.* 精湛技巧

diversity [daɪ'vɜːrsəti] *n.* 多样，千变万化

acuity [ə'kjuːəti] *n.* (尤指思想或感官)敏锐

superfluity [ˌsuːpər'fluːəti] *n.* 过剩

equity ['ekwəti] *n.* 公平，公正

iniquity [ɪ'nɪkwəti] *n.* 邪恶，不公正，不道德

fatuity [fə'tjuiti] *n.* 愚蠢，愚昧

gratuity [ɡrə'tuːəti] *n.* 赏钱，小费

depravity [dɪ'prævəti] *n.* 堕落，恶习

suavity ['swɑːvəti] *n.* 柔和，愉快

hyperactivity [ˌhaɪpəræk'tɪvəti] *n.* 活动过度，极度活跃

fealty ['fiːəlti] *n.* 效忠，忠诚

penalty ['penəlti] *n.* 刑罚，处罚

faculty ['fæklti] *n.* 全体教员；能力，技能

warranty ['wɔːrənti] *n.* 保证，担保；根据，理由；授权，批准

dainty ['deɪnti] *n.* [常 *pl.*] 美味；精美的食品 *adj.* 娇美的；挑剔的

jaunty ['dʒɔːnti] *adj.* 轻松活泼的

liberty ['lɪbərti] *n.* 随意；自由

hasty ['heɪsti] *adj.* 急急忙忙的

tasty ['teɪsti] *adj.* 美味的；有品位的

amnesty ['æmnəsti] *n.* 大赦，特赦

testy ['testi] *adj.* 暴躁的，易怒的

travesty ['trævəsti] *v.* 滑稽地模仿

zesty ['zesti] *adj.* 兴致很高的，热望的

feisty ['faɪsti] *adj.* 活跃的；易怒的

fusty [ˈfʌsti] *adj.* 霉臭的；陈腐的，过时的

lusty [ˈlʌsti] *adj.* 充满活力的，精力充沛的

tatty [ˈtæti] *adj.* 破旧的，褴褛的；破败的

petty [ˈpeti] *adj.* 琐碎的，次要的；小气的

knotty [ˈnɑːti] *adj.* 多节的，多瘤的；困难的，棘手的

deputy [ˈdepjuti] *n.* 代表；副手

obloquy [ˈɑːbləkwi] *n.* 辱骂，斥责

colloquy [ˈkɑːləkwi] *n.* (非正式的)交谈，会谈

levy [ˈlevi] *v.* 征税；征兵

scurvy [ˈskɜːrvi] *adj.* 卑鄙的，下流的

topsy-turvy [ˌtɑːpsi ˈtɜːrvi] *adj.* 颠倒的，相反的；乱七八糟的，混乱的

savvy [ˈsævi] *adj.* 有见识的，精明的

showy [ˈʃoʊi] *adj.* 俗艳的；炫耀的

hazy [ˈheɪzi] *adj.* 朦胧的，不清楚的

frenzy [ˈfrenzi] *n.* 狂乱，狂暴；暂时性疯狂

ritzy [ˈrɪtsi] *adj.* 高雅的；势利的

frowzy [ˈfraʊzi] *adj.* 不整洁的，污秽的

muzzy [ˈmʌzi] *adj.* 头脑糊涂的

Z

ersatz [ˈersɑːts] *adj.* 代用的，假的

附录：数学词汇

代数-整数

integer *n.* 整数
consecutive integer 连续的整数
positive whole number 正整数
negative whole number 负整数
even/even integer 偶数
odd/odd integer 奇数
real number 实数
divisor *n.* 除数，约数；因子
multiple *n.* 倍数
remainder *n.* 余数
composite number 合数
quotient *n.* 商
prime number 质数，素数
prime factor 质因子，质因数
successive *adj.* 连续的
spread *n.* 范围
score *n.* 二十
consecutive *adj.* 连续的
constant *adj.* 恒定的，不变的

代数-分数

numerator *n.* 分子
denominator *n.* 分母
greatest common divisor/greatest common factor 最大公约数
least common multiple 最小公倍数
common multiple 公倍数
common factor 公因子
reciprocal/inverse *n.* 倒数

mixed number 带分数(带分数就是将一个分数写成整数部分+一个真分数)
improper fraction 假分数
proper fraction 真分数
vulgar fraction/common fraction 普通分数
simple fraction 简分数
complex fraction 繁分数
reversible *adj.* 可逆的, 可倒转的
nearest whole percent 最接近的百分数

代数–小数

decimal place 小数位
decimal point 小数点
decimal fraction 纯小数
infinite decimal 无穷小数
recurring decimal 循环小数
digit *n.* 位
decimal system 十进制
units digit 个位数
tens digit 十位数
tenths unit 十分位
3-digit number 三位数
quartiles *n.* 四分位数
percentiles *n.* 百分位数
interquartile range 四分位差
negligible *adj.* 可忽略不计的
closest approximation 最相近似的
calculate to three decimal places 结果保留3位小数
approximately *adv.* 大约, 近似
estimation *n.* 估算, 近似

代数–实数

absolute value 绝对值
nonzero number 非零数

natural number 自然数
positive number 正数
negative number 负数
nonnegative *adj.* 非负的
rational(number) 有理数
irrational(number) 无理数

代数-比例

common ratio 公比
direct proportion 正比
percent *n.* 百分比
account for 占(比例)
scatterplot *n.* 点阵图
scale *n.* 比例；刻度

代数-幂和根

cardinal *n.* 基数
ordinal *n.* 序数
exponent *n.* 指数，幂
base/power *n.* 底数/指数，幂
radical sign/root sign 根号
radicals *n.* 根式
square root 平方根
cube root 立方根
product *n.* 乘积
common logarithm 常用对数

代数-集合

subset *n.* 子集
proper subset 真子集
union *n.* 合集，并集
intersection *n.* 交集
empty set 空集
solution set 解集（满足一个方程或方程组的所有解的集合叫做该方程或方程组的解集）

set of data/data set 数据集
sets *n.* 集合
nonempty *adj.* 非空的
mutually exclusive 互斥的
juxtaposition *n.* 并列
disjoint *adj.* 不相交的
elements *n.* 元素
event *n.* 事件
compound events 复合事件
independent events 相互独立事件
sufficient *adj.* 充分的
the sum of A and B/the total of A and B A与B的和
the union of A and B A与B的并集
the intersection of A and B A与B的交集
Venn diagrams 韦恩图

代数-统计
average *n.* 平均数
mean *n.* 平均值；平均数；中数
maximum *n.* 最大值
minimum *n.* 最小值
median *n.* 中数，中点，中线，中值
mode *n.* 众数(在一系列数中出现最多的数)
arithmetic mean 算术平均数
weighted average 加权平均值
weighted mean 加权平均数(是不同比重数据的平均数)
geometric mean 几何平均数(是指n个观察值连乘积的n次方根)
range *n.* 值域(一系列数中最大值减最小值)
dispersion *n.* 差量，离差
standard deviation 标准方差
to the nearest/round to 四舍五入
round *v.* 保留整数，使成为整数；四舍五入
value *n.* 值，数值
probability *n.* 概率

distribution *n.* (频数或频率)分布
probability distribution 概率分布
frequency distribution 频数分布
normal distribution 正态分布
relative frequency distributions 相关频率分布
standard normal distribution 标准正态分布
factorial notation 阶乘
permutations *n.* 排列；置换
combination *n.* 组合
grid lines 坐标线，网格线
circle graphs 饼图
boxplots *n.* 箱型图
bar graphs/histogram 柱状图；直方图
at random 随机
random variables 随机变量
discrete random variable 离散随机变量
continuous random variable 连续随机变量
equally likely event 等可能事件
roll a fair die 掷骰子
heads up 正面朝上，头朝上
tails up 背面朝上，数字朝上
toss up 掷硬币；(胜败)机会相等

代数–数学运算

add/plus *v.* 加
subtract/minus *v.* 减
multiplication *n.* 乘
multiply/times *v.* 乘
divide *v.* 除
difference *n.* 差
sum *n.* 和
be equal to 等于
total *n.* 总数（用在加法中，相当于+）；总计（用于减法中，相当于 –）

divisible *adj.* 可被整除的
division *n.* 除；部分
divided evenly 被整除
dividend *n.* 被除数
the difference of A and B A与B的差
the product of A and B A与B的乘积
prime factorization 质因数分解
less than 小于
greater than 大于
no less than 大于等于
no more than 小于等于
no solution 无解
interval *n.* 区间；间隔
invert *v.* 倒置，颠倒
inverse *n.* 倒数
invert a fraction 求分数的倒数
from subtract 从…减…
be equivalent to 与…相等
increase by 增加了
increase to 增加到
decrease by 减少了
decrease to 减少到
identical *adj.* 相等的
divisibility *n.* 可约性，可除性

代数–方程、不等式、函数、数列
coefficient *n.* 系数
literal coefficient 字母系数
numerical coefficient 数字系数
term *n.* 项
constant term 常数项
quadratic *n.* 二次方程
equivalent equation 同解方程，等价方程
linear equation 线性方程

solution *n.* (方程的)解
inequality *n.* 不等式
expression *n.* 表达式
equation *n.* 方程式，等式
linear *adj.* 一次的，线性的
factorization *n.* 因数分解
function *n.* 函数
inverse function 反函数
trigonometric function 三角函数
complementary function 余函数
variable/variations *n.* 变量
domain *n.* 定义域
sequence *n.* 数列
sequences of numbers 数列
geometric progression 等比数列
arithmetic procession 等差数列
parentheses *n.* 括号
satisfy *v.* 使…成立
equivalent *adj.* 相等的

几何–直线、垂线

a line segment 线段
midpoint *n.* 中点
endpoint *n.* 端点
right angle 直角
perpendicular *n.* 垂线
perpendicular lines 垂直线
perpendicular bisector 垂直平分线
parallel lines 平行线
bisect *v.* 平分
partition *v.* 分割，分开
intercepts *n.* 截取

几何–相交线和角

acute angle 锐角

obtuse angle 钝角
opposite angles 对角
vertical angle 对顶角
vertex angle 顶角
round angle 周角
straight angle 平角
included angle 夹角
alternate angle 内错角
interior angle 内角
central angle 圆心角
exterior angle 外角
supplementary angle 补角
complementary angle 余角
adjacent angle 邻角
a straight line 直线
angle bisector 角平分线
diagonal *n.* 对角线
intersect *v.* 相交
angle measurement in degrees 角度计算

几何–三角形

altitude *n.* (三角形的)高
arm *n.* 直角三角形的股
equilateral triangle 等边三角形
hypotenuse *n.* 斜边，直角三角形的斜边，弦
inscribed triangle 内接三角形
vertex *n.* (三角形等)顶角，顶点
isosceles triangle 等腰三角形
median of a triangle 三角形的中线
oblique *n.* 斜三角形
opposite *n.* 直角三角形中的对边
right triangle 直角三角形
scalene triangle 不等边三角形
similar triangles 相似三角形

leg *n.* 直角边
included side 夹边
Pythagorean theorem 勾股定理
congruent angles 全等角
congruent line segments 等长线段

几何－四边形和多边形
quadrilateral *n.* 四边形
pentagon *n.* 五边形
hexagon *n.* 六边形
heptagon *n.* 七边形
octagon *n.* 八边形
nonagon *n.* 九边形
decagon *n.* 十边形
polygon *n.* 多边形
multilateral *adj.* 多边的
regular polygon 正多边形
parallelogram *n.* 平行四边形
square *n.* 正方形
rectangle *n.* 长方形，矩形
rhombus *n.* 菱形
equilateral *adj.* 等边形的
trapezoid *n.* 梯形
congruent *adj.* 全等的
symmetric *adj.* 对称的
symmetry *n.* 对称，对称性
perimeter *n.* 周长
overlap *v.* 重叠
coordinate geometry 解析几何
corresponding side 对应边
area of a rectangle 长方形的面积
fold *n.* 对折

几何－圆
center of a circle 圆心

circle *n.* 圆形
concentric circles 同心圆
semicircle *n.* 半圆
circumference *n.* 圆周长，周长
chord *n.* 弦
radius *n.* 半径
diameter *n.* 直径
tangent *n.* 正切
inscribe *v.* 内切，内接
circumscribe *v.* 外切，外接
point of tangency 切点
tangent line 切线
circumscribed adj. 外接的
radian *n.* 弧度（弧长/半径）
arc *n.* 弧
segment of a circle 弧形
be parallel to 平行
be perpendicular to 垂直
be tangent to 与…相切

几何–立体几何
edge *n.* 边，棱
length *n.* 长
width *n.* 宽
depth *n.* 深度
volume *n.* 体积
surface area 表面积
cube *n.* 立方体
rectangular solid 长方体
regular solid/regular polyhedron 正多面体
cylinder *n.* 圆柱体
cone *n.* 圆锥
pyramid *n.* 角锥
sphere *n.* 球体

faces *n.* 面
cross section 横截面
solid line 实线
dimension *n.* 维数
three-dimensional figures 三维图形
as illustrated 如图所示

几何–几何坐标
coordinate plane 坐标平面
coordinate system 坐标系
rectangular coordinate 直角坐标系
abscissa/x-coordinate *n.* 横坐标
ordinate *n.* 纵坐标
xy-planes *n.* xy平面坐标轴
number line 数轴
origin *n.* 原点
origin O 坐标起点O
axis n. 轴
x-axis *n.* x轴
y-axis *n.* y轴
intercept *n.* 截距
x-intercept *n.* x轴截距
quadrant n. 象限
four quadrants 四个象限
slope *n.* 斜率
a unique solution 唯一解
parabola *n.* 抛物线
linear functions 线性函数

公式和换算
feet *n.* 英尺
1 billion = 10^9　十亿 = 10^9
1 dozen = 12　1打 = 12个
1 feet = 12 inches　1英尺 = 12英寸

1 gallon = 4 quarts　1加仑 = 4夸脱

1 hour = 3,600 seconds　1小时 = 3600秒

1 mile = 5,280 feet　1英里 = 5280英尺

1 million = 10^6　1百万 = 10^6

1 yard = 3 feet = 36 inches　1码= 3英尺 = 36英寸

0! = 1! = 1　0的阶乘为1

多边形内角和 = (n − 2) × 180°

$S_{\triangle} = \frac{1}{2}$底 × 高

$S_{梯}$ = (上底 + 下底) × h/2

圆周长 = 2 π r(r = radius半径)

$S_{圆} = \pi r^2$

弧长 = (X°/360°) × 圆周长

$S_{立方体} = 6a^2$

$S_{圆柱} = 2\pi r(r+h)$

$V_{长}$ = 长 × 宽 × 高

$V_{圆柱} = \pi r^2 h$

$V_{圆锥} = \frac{1}{3}\pi r^2 \cdot h$

等差数列 $a_n = a_1 + (n-1)d$ (d为常数)

等差求和 $S_n = \frac{n(a_1 + a_n)}{2} = na_1 + \frac{n(n-1)}{2}d$

等比数列 $a_n = a_1 q^{n-1}$

等比求和 $S_n = \frac{a_1(1-q^n)}{(1-q)}$ ($q \neq 1$)

利息 = principle(本金) × interest rate(利率)× time

句型

be fewer than 小于

be less than 小于

twice as many A as B A是B的2倍

the ratio of A to B is... A比B(A/B)

A diminished by B / A minus B / from A subtract B A减去B

A multiplied by B A乘以B

A divided by B A/B

A divided into B B/A

A is 20% less than B (B-A)/B = 20%

A is 20% more than B (A-B)/B = 20%
A is a divisor of B A是B的除数(约数)(B/A)
be direct(inverse) proportion at/to 成反比
A is subset of B A是B的子集
be more than twice as many X in A as in B A里面的X是B里面X的2倍以上
l⊥m line/ l and m are perpendicular 线l与线m垂直
be proportional to 与…成比例的
be drawn to scale 按比例绘制

实际应用

balance *n.* 余额
cost of production 产品成本
approximate cost 估算成本，约计成本
down payment 预付定金，首付款
installment *n.* 分期付款
discount rate 折扣率
charter *v.* 租赁，包租
charge *v.* 收费
principal *n.* 本金
simple interest 单利
compound interest 复利
gross profit 毛利
retail price 零售价
sales revenue 销售额
sales taxes 营业税，销售税
property tax 财产税
list price 标价
margin *n.* 利润；付定金
mark up 涨价
purchases *n.* 销售数量
rebate *n.* 退还款，折扣
pointer *n.* 指针
project *v.* 预测，估计

corresponding value 对应值
mutual fund 共同基金
expected value 期望值，预期值
intensity *n.* 强度
intercalary year/leap year 闰年
lifetime *n.* 寿命
reflection *n.* 镜射
simplification *n.* 简化
simplified *adj.* 简化的
sketch *n.* 草图，示意图
survey *n.* 调查
solid color 纯色
concentration *n.* 浓度
weight *v.* 加重量于…，使变重
yields *n.* 产量
central tendency 集中趋势
tie *v.* 打平

其他

blot out 涂掉，删掉
buck *n.* 一美元；一澳元
dime *n.* 一角，十分
clockwise *adj.* 顺时针
constant rate 匀速的
cumulative *adj.* 累积的，附加的
defined *adj.* 已定义的
categories *n.* 种类
in excess of 超过
in terms of 用…的话，用…来表示
in turn 依次，轮流
distinct point 不同点
nearest 0.1 percent 最接近0.1%
inclusive *adj.* 包括在内的
alongside *prep.* 和…一起

preceding *adj.* 在…前的，先前的
simultaneously *adv.* 同时
respectively *adv.* 各自地，分别地
per capita 按照人数分配的，每人
wall *n.* (容器的)壁
truckload *n.* 一卡车的容量
denote *v.* 表示

索引